媒介与记忆

[英]乔安妮·加尔德-汉森 / 著 郭毅 / 译

四川大学出版社
SICHUAN UNIVERSITY PRESS

MEDIA AND MEMORY
By Joanne Garde-Hansen
This book is original published in title "Media and Memory" by Edinburgh University Press,
© Joanne Garde-Hansen, 2011
四川省版权局著作权合同登记图进字 21-23-253 号

图书在版编目（CIP）数据

媒介与记忆 /（英）乔安妮·加尔德-汉森著；郭毅译. — 成都：四川大学出版社，2023.5
（媒介与记忆译丛 / 黄顺铭主编）
ISBN 978-7-5690-6040-9

Ⅰ. ①媒… Ⅱ. ①乔… ②郭… Ⅲ. ①大众传播—研究 Ⅳ. ① G206.3

中国国家版本馆 CIP 数据核字（2023）第 043212 号

书　　名：	媒介与记忆
	Meijie yu Jiyi
著　　者：	［英］乔安妮·加尔德-汉森
译　　者：	郭　毅
丛 书 名：	媒介与记忆译丛
丛书主编：	黄顺铭

丛书策划：	侯宏虹　陈　蓉	责任校对：	陈　蓉
选题策划：	吴近宇	装帧设计：	叶　茂
责任编辑：	吴近宇	责任印制：	王　炜

出版发行： 四川大学出版社有限责任公司
　　　　　地址：成都市一环路南一段 24 号（610065）
　　　　　电话：（028）85408311（发行部）、85400276（总编室）
　　　　　电子邮箱：scupress@vip.163.com
　　　　　网址：https://press.scu.edu.cn
印前制作： 四川胜翔数码印务设计有限公司
印刷装订： 四川盛图彩色印刷有限公司

成品尺寸： 148mm×210mm
印　　张： 10.75
字　　数： 355 千字
版　　次： 2023 年 10 月 第 1 版
印　　次： 2023 年 10 月 第 1 次印刷
定　　价： 65.00 元

本社图书如有印装质量问题，请联系发行部调换

版权所有 ◆ 侵权必究

"媒介与记忆译丛" 总序

作为一种社会现象，记忆乃是人类社会生活之基础，它在人类历史进程中不断地走向外化。每个人的血肉之躯都提供了一个天然的记忆媒介，但这种具身的"生物记忆"和"内部记忆"仅仅是人类历史上众多记忆形态之一。其他记忆形态都始终或多或少、或深或浅地牵涉体外化的记忆媒介，诸如文字、图像、声音，诸如遗址、纪念碑、博物馆，诸如报纸、广播电视、互联网。这些各有记忆可供性的媒介相互交织，并由此形塑出了缤纷多彩的记忆图景。而随着一个社会中的整体媒介生态及其主导媒介形式发生变化，其记忆图景也自然会相应改变。因是之故，在口语时代、印刷时代、电子时代、数字时代中，记忆图景各各不同，其中的主导性记忆范式亦各各不同。当下，我们正处在人类记忆史上的新时代，建基于二进制的数字技术和企图连结一切的互联网在深刻形塑社会生活的

媒介与记忆

同时，也在深刻形塑着记忆的生产、存储、表征、分享。在未来相当长一段时间内，记忆的"连结性转向"都将成为数字记忆的一个核心命题。

媒介与记忆研究在西方已然硕果累累，中国学者近年来也对此兴趣日浓，并取得不少优秀成果。在此学术背景下，我们深感有必要策划并推出一套"媒介与记忆译丛"。本着鲁迅先生的"拿来主义"原则，我们希望本译丛提供一套既具学术价值也可开阔视野的参考资料，以进一步激发中国媒介与记忆研究的想象力，为推进中国本土的媒介与记忆研究贡献绵薄之力。得益于四川大学文学与新闻学院的慷慨资助，得益于四川大学出版社的大力支持，得益于身为"文化中间人"的译者们的辛勤付出，本译丛才能最终顺利踏上这场跨国的、跨语言的"理论旅行"。

黄顺铭

致　谢

我要感谢约克大学的克莉丝汀·戈顿（Kristyn Gorton）。没有她，我就不会计划并写出这本书。她是一位慷慨而体贴的学者兼朋友。与所有书的致谢部分一样，在这里我需要感谢很多人，正是因为他们才有这本书面世的这一天。我感谢格洛斯特郡大学的同事：贾斯汀·克劳奇（Justin Crouch）、阿比盖尔·加德纳（Abigail Gardner）、杰森·格里菲斯（Jason Griffiths）、西蒙·特纳（Simon Turner）、欧文·琼斯（Owain Jones）和飞利浦·雷纳（Philip Rayner）以及其他大学的同事，是他们启发了我的思考和写作，特别是安娜·雷丁（Anna Reading）和安德鲁·霍斯金斯（Andrew Hoskins）。然而，最重要的是，我要感谢我在格洛斯特郡大学媒体和记忆本科教学模块上教育过的数百名学生。多年来，他们在不知不觉中为本书贡献了大量素材。

非常感谢弗莱丽·阿利亚（Valerie Alia）和爱丁堡大学出版社相关团队的慷慨支持和编辑指导。

这本书是为了纪念我的婆婆莉丝·加尔德－汉森（Lise Garde-Hansen），是她激励我重新发现了我的创造力。

前　言

当作者为一本书起书名时,"简约"并不是唯一的原则。这个书名必须很容易被人记住,而且不一定只是被能够、愿意和应该阅读它的潜在读者所记住。由于搜索引擎为那些积极寻找主题或可能偶然发现一个主题的人提供数据和检索信息,所以书名一定还要能够在研究驱动的或者商业驱动的互联网搜索引擎中令人难忘。故而书名要在文本语言中可压缩,在博客中可标记,在推文面板中可存储,在出版商的网页中可检索,而且当返回搜索结果时,又不至于被冗余的内容淹没。错误地选择书名就像博主、推特和脸书用户以及那些数字空间里的研究者们使用"del.ico.us"这样一个被断点分割开的语词作为博文和推文关键词一样,无法借由助记符技术、结构和网络与我们观念流通的媒介化生态建立关联。因此,我把这本书命名为《媒介与记忆》,这并不意味着我认为这两个领域可以很容易地、对等地并永久地关联起来。当然,媒介与记忆确实存在关联,本书就旨在建立这种关联。但我在"媒介"与"记忆"之间使用连接词

媒介与记忆

"与",主要是因为来自任何研究领域的任何学生如果对两者之间的联系感兴趣,都很可能会在搜索引擎栏中输入"媒介与记忆",进而找到本书。本书标题乃致幻之"障眼法"。从语法上讲,我完全可以很容易地用介词或不定式取代"与"这个连词,然后"媒介"与"记忆"二者之间就出现了全然不同的空间、时间和存在关系,比如《媒介作为记忆》《记忆作为媒介》《媒介是记忆》《记忆是媒介》《记忆中的媒介》或者《媒介中的记忆》,都可以是本书的标题。

在阅读这本书时,请想象一下媒介和记忆之间的关系不是简单的联系,就好像一根绳子被固定成一个完整的圆圈,现在我们看到了连接并理解了这种关系。最后,我们说,这个圆圈是完整的,绳子两端首尾相接。诚然,媒介(及其话语、形式和实践)扮演了助记的角色,而记忆被媒介化(mediatised)也是自我和社会之间的中介。意识到媒介与记忆二者之间的紧密联系,对于理解这种联系之复杂性和数字时代日益增长的复杂性而言,还远远不够。当然,我甚至不敢奢望本书能为读者提供关于理解这种复杂性的深入而深刻的阐述,但我想,本书将让读者重新认识到将媒介与记忆这两个领域结合在一起,既令人兴奋又具有创造性和可能性。这些可能性或许会激起媒介学、历史学、记忆研究学、遗传学、博物馆学、社会学、地理学、数字媒体、心理学和其他一些学科的学生们探索媒介与记忆二者联系的兴趣。

那么，想象一下，媒介和记忆从来都是并驾齐驱的，就像一枚硬币的两面，或者一张卡片的两面。请记住，钢笔、画笔和手机、复印机一样，都是记忆技术。在我的媒介与记忆课程的课堂上，我用 A4 大小的纸质卡片向学生们展示了这样的情境——事实上，是许多彩色卡片堆叠在一起，但学生们看不出有不只一张卡片：他们希望简单。卡片的一面是媒介，另一面是记忆。学生们看到媒介和记忆在一张卡片上，但彼此不同。它们以各自的方式呈现，但又彼此联系，密不可分。然后我把卡片折叠，把它们临时连接起来，形成一个有用的容器。我告诉他们，容器的外部代表媒介，内部代表记忆。（反过来也很容易，但我喜欢这样的事实：记忆是私人的，在里面，而媒介是公开的，面向外面，尽管这种情况正在改变。）我把手放在底部，做了一个临时容器。有时我会在不用手的情况下将物体扔进去，然后将手放在适当的位置做同样的事情。例如，这些物体代表社会、文化、身份、政治和历史（大概念），而媒体/记忆容器容纳了所有这些（尽管是偶然的）。我告诉学生们我们如何将媒介和记忆视为容器、仓库和档案馆。它看起来像是一个可以被理解的三维物体，隐喻了两种动态力量之间的关系。在这一点上它很简单，但是当我们拆开容器并揭示构成媒介与记忆关系的彩色卡片层次时，它就变得棘手了。正是连续不断地、不可阻挡地铺设的意义层，使"媒介"与"记忆"之间的关系可以用如下这些中间词来定义："在""作为""关于""通过"，乃至一个简单的连字符。

媒介与记忆

事实上，到这本书出版的时候，媒介与记忆的关系将会增加更多层次、更多组合、更多联系和更多可能性。2009年5月，英国广播公司档案馆负责人托尼·阿吉（Tony Ageh）在曼彻斯特大学社会文化变迁研究中心（ESRC-CRESC）的一场关于视觉档案的会议上发表主旨演讲时表示，阅览英国广播公司那些鼎鼎大名的节目的档案（总计80万小时）需要300年的时间，而到那时，英国广播公司将制作1500万小时以上的节目。到2044年，英国广播公司打算通过iPlayer这样的新兴软件每天提供100万小时的节目（而不是1937年的每天21小时节目），那么记忆更将成为研究媒介的重要视角。

纪念莉丝·加尔德-汉森

目 录

导论：被媒介呈现的过去 ……………………（001）
  历史与媒体 …………………………………（001）
  媒体：历史最初的草稿 ……………………（005）
  从历史到记忆 ………………………………（009）
  练习 …………………………………………（013）
  探讨 …………………………………………（013）
  深读 …………………………………………（013）

第一部分：理论背景

第一章 记忆研究和媒体研究 ………………（017）
  什么是记忆？ ………………………………（019）
  "记忆研究"简史 ……………………………（023）
  阅读练习 ……………………………………（044）
  视频练习 ……………………………………（045）
  深读 …………………………………………（045）

001

媒介与记忆

第二章　个人的、集体的、媒介化的和新记忆话语 （047）

个人记忆——媒体与我 （051）

集体记忆与媒介——社会的、文化的、历史的 （057）

被媒介呈现的记忆——媒介化的、虚构的、混合的 （062）

新记忆——全球的、数字的、移动的 （067）

练习 （072）

深读 （073）

第三章　用媒介制造记忆：机构、形式和实践 （075）

记忆机构 （082）

记忆形式 （091）

记忆实践 （098）

练习 （103）

深读 （103）

第四章　数字记忆：档案的大众化 （105）

使用数字媒体制作档案 （109）

作为存档工具的数字媒体 （115）

数字媒体是一种自我存档的现象 （120）

作为创意性档案馆的数字媒体 （126）

练习 （130）

深读 ………………………………………（131）

第二部分：案例研究

第五章　为历史发声：英国广播公司广播4台和1963年的艾伯凡灾难 ………………………（135）
　　练习 ………………………………………（155）
　　深读 ………………………………………（156）

第六章　媒介事件：YouTube上被混剪的战争 ……（157）
　　媒介呈现事件 ……………………………（163）
　　再度媒介呈现的事件 ……………………（169）
　　YouTube上的混剪战争记忆 ……………（175）
　　练习 ………………………………………（179）
　　深读 ………………………………………（180）

第七章　麦当娜档案：名人、衰老和粉丝的怀旧情结 ……………………………………………（182）
　　模式1：名人与记忆 ……………………（191）
　　模式2：衰老 ……………………………（198）
　　模式3：粉丝的怀旧情结 ………………（203）
　　练习 ………………………………………（207）
　　建议观看 …………………………………（208）
　　深读 ………………………………………（208）

003

第八章　迈向互联记忆的概念：相册变得可移动 … （210）
　　四种删减照片的动因 …………………………（223）
　　练习 ……………………………………………（230）
　　深读 ……………………………………………（231）

参考文献 ……………………………………………（233）
索　引 ………………………………………………（272）
译者后记 ……………………………………………（324）

导论:被媒介呈现的过去[①]

历史与媒体

> 过去的一切无处不在。我们周遭的一切特征,就像我们自己和我们的思想一样,都或多或少地依赖于一些可识别的先例。遗迹、历史、记忆弥漫着人类经验……无论是被庆祝还是被拒绝,被重视还是被忽视,过去的一切都是无处不在的。(Lowenthal 1985:xv)

除了学校里教授的那些可能启迪少数人到更高层面的教育阶段进修史学的历史必修课,我们其他的大多数人要到哪里认知过去呢?可以肯定地说,正如我们在21世纪已牢固确立的那样,我们与历史的接触几乎完全是被媒介呈现的。以报刊、电视、电影、摄影、广播和越来越普遍的互联网为形式

[①] 译文中的"过去"一词对应原书中的英文单词"past"。在全书译文中,根据表述需要,有时也译为"过往"或"历史"。这种做法也与原书作者在下文中所说的一致。——译者注

媒介与记忆

的大众传媒，是 21 世纪初记录、构建、储存和传播公共和私人历史的主要来源。随着过去一百年中媒介形式的创新与演变，大众传媒为人们接触过去一百年来的信息提供了最引人注目的渠道。此外，它们构成了重新呈现很久以前发生的事件和历史的颇具创造性的手段。我们可以想想今天看到的那些大受欢迎的古装剧、历史纪录片和文化遗产展示中心，它们都是媒介呈现的产物。如果没有媒介呈现的历史，我们似乎无法理解过去。特别是 20 世纪向我们清楚表明，媒介和具有历史重要性的那些事件总是联系在一起。

学界对媒体与历史关系表现出的关注仍算是新鲜事物（例如 Baudrillard 1995；Sturken 1997；Zelizer 1998；Shandler 1999；Zelizer 和 Allan 2002；Cannadine 2004），而且对二者关系的研究，无疑体现了 20 世纪末学界对饱受战争蹂躏的，时而发生种族灭绝惨案的整个 20 世纪的关切与厌恶。他们的这种心灵体验与对 21 世纪的美好憧憬相交织，最终诞生出一个关于媒体与历史的研究领域。该领域的发展也得益于后现代主义主要理论家对结束历史宏大叙事的呼吁（Lyotard 2001；Fukuyama 1992 和 Derrida 1994），以及得益于通过"自下而上"的基于人民立场的"小叙事"来阐释历史这一新方法的出现（见 Foucault 1977）。无论过去几十年来媒体与历史如何纠缠不休，事实都清楚地表明，两者是共生关系。大卫·坎纳丁（David Cannadine）[①] 指出，"历史和媒体似乎比以往任何时候都更紧密地相互关联、交织在一起"（2004：2）。在他书中出现的那些参与媒体工作的历史学家和从事历史写作的媒体从业者们认为，历史与媒体之间的鸿沟终将消弭。事实上，正如传媒专业的学生们已经意识到的那样，从字面上看，"一切"都是被媒介化的（Livingstone 2008）和由媒体呈现的（Lundby 2009）。我们从自身的经验可知，我们日常对历史的认知都是从大量有关过往的电视剧和电影乃至从互联网检索中得到的。但我们不知道这些信息在多大程度上是真实可靠的，无论它是否挑战我们，让我们以不同的方式思考，还是让我们只消耗我们已经知道的东西，而不是寻求对历史的其他阐释。

然而，我们在这里用类似大写字母"H"的方式来思考历史，并在这样做时努力应对一种偏见，即媒体（特别是传播大量历史信息的屏幕媒体）不过是歪曲了历史。这种对电视的指控已是老生常谈，且仍被继续辩论（见 Hoggart 1957，2004；McArthur 1978；Postman 1986；Miller 2002，2007；Bell and Gray 2007；De Groot 2009）。我们似乎正处于往昔一切被流行文化牢牢抓住的阶段，以至于我们需要将注意力转向正统、现实、证据、伦理、宣传和历史的商业化等重大问题：

[①] 一译大卫·卡内丁，英国历史学家，普林斯顿大学历史学讲席教授，大英国家学术院（British Academy）院长。——译者注

媒介与记忆

> 从沙玛（Schama）到斯塔基（Starky）再到托尼·索普拉诺（Tony Soprano）久负盛名的历史频道①，通过百万销量的历史小说、电视剧和各种电影，"历史"作为一种话语产品始终充斥了流行文化元素。电视和其他媒介对过去的处理在向人们传递历史经验方面越来越有影响力。（De Groot 2006：391-392）

这里所说的媒体普及历史的力量尚未考虑到英国科普历史学家西蒙·沙玛的立场，他在历史研究中吸取了从媒体那里学到的观众价值的重要性（2004：22-23）。媒体的大众化即其力量所在。它为大众提供接触和表征过往历史的途径的能力意味着那些对历史感兴趣的人（如专业人士、政治家、学生和普通公民）都能够以自由意志、移情和社群思维与历史打交道（2004：22-23）。因此，如果沙玛将历史描述为"共享记忆的宝库"（2004：23），那么也许我们可以从"媒体驱使历史的终结和记忆的开始"来展开本书的论述。事实上，安德烈亚·休森（Andreas Huyssen）认为，"记忆作为总是被重构和不断被协商的东西已成为客观化或汇总历史的替代方案，历史要么是用小写字母 h 表述，要么是用大写字母 H 书写。换言之，要么是经验主义形式的微观历史，

---

① 沙玛即英国著名历史学家西蒙·沙玛（Simon Schama），他曾在英国广播公司（BBC）主持多个收视与口碑俱佳的历史纪录片。斯塔基即英国著名历史学家兼主持人大卫·斯塔基（David Starkey），他以主持英国广播公司多个历史类电视节目和广播纪录片而闻名。托尼·索普拉诺是美国 HBO 罪案题材电视剧集《人在江湖》（The Sopranos）中的一个关键角色。——译者注

要么是宏大的叙事"（Huyssen 2003b：17）。虽然记忆一直是历史研究中一个有争议的问题（见 Klein 2000），但正如马里塔·斯特肯（Marita Sturken 2008：74）指出的那样，记忆一直是媒体研究的主题，这将在这本书中有所论述。

媒体：历史最初的草稿

许多人通常将媒体特别是印刷和电视新闻媒体视为"历史最初的草稿"。在新闻行业工作的人希望将自己视为具有优先权的事件见证人，然后他们会如实地向那些需要知道或尚未知道此事的人传达重要信息。屡获殊荣的英国战地记者罗伯特·菲斯克（Robert Fisk）表示："我想，最终，我们记者试图或应该尝试成为历史上的第一批公正的历史见证人。如果我们有任何存在的理由，那么至少必须是我们报告历史的能力，这样就不会有人可以说：'我们不知道，因为没有人告诉我们。'"（Fisk 2005：xxv）。"媒体见证"现已成为理解经验、事件与其呈现之间关系的关键概念之一。弗洛施（Frosh）和平切夫斯基（Pinchevski）将媒体见证总结为三种做法："证人在媒体报道中的露面，媒体本身作证的可能性，以及把媒体受众定位为描述事件的证人。"（2009：1）因此，正如我在这本书的序言中暗示的那样，媒体见证是通过三股复杂的互动产生的："媒体中的证人（记忆），媒体的见证（记忆），以及通过媒体见证（记

媒介与记忆

忆)。"(见 Frosh and Pinchevski 2009：1，括号内是我添加的内容）然而，人们对"证人"一词有了道德、政治和法律上的期许，将媒体置于混乱的记忆之上。受人尊敬的新闻记者认为自己是见证人，对历史做出了贡献，但我们怎么知道他们告诉我们的就是真相？

4　　特别是当媒体在撰写"历史的初稿"时，被认定犯有危害历史的罪责。"CNN 效应"（Livingstone 1997）已成为一个包罗万象的术语，它主要指电视直播不仅影响政策和政府，而且影响受众对具有历史意义的重大事件的理解和反应。让·鲍德里亚（Jean Baudrillard）引发了一场争议风暴，他声称，因为我们只通过电视看到了有针对性的轰炸，所以感觉海湾战争没有发生（Baudrillard 1995）。虽然我们无比钦佩无畏的记者在危险面前坚持发掘隐藏的故事，了解事实并说出真相，但实际上我们也知道，在以"24 小时新闻"轮番上演、滚动播放、配合演播室分析与述评为特征的媒体生态中，记者更有可能袖手旁观，等待历史的发生。其实，我们现在的情况是，记者不再是历史的第一批起草者，而是推特用户书写了最初的历史，他们甚至在 CNN 记者起床之前就发布了关于 2007 年孟买爆炸案或 2008 年中国汶川地震灾难的推文（见 Ingram 2008）。

　　媒体记录事件的发生并呈现历史的草稿，以便当时令人难忘的印记在我们脑海中或被子孙后代想起（这样我们就知道我们在哪里，当某事发生时我们在做什么）。但我们不能仅仅承认上述观点，因为上述观点太简单了，它忽视了参

导论：被媒介呈现的过去

与创造和纪念历史的制片人以及公民对媒体的积极和创造性的使用。以1937年围绕兴登堡号空难的一系列被媒体呈现的事件为例，当时一艘齐柏林飞艇突然起火并爆炸，紧张的美国电台记者赫伯特·莫里森（Herbert Morrison）目睹并向听众播报了这一灾难。这艘德国齐柏林飞艇被描述为"天上的泰坦尼克号"，它起火爆炸后在短时间内坠毁，将近百名乘客中，约三分之一不幸遇难。七年前，我向传媒专业的学生播放了赫伯特·莫里森报道的"原创"录音，我们讨论了早期广播电台作为证人的力量，莫里森声音中的情感反应，以及他通过声音传达悲剧和创伤的能力〔"哦，我的天呐（Oh, the humanity!）"是他反复对听众发出的悲怆的哀叹〕。然而，我的学生根本无法与这次活动建立情感联系，因为这不是他们集体或文化记忆的一部分。

莫里森的这段音频报道并非1937年5月6日兴登堡号空难发生之时的现场直播，而是第二天才在芝加哥的WLS电台①播出的。这对我的学生来说重要吗？确实重要，因为他们在课堂听到这段报道的感觉和当年的听众是一样的，都有一种现场感。这段报道听上去不像是预先录制好的关于前一天发生的空难的报道，而正是这种现场感建立了学生们与当年听众之间有关联的错觉。我的学生只能"听"这场灾难，这与他们无法产生集体记忆和情感联系有关系吗？当然有关系。他们对"媒体见证"的期望和标准是以其对2001

---

① WLS是1924年成立于美国芝加哥的商业广播电台。——译者注

媒介与记忆

年9月11日"9·11"事件的记忆来衡量的。他们发现音频难以理解,在只是听一种质量较差的无线电广播而连一个静态的摄影图像都没有看到的情况下,兴登堡空难是无法想象的。为了寻找图像,我们找到了摄影幻灯片和1975年乔治·斯考特(George C. Scott)主演的电影《兴登堡号空难》(The Hindenberg)。这部影片由罗伯特·怀斯(Robert Wise)执导,改编自1972年迈克尔·慕尼(Michael M. Mooney)的阴谋惊悚片《谁摧毁了兴登堡号》(Who Destroyed the Hindenberg)。我们现在有了一些视觉感知和媒体叙事,但我们还需要一些更情绪化的东西。

我教授的传媒专业的学生就这场灾难采访了老一代,发现那些了解这一历史事件的人还停留在斯考特1975年电影对这一事件呈现的记忆中,认为这场灾难与纳粹及其破坏有关,但对赫伯特·莫里森的原始报道知之甚少。几年后,我将别人上传到网上的许多有关这一历史灾难的档案照片放在幻灯片中,以满足学生对视觉诱饵的渴望,帮助他们感同身受。2009年,他们的愿望得到了彻底的满足。当时学生们在互联网上搜索了"有关兴登堡号视频"(尽管我们知道可能没有兴登堡号坠毁一刹那的音频或视频记录),并从youtube.com、video.google.com、gettyimages.com和dailymotion.com检索了149个不同的视频以及它们所有的视频衍生品。在大多数情况下,莫里森的原始报道与学生们找到的镜头和照片相对应,在专业人士和业余爱好者的编辑之下,影片中插入了配乐或者复古风格的字幕,以还原20世纪30年代的感觉。在兴登堡号灾难发生近75年后，通过视听模式，人们记住、见证、连接和感受的强烈愿望得到了实现。

所有这些对媒体和记忆的研究意味着什么？当我们开始试图理解历史和媒体之间的关系时，我们很快就会发现潜伏在阴影中的模糊记忆。记忆是流行的、半真半假的、情绪化的，是创伤心理不值得信任的提供者吗，是压制情感和自我调适的中介吗，还是说散漫的记忆是揭示人类如何理解其过去的积极的、有创造性的和构建本质所需的供给品（Sturken 2008：74）？记忆已成为媒体发挥其魔力的完美场所和物质来源："作为历史的第一份草稿，新闻报道就属于这种记忆的初稿，它引导并限定着人们在未来思考的方向和内容，它也影响着我们今天的历史记忆。"（Kitch 2008：312）

从历史到记忆

因此，如果我们暂时将这两个术语分开，那么"过去"可以表述为"历史"（对过去的写作）或"记忆"（对过去的个人、集体、文化和社会记忆）。权威的历史和私人的记忆似乎常常相互矛盾。媒介（比如文本、照片、电影、电视、广播、报纸和数字媒介）同时参与对历史和记忆的协商。我们通过媒体的话语、形式、技术和实践来了解过去，了解有关我们自己的、家庭的、国家的、世界的历史。我们对国家或社群过去的理解与我们自身的经历密切相关。因

媒介与记忆

此，关于战争、暗杀、种族灭绝和恐怖袭击的媒体报道在我们脑中与多媒体性质的国家或地方博物馆、展览、遗址、社区历史项目、口述历史、家庭相册甚至乐队、广告音乐以及我们小时候最喜欢的电视节目交织在一起。所有这些都为我们提供了不同版本的历史认知,这些历史在音频和视频中川流不息。历史学家兼电视制作人西蒙·沙玛指出,我们的生活经历着"碎片化的、速度驱动的、若即若离而又不安分的现代通信",我们"连续地"接收信息,我们对世界的描绘是"错综复杂的",修辞穿过"声波失真的领域",我们的脑认知"透过车窗外迷乱的闪光;而所有车窗都是一个又一个电影胶片的边框"(Schama 2004:22)。沙玛的观点与尼尔·波兹曼(Neil Postman)《技术垄断:文化向技术投降》(1992)产生了呼应。波兹曼在该书中写道:"只把历史当作没有疑义、分割肢解和具体的事件来罗列,那就是复制技术垄断论的偏向;而技术垄断论的问题在很大程度上就是不让学生接触多种观点和理论,就是只给他们提供一连串毫无意义的事件。"[1](Postman 1992:191)

然而,这似乎是一种对我们如何参与历史或是对非西方文化如何表征其历史的自上而下的反应。即使是在像吉卜赛人、罗姆人和爱尔兰游居者这样历史悠久的欧洲民族中,也

---

[1] 为方便熟悉波兹曼著作中译本的读者阅读,此处采用何道宽教授经典译本(《技术垄断:文化向技术投降》,中信出版集团,2019年出版)中的译文。——译者注

没有以传统的方式记录"历史"。这些社群往往是历史的受害者,他们以易联结的方式参与记录个人的、集体的、共享的和文化的记忆以保护他们的遗产。无独有偶,我们中的许多人都在媒体中,或是用媒体,或是通过媒体,寻找我们的历史根系。我们留存并分享照片和录像带,收集海报和漫画书,以此留住或寻找我们自己的历史。无论我们目前与历史的互动是移动的、全球性的还是本地的,我们都通过个人的媒介档案的持续和动态积累来积极地将自己与过去联系起来。当我看到笔记本电脑上积累的数千张数字照片时,或者当我看到柜子中一大摞已无法播放的"混音"录音带时,这一切可能难以置信。我们对私人和公共历史的理解是通过何塞·范·迪克(José van Dijck 2007)所谓的"中介记忆"来构建的。当我们离开历史领域并拥抱更具包容性的记忆领域时,我们要面对一些重要的问题:记忆与历史有何不同?它是历史的替代品吗?它是创造了历史还是弥补了历史?还是说,历史决定了那些被记住和遗忘的东西?当我想到黑胶唱片、激光光盘、无线电磁带和现在的VHS磁带在阁楼中慢慢解体的时候,媒介传输系统本身及其所保存的所有记忆是如何成为历史的?

鉴于这本书专注于记忆,我们认为应该从个人的视角思考媒体。毕竟记忆是一个身体和精神过程,对我们每个人来说都是独一无二的。正是这种独特性和差异性使人们难以客观认识自己与媒介的关系。记忆是感性的、具有创造性的、可感同身受的、认知和感官化的。我们依赖它、编辑它、存

媒介与记忆

储它、分享它，并担心失去它。我们消费的媒介也是如此。事实上，马歇尔·麦克卢汉（Marshall McLuhan 1994）早已指出，媒介是记忆的延伸。我们需要记住和分享每件事，并认识到我们作为个人在脑中这样做的局限性，这促使人类通过媒介形式和实践扩展我们的记忆能力。

捕捉过去变得越来越复杂。电视、电影、复印机、数字档案、相册、摄像机、扫描仪、手机和社交网站等记忆工具有助于我们记住过去的事情。但与此同时，通过历史频道、纪录片和好莱坞电影媒介化呈现的历史似乎与柏林墙倒塌或"9·11"事件电视直播内容不一致。所有这些对过去事件的媒介化呈现都提供了多样化的框架，需要我们进行负责任的分析。这本书不仅仅关于媒体对过去的描述以及我们与它们的关系。本书既关于了解我们留给子孙后代的史料，也关于我们同时作为生产者和消费者如何使用媒介叙述我们自己的历史。在本书的前半部分，我将通过梳理把媒介和记忆联系起来的关键理论用来搭建理论背景。在后半部分，我将更具体地关注案例研究，针对媒体和记忆相互作用的多种方式进行深入分析。案例研究将提供文本的、网络民族志的以及受众和制作者的一些思考，这些思考是对媒介和记忆结合在一起的一些关键方式的描述。通过将记忆理论应用于媒介研究以及将媒介理论应用于记忆研究，本书将描绘事件的媒介化记忆、过往事件的媒体图像、使用媒介开展记忆实践这三者之间的联系。虽然本书提供了一些原创的案例研究，但它本质上也是为了介绍我们如何通过媒介单独地或集体地理解和编排我们的过去。

练习

请自行在互联网上搜索1937年的兴登堡号空难,并查看你检索的音频或视频案例。你能发现其中哪些是事件当时最原始的音频或视频记录吗?事件发生后至今,是谁通过编辑音视频创造性地再现了这一灾难,他们是如何做到的?采访家中的长辈,看看他们是如何理解兴登堡号空难的。将采访与你发现的视听证据进行比较和对照。

探讨

1. 如果记者创造了历史,他们会编造历史吗?观众在(重建)历史中扮演什么角色?想一想日常发生的事以及那些重大历史事件。

2. 你会相信哪些媒体对过去事件的描述更真实:广播或电视新闻、报纸文章、纪录片、电影,或维基百科页面?

3. 我们记忆的方式是否比我们记忆的内容更重要?

深读

Bell, E. and Gray, A. (2007), "History on television: charisma, narrative and knowledge", *European Journal of Cultural*

媒介与记忆

Studies, 10: 113 – 133.

Cannadine, David (ed.) (2004), *History and the Media*. Basingstoke: Palgrave Macmillan.

Frosh, Paul and Pinchevski, Amit (2009), *Media Witnessing: Testimony in the Age of Mass Communication*. Basingstoke: Palgrave Macmillan.

Hoggart, Richard (2004), *Mass Media and Mass Society: Myths and Realities*. London: Continuum.

Kitch, Carolyn (2008), "Placing journalism inside memory – and memory studies", *Memory Studies*, 1 (3): 311 – 320.

Lundby, Knut (ed.) (2009), *Mediatization: Concept, Changes, Consequences*. Oxford: Peter Lang.

McLuhan, Marshall [(1964) 1994], *Understanding Media: The Extensions of Man*. Cambridge, MA: MIT Press.

Rosenstone, Robert A. (2006), *History on Film/Film on History*. Harlow: Longman.

Zelizer, Barbie and Allan, Stuart (eds) (2001), *Journalism after September11* . New York: Routledge.

第一部分

理论背景

第一章　记忆研究和媒体研究

从古至今，思想家们早就对记忆进行了检验、反思并尝试解释。从柏拉图到亚里士多德，再到近代的哲学家弗里德里希·尼采（Friedrich Nietzsche, 1844—1900）、西格蒙德·弗洛伊德（Sigmund Freud, 1856—1939）、埃米尔·涂尔干（Émile Durkheim, 1858—1917）、亨利·柏格森（Henri Bergson, 1859—1941）和瓦尔特·本雅明（Walter Benjamin, 1892—1940），这并不奇怪。关于记忆的研究可以追溯到16世纪初，当时人们相信"记忆可以储存不被媒介化的过去或事实"（Radstone and Hodgkin 2005：9）。19世纪末期，乌托邦成了桃花源，人们可以在这里短暂地安顿下来，而"现代的回忆"也随之出现（参见 Andreas Huyssen 1995，特别是其中有关本雅明、波德莱尔和弗洛伊德的论述）。在开篇就包揽所有记忆研究的内容不太现实，随着记忆研究兴起，有助于学生理解和学习的文献越来越多（例如可参见 Miszatal 2003；Rossington and Whitehead 2007；Olick et al. 2010）。本章旨在将记忆研究与媒体研究两个领

媒介与记忆

域相结合，为读者提供有关概念、争议、观点的介绍。为此，这一章将向读者介绍该领域 50 年来取得的辉煌成就，以及在第二次世界大战之后这一学科如何蓬勃发展。本书以皮埃尔·诺拉（Pierre Nora，2002）[①] 的研究为基础，对近现代记忆研究的热点进行了概括：

- 以非正式的历史资料为基础，揭露、批判官方历史叙事；
- 让被忽视或破坏的社区、国家和个人的历史和被压抑的回忆重现生机；
- 将现有的及新的历史资料公开给大众和个人；
- 家谱与家庭叙事的研究风潮；
- 博物馆及遗产行业的发展；
- 用除雕像和纪念碑以外的事物来纪念、缅怀、追思历史；
- 逐渐强调创伤、悲伤、情绪、情感、认知、忏悔、和解、道歉和治疗；
- 随着生物技术的不断发展，对人脑功能的研究越来越深入。

这一切都与报纸、广播、新媒体和互联网的兴起与发展同步。所以目前的文献并不能很好地解释为何以及如何将媒体

[①] 皮埃尔·诺拉（1931—），法国著名历史学家，法兰西国家学术院（Academie Française）院士，以研究集体记忆闻名。——译者注

研究与记忆研究（无论是社会学意义上的记忆研究还是认知科学领域的记忆研究）相结合。为此，我会在这一章中单独讨论它们的关系，后面的章节也会进行深入探讨。

什么是记忆？

记忆与情绪类似，它属于我们个人，但并不单纯地存在于我们的身体和大脑之中。通常，我们将记忆（memory）看作识记（memorisation）："记忆就像是一张照片，被一个业余的人拍下来，被一个愚蠢的人暴露出来，然后被划痕和不准确的曝光值破坏"（Carruthers 2008：1）。然而记忆远不止这些。玛丽·卡拉瑟斯（Mary Carruthers）[①] 在大量阅读中世纪有关记忆的书籍之后，发现那时的"记忆"与现在我们所说的创造力、想象力和独创性的想法很相似（Carruthers 2008）。我们表达、呈现、感受记忆，并通过个体、文化、心理、神经、政治、宗教、社会、种族等构成我们自己的因素来了解情感与记忆。那么，我们应该怎么研究记忆呢？

为了研究大脑或思维中的记忆，我们把注意力集中到了心理学和神经科学领域，其中包含神经生物学、行为神经科学、认知心理学、临床心理学等子学科。但是，即便如此，人们也有可能在身心即物质和感官层次上忽略记忆。可能是

[①] 玛丽·卡拉瑟斯（1941—），美国纽约大学教授，曾在伊利诺伊大学任教，研究文学与记忆机制。——译者注

媒介与记忆

15　心理学和神经科学领域太过学术化，以至于忽略了日常生活中的情绪体验。当你回忆那些伤痛或者怀念往事时，你知道同时也会引发生理反应。一种气味、一种声音、一种触觉，都能唤起人们对往昔的回忆。往事如烟，它如图像和故事般形象地在头脑中重现、萦绕，能看到、能描绘、可感受。因此，要想在大脑中寻找记忆，首先要考虑心理和生理两个层面，然后才能把非科学的东西也包括进去。来自自然科学领域的那些有关记忆种类词语的大量涌现[1]〔如运动记忆（motor memory）、错误记忆（false memory）、身体记忆（corporeal memory）、听觉记忆（auditory memory）、无意识记忆（unconscious memory），等等〕，说明了"记忆"一词的多种可能性（参见 Roediger et al. 2007, 此书为各种记忆类型提供了更透彻的解释）。

　　这一切都过于集中在作为科学主体的"个人"层面上了。事实上我们不仅仅是生态环境之中与自然景观之上的人类。当回忆自由来去，在思维中被发现或遗忘时，现在（包括人物、地点、事件、行为、经历、感觉）与过去（还是包括人物、地点、事件、行为、经历、感觉）便发生了联系。这种联系不仅与个人经验有关，而且与一系列微观的

---

　　[1]　颇具讽刺意味的是，图尔文（Tulving）列举了256种记忆类型，这正是记忆和其他领域联结甚广的表现。仅举几个与本书相关的例子：积极的文化记忆（active cultural memory）、事件记忆（episodic memory）、历史记忆（historical memory）、政治记忆（political memory）、创伤记忆（traumatic memory）、自我记忆（self memory）、语义记忆（semantic memory）和存储记忆（archival memory）。

历史（如家庭历史、当地社区、学校、宗教和遗产）以及宏观的历史（如政治、性别、种族、文化和社会）有关。所有这些联系都会影响我们对自我的身份认同以及对记忆的感觉。你对自己的认识有时候是有规律的，按照一定时间顺序（比如高中毕业、上大学、找工作），它的深刻度和精确度取决于当前发生的事情（比如简历、同学聚会、职位邀请、脸书页面等，这些都是个人呈现同一段记忆所用的不同方式，原因各不相同）。

大部分时候，我们的回忆是很随意的、短暂的、无序的，随机触发的。我们有时会停下脚步，回想一下那些匆匆流逝以至于未能处理的往事。我们每天都在练习尽可能记住我们所做的一切，我们训练自己的记忆（memory）无非是为了记住（remember）。自然科学家和心理学家们对记忆的功能性进行了详尽的研究。比如科恩和康韦（Cohen & Conway, 2008）在《日常生活中的记忆》（*Memory in the Real World*）中提出了一些日常行为，比如用列表来记住声音、面孔、名字。尽管它包含了元认知、意识、梦境和童年记忆，但是在艺术和人文科学的记忆方面，也对闪光灯记忆（flashbulb memories）、见证记忆（eyewitness memories）、经验记忆（experiential memories）等产生了一定影响。① 所以，记忆作为一种活动、一种过程、一种瞬间的创造行为，可以很轻易

---

① "闪光灯"记忆是受人们情绪状态影响的记忆。见证记忆是一个人对自己目睹的犯罪或其他戏剧性事件的情节记忆。经验记忆是指一个人记得他曾经做过某事但又不记得做某事的细节。——译者注

媒介与记忆

地脱离科学,进入创新的研究和实践中。

尽管我们把人脑看作可以从中提取数据的生物仓库或者技术硬盘,但是实际上大脑可以发挥很大的创造力,且无学科限制。因此,人文艺术和社会科学研究者都对记忆产生了浓厚的兴趣,也正在这时,记忆和媒介的创造性之间才能建立联系。在下一节中,我将介绍有关记忆与媒介研究的重要文献。但现在,我觉得可以总结一下"记忆"的概念到底是什么,这将解释为什么传媒学者及从业人员对此很感兴趣:

- 记忆是跨学科的——研究这个领域需要密切关注各个学科的研究动态,思考需要补充什么新知识。例如,一系列人文学科都觉得有必要正视档案在21世纪的作用及其数字化的动态。
- 它是多学科的——研究记忆需要多种学科的知识储备。例如,《记忆研究》(*Memory Studies*)期刊在2008年收集了许多不同学科领域与记忆相关的研究,但读者往往需要自己把它们结合在一起。
- 它是跨领域的——不受学科限制,唯一需要的就是用最适合的方法研究记忆。例如,媒介研究本身就以后现代的观点为基础,以跨学科的方式进行,因而通常不会受到学科范围的限制。
- 它是没有学科的——研究记忆并不要求有任何背景知识。个人经验、普通的记忆如同学术上的资源一样宝贵。

第一章 记忆研究和媒体研究

"记忆研究"简史

这一部分主要介绍了近100年来记忆研究在人文艺术、社会科学领域的发展情况。这可以帮助我们更好地了解20世纪90年代以来记忆研究的发展。接下来的章节将深入探讨有助于理解媒介研究的记忆研究成果。现在,提供最基本的概要已经足够,这样读者就可以根据文章的内容决定他们的目标。方便起见,我把记忆研究的发展分为三个阶段,这个划分比较随意,而且我也没有把它视为一种协调而连贯的发展模式。事实上,记忆研究最令人振奋的一点恰恰是它首先拒绝被认为属于某种领域。

接下来的部分并没有对20世纪人文艺术和社会科学领域中主要研究记忆的思想家进行全面的论述。在这一部分以深度为代价来强调广度很有必要,因为世界范围内的传媒研究课程都涉及其他领域,学生在学习过程中可以学到很多方面的知识。必然会有些遗漏,但是仍有必要列出一些写作本书时参考的关于记忆的基本理论,这些基本理论恰恰也是学生会经常用到的。在开设与记忆相关的课程(不论该课程属于哪一门学科)时,教学人员往往会选用这些基本资料或与之相关的其他文字作为必读和选读文献,这些材料对学生来说可能不太熟悉。不仅如此,学生常常会碰到一些很难读懂的文章或是文章的节选,因为它们可能来自其他学科,或是使用了一些他们不太了解的术语。

媒介与记忆

这是记忆研究作为一门课程的首要问题。在学习和教学过程中，世界各地的老师及其助教们共享大学网站上的核心资料。在本章最后，我建议读者至少阅读一篇由这些思想家写作的原始文献，它们已在本章末尾的深读部分列出。阅读这些原始文献有利于弄明白记忆理论是如何从这些基本概念中进行理论抽象的。不过，读者们不应把本书视为一部包含记忆研究金科玉律的"教科书"，而应当把它作为遗产管理、广播电视制作、传媒与传播、文化学、历史学、心理学、社会学等领域中所有学生都曾经了解并将继续探究的内容。

阶段 1：基础观点[①]

在这一阶段有重大影响力的文献包括：法国哲学家和社会学家莫里斯·哈布瓦赫（Maurice Halbwachs）的《集体记忆》[*The Collective Memory*，（1950）1980] 和《论集体记忆》[*On Collective Memory*，（1952）1992]，法国哲学家亨利·柏格森（Henri Bergson）的《物质与记忆》[*Matter and Memory*，（1896）1991]，法国哲学家保罗·利科（Paul

---

[①] 对于初识这一领域的人来说，作者此处介绍的"基础观点"其实仍需要对此领域已经有所涉猎才能看懂。国内史学理论界已有一些比较通俗的介绍，可以在阅读这部分之前先行参阅。如：屠含章，《历史记忆、历史－记忆或历史与记忆？——记忆史研究中的概念使用问题》，《史学理论研究》2022 年第 1 期，71－81 页。刘颖洁，《从哈布瓦赫到诺拉：历史书写中的集体记忆》，《史学月刊》2021 年第 3 期，104－117 页。——译者注

Ricœur，2004）的《记忆、历史与遗忘》(*Memory, History and Forgetting*)，法国历史学家皮埃尔·诺拉的《记忆之场》(*Les Lieux de Memoire*，1984）或其英文版（*Realms of Memory*，1996—1998），以及雅各·勒高夫（Jacques le Goff，1992）的《历史与记忆》(*History and Memory*)。[1] 值得一提的是这些思想家都是法国人，显然当时法国学术界已经通过借鉴"社会主义"和之后的"新史学"（nouvelle histoire）[2] 建立了一种传统，而后者几乎是法国学术界的代名词。[3] 尽管柏格森和哈布瓦赫在第二次世界大战中不幸去世，但诺拉、勒高夫和利科三位学者的研究依然延续到21世纪。尽管本书囿于篇幅无法详细介绍他们的研究成果，但会列举其中对"记忆研究"的诞生产生深刻影响的部分[4]，

---

[1] 这些著作大多都已有中译本。参见：哈布瓦赫著，毕然、郭金华译，《论集体记忆》，上海：上海人民出版社，2002年。亨利·柏格森著，姚晶晶译，《物质与记忆》，合肥：安徽人民出版社，2013年。保罗·利科著，李彦岑、陈颖译，《记忆、历史、遗忘》，上海：华东师范大学出版社，2018年。皮埃尔·诺拉主编，黄艳红译，《记忆之场：法国国民意识的文化社会史》，南京：南京大学出版社，2015年。勒高夫著，方仁杰译，《历史与记忆》，北京：中国人民大学出版社，2010年。——译者注

[2] 新史学是对历史研究的年鉴学派、社会史学、心理史学、精神史学、结构主义史学、知识史、历史人类学、计量史学等诸多史学流派的统称。自20世纪起，法国学术界始终引领新史学潮流，特别是作为西方新史学开端的年鉴学派一度是法国史学之主流，其代表性学者如费弗尔、布洛赫、布罗代尔等均是法国人。但认为"新史学"是法国学术界的代名词，或是作者一家之言尔。——译者注

[3] 皮埃尔·诺拉在解释法国为何如此重视记忆方面有着深入的研究，他认为这与1974年石油危机后历史、经济、社会和文化危机的影响密切相关。

[4] 有趣的是，史蒂芬·D.布朗（Steven D. Brown）认为在定义"记忆研究"时需要使用双引号，因为这一领域正在努力和其他学术领域建立联系。他提出了"以此为基础"的调解理念。(2008：261)

媒介与记忆

后面的章节也会再次出现他们的相关理论。

维基百科是一个充满活力、具有创造性、内容越来越丰富的知识宝库，对记忆研究思想家感兴趣的学生也会常常浏览相关网页，以了解那些关键学者的核心观点。但这并不能代替阅读原著，如果不想阅读纸质版，网络上也有大量的节选可供阅读。20 世纪的欧洲陷入了一系列危机，面临法西斯主义、历史的重写，以及个人、记忆、历史和档案遭到破坏的问题，正是对这些问题的同时回应将这些思想家们联系在一起。在他们看来，记忆的概念足以撼动历史与权力的"宏大叙事"。想象一下，一场强烈的、波及地区广大的地震，它不仅摧毁了人类（记忆），而且摧毁了测量地震强度的仪器（档案）。那么你如何知道地震真的发生了？对思想家而言，记忆（memory）、回忆（remembering）、记录（recording）对于故人故事的存在（existence）、变化过程（becoming）、归属（belonging）最为关键。

哈布瓦赫对集体记忆的概念化阐释对媒体研究、文化学、传播学、遗产研究、哲学、博物馆学、历史学、心理学和社会学领域影响深远。他的研究受到了导师涂尔干的启发。他的研究易于理解、易与其他学科相融合，因此从他的研究入手是一个不错的选择。1992 年，他最初写于 1952 年的法语著作《论集体记忆》（*On Collective Memory*）正式在英语学术界翻译出版，书中若干重要章节（如《前言》《记忆的语言》《历史的重构》《记忆的本土化》）构成了他记忆社会学观点的基石。[①] 简单来说，他提出了一个关于记忆的一般观念：记忆不仅仅是一种个体现象，它既与亲缘关系如家庭、朋友有关，也与社会和集体关系如宗教和阶级有关。他在书中写道："人们可以把自己放在集体中进行回忆，但是也可以确信，这个集体的回忆是在个体的回忆中完成和表达的。于是，个人记忆和集体记忆就形成了一个封闭的循环。"（Halbwachs 1992：40）

另外，哈布瓦赫相信记忆是在当下被创造出来的，是对社会的一种反映。"有时候，社会迫使人们必须把过去发生的事情重新整理，还对之进行修饰、简化，或者使之更完善。无论我们多么确信我们的记忆是准确的，我们都会赋予它们现实之中所没有的权威。"（Halbwachs 1992：51）他有两点想法与现代传媒研究存在紧密联系：一是"修改"这个术语的翻译用法；二是"事实上，我们不可能思考一个人的过去而不谈论它们。但是，谈论某事就意味着把我们的观点和我们圈子里的观点联系在一起"（Halbwachs 1992：53）。后续章节将概述哈布瓦赫的观念是怎样与其他记忆学概念相联系的。然而，他最突出的贡献是将"集体记忆"视为决定论的："集体记忆限制了个人的记忆。"（Halbwachs 1992：53）由于集体记忆使我们的记忆由外界

[①] 莫里斯·哈布瓦赫（1877—1945），法国著名历史学家、社会学家，他被认为是涂尔干学派的第二代重要成员。《论集体记忆》在国内已有中译本，参见：莫里斯·哈布瓦赫著，毕然、郭金华译，《论集体记忆》，上海：上海人民出版社，2002年。——译者注

媒介与记忆

创造并重组，所以集体记忆也是外部化的。这两个决定性的要素对于探索公共话语非常重要，因为它极大地制约了我们如何记住、应该记住什么、怎样记住自己。

哈布瓦赫的这些观点对了解大众传媒，尤其是广播媒介作为功能性和集体性的产物具有十分重要的意义。从这一点来看，我们发现了对于20世纪之记忆的不同阐释之间的张力。一方面，记忆是有价值的，因为和权威的、官方的历史相比，它是个人的、地方的、感性的。另一方面，记忆也是拉德斯通（Radstone）和霍奇金（Hodgkin）称之为"制度"的一部分，因此我们很难断言记忆比历史更真实，更不可能被建构（2005：11）。传媒研究深受安东尼奥·葛兰西（Antonio Gramsci）、米歇尔·福柯（Michel Foucault）、雅克·德里达（Jacques Derrida）、弗朗索瓦-利奥塔（Jean François-Lyotard）等后结构主义和后现代思想家影响，他们认为任何既稳定又破坏叙事的机制显然都与对内部和外部知识与权力的媒体文本、形式和实践的分析相连。因此，从社会、文化和政治集体的视角来看，记忆符合"记忆制度"的理念：

> 历史与记忆产生于特定情况下的历史和有争议的知识和权力体系。至于将什么样的历史与记忆创造为知识，则取决于产生它们的（有争议的）知识和权力系统。（Radstone and Hodgkin 2005：11）

即便如此，传媒研究将继续探讨较少被媒介化的、更真实

第一章　记忆研究和媒体研究

的、更具个人色彩的对往昔的回忆。

哲学家亨利·柏格森对于记忆的研究和前面所述的内容差别较大，但是对传媒研究依旧影响深远。哈布瓦赫的观点明显带有政治和社会因素，因为他研究的是记忆在社会层面上的联系，而柏格森关注的是个人的记忆和他们有意识或无意识的功能。在其著作《物质与记忆》（Matter and Memory, 1991）中①，个人作为"行动的中心"，会把与行为有直接联系的体验视作有意义的。我们只感受到对我们有用和激发我们采取行动的事物，而其余的都只是客观存在的普通东西。个人的认知具有很强的选择性，并且受过去经历的影响颇深，而记忆也由此形成。柏格森把他的观点归纳成关于记忆的各种不同的思维方法。"习惯记忆"（habit memory）指一组反复的动作，比如试图记住一首流行歌曲的歌词[（1896）1991：81]。这件事和当下有如此密切的联系，以至于我们把它看作我们能否精准记忆的能力，而不是过去的一部分。"具象记忆"（representational memory）更多起到记录的作用，随着时间的推移，它会产生对于特定事件的"记忆图像"，尽管它们一触即发，但必须在想象中回忆[Bergson（1896）1991：81]。后者会让人们觉得大脑是仓库或档案馆，因为你是"个人的行为"（human doing）而非"个人的存在"（human being），所以你所做的重复行为将决

---

① 柏格森历时五年，终于在1896年完成《物质与记忆》一书，此书主要运用心理学、生理学、病理学等研究资料探究身心关系，此书在国内早有翻译，1923年商务印书馆曾出版著名哲学家张东荪教授之译本。——译者注

媒介与记忆

定记住什么是有用的，而剩下那些不太有用的东西就被暂时储存在仓库中以备不时之需。柏格森对批判"记忆是大脑中的一个储藏室"的观点深感兴趣。他认为这是一种错觉，因为当人们回想起记忆图像时，那只是一瞬间的创造性行为［Bergson（1896）1991：84－89］。或者就如詹姆斯·伯顿（James Burton 2008：326，黑体为作者自己所添加）近期所言，"回忆只存在于对**外部刺激**的一系列**想象**之中，类似于给我们带来感觉的真实物体"。这听起来似乎有些复杂，简言之，柏格森的意思是，在你的潜意识中，你的记忆图像是从一个记忆图像储藏室里重新生成的，这使你知道它属于过去、现在还是未来，正是这种概念化的创造力和经验主义对媒体研究很有帮助。

柏格森是从空间层面而非时间层面上思考记忆的，这一点引起了很多人文与传媒学者的关注。有一个问题一定会深深吸引柏格森，一些人也相信它能激发记录自己人生的兴趣：那些对现在没有用处的记忆、无法回忆的记忆都在哪里呢？假如你能在"纯粹记忆"［Bergson（1896）1991：106］中回顾你所有的过去，而不仅仅是靠对现在有用的记忆片段回顾过去，会发生什么？这听上去有点科幻，但有些媒介

(比如电影)已经描绘了"纯粹记忆"的样子①,比如《末世纪暴潮》(*Strange Days*,1995,凯瑟琳·毕格罗导演)、《寒冷的拉扎勒斯》(*Cold Lazarus*,1996,英国广播公司第4台)、《黑客帝国》(*The Matrix*,1999,沃卓斯基兄弟导演),和《最终剪辑》(*The Final Cut*,2004,奥玛尔·内姆导演)都是很好的例子。微软研究院(Microsoft Research Lab)的"我的数码生命"(MyLifeBits)②也是数字记忆存

---

① 很遗憾,正如书中许多其他部分缺乏对必要背景知识的介绍一样,此处作者也没有详细介绍柏格森的"纯粹记忆"(pure memory)概念。不仅如此,本部分对"习惯记忆"和"具象记忆"的表述也显得"混乱不已"(当然这种"混乱"可能是中英文语言逻辑转换造成的)。对于熟悉《物质与记忆》的读者而言,此处自然能够明白柏格森所谓三种记忆的区别;对于有志于进一步阅读《物质与记忆》原文的读者而言,可以通过阅读其中译本(如:亨利·柏格森著,姚晶晶译,《物质与记忆》,合肥:安徽人民出版社,2013年),了解这几个在本书中显得"令人费解"的概念。但为方便更多的既没有阅读原文,也不愿意或无法阅读《物质与记忆》的读者,此处有必要对三个概念做简单讲解。"习惯记忆"可以简单理解为通过重复而记忆内容。例如我们至今仍能记住中小学语文课上背诵过的课文选段,我们对此选段的记忆是由于当时我们反复背诵而获得的,这种记忆即所谓"习惯记忆"。用柏格森在《物质与记忆》中的话说,"对课文的记忆,是在熟记于心的意义上被记住的,具有习惯所具备的所有特点"(见姚译本第76页)。"具象记忆"(国内或译为"形象记忆")可以简单理解为对整个过程的完整记忆。我们在背诵课文时,每次背诵的时间和时长不同、方式和方法不同,甚至当时所处之地点与心态也均不相同。因此每一次背诵的过程都是独一无二的。对这些独一无二的过程的记忆,依柏格森之见不具备"习惯"的特征,故称之为"具象记忆"。用柏格森在《物质与记忆》中的话说,具象记忆所记忆乃"我生命中的一个事件,它的本质在于遵守一个日期,因此不可能再发生"(见姚译本第76页)。在柏格森看来,习惯记忆和具象记忆是记忆的两种基本形式。"纯粹记忆"则是作者在论述"记忆运动过程"时提出的概念。他认为一个完整的记忆涉及三个过程,包括纯粹记忆(pure memory)、记忆-图像(memory-image)、知觉(perception),三者相互联系也相互渗透。——译者注

② 获取更多长期实验项目的信息,请访问微软的研究页面:http://research.microsoft.com。

媒介与记忆

储系统的一个实例。我会在后面的章节中再次介绍这些想法。现在只简单介绍柏格森就足够了，因为他有关记忆研究的观点与新媒体理论中的文化和记忆理论不谋而合（参见 Hansen 2004）。

截至 20 世纪后期，一系列从文化、社会、历史、政治、哲学和形象领域对记忆进行理论化的尝试出现了，但唯独与传媒研究不太直接相关。法国学者又一次成为先锋，诸如皮埃尔·诺拉有关"记忆的场所"的多卷本研究著作（Pierre Nora，1996—1998）、雅各·勒高夫对历史尤其是中世纪历史的长期研究（Jacques le Goff，1992）、保罗·利科的《记忆、历史、遗忘》（Paul Ricœur，2004）。在他们之中，诺拉起到了关键作用，因为他通过研究一些不寻常的记忆场所，如路标、食谱和日常仪式，揭示出法国民族形象之形成机制。他通过记忆来研究历史，使历史编纂学，即历史的书写朝着更日常的方向发展。他把自己的研究看作在生产"众声喧哗之中的历史"，揭示了历史"在不断的重用和误用中对当下产生的持续影响"（Nora 1996—1998：vol.1, xxiv）。这与哈布瓦赫和柏格森强调创造力、当下的主导地位和记忆的可塑性方面都有相似之处。

然而，诺拉着重指出了形成记忆的两个主要动力。首先，现代记忆具有史料和档案性质：它是一种避免遗忘的驱动力，储存并记录社会的各方各面（Nora 1996—1998：vol. 1, 9）。当我们思考企业和公共机构如何记录、储存和推广"公共"档案，以及当我们思考人们如何记录、储存和推广

"个人"档案时,对记忆的大众化[①]理解尤其重要。其次,诺拉强调"地点"和场所,并且将社群与经验之重要性引入记忆研究。"记忆之所"(memory place)[②]是一个非常笼统的术语,指"任何重要的东西,无论是物质的还是非物质的,由于人们的意愿或者时代的洗礼而变成的一个群体的记忆遗产中的标志性元素"(Nora 1996—1998:vol.1, xvii)。这是传媒与文化研究的一大转折点,因为诺拉的观念包含了许多现实的、虚构的、想象的及构建的场所与群体,它们存在于记忆中并通过记忆产生影响。正如诺拉所言,"记忆不断出现在我们嘴边,因为它已经不复存在"(Nora 1996—1998:vol.1,1),因为媒体成了对过去事物加以重新表达的加速器。他也许会哀叹,历史通过媒体扩展和加速开启了将人们与活动和场所联系在一起的私人仪式和亲密记忆。然而,诺拉的研究使人们想起"记忆的消除"(uprooting of memory),以至于其多样性显露无遗,让所有人都能轻易看到。

诺拉的"我们所知的记忆终结"论述乍一看相当悲观,但他对强调记忆变得"可复制、分散和大众化"的方式很感兴趣(Nora 1996—1998:vol.1,9)。这个观点将在本书中

[①] 原文此处使用的是 democratic(民主的),但与诸多英文文献中使用的 democratic 一样,其与政治体制和政治学说无关,而是指"每个人都有均等机会接触、使用和参与",本译著将之翻译为"大众化"。汉译西方著作往往容易将 democratic 误译,故此处需特别说明。——译者注
[②] 诺拉的英文著述中 memory place 和 site of memory 两个术语交互使用,均指"记忆之所"。——译者注

媒介与记忆

体现出来，它也与媒介研究有着直接的联系。举例来说，在试图理解诺拉"记忆之所"的概念和 21 世纪初期的场所多元化时，想想你最喜欢的音乐家吧，你可能认真听他的音乐好多年了。你知道在现场和演唱厅里都有关于音乐和演出的记忆，这些记忆被有意义的载体记录，如门票、旅游书、有签名的 CD 和海报。你知道虚拟和想象的空间里也存储了记忆，如下载的音乐、音乐会后手机里的照片、上传并分享到网上的视频、粉丝网站、讨论区、粉丝博客和粉丝杂志。如果一个成名已久的歌手或乐队成员突然逝世，如迈克尔·杰克逊，那么记忆的"场所"和"档案"将以诸如小物件和纪念品这样的新的方式呈现。精神的、短暂的、社交的纪念仪式也会随之产生。例如 2009 年 6 月 25 日傍晚，洛杉矶街头到处都是巡航的车辆，人们打开车窗，高声播放着迈克尔·杰克逊的歌曲以缅怀一位巨星的陨落。

对历史和历史编纂学感兴趣的学生会发现雅各·勒高夫的《历史与记忆》(*History and Memory*) 及其对中世纪的研究几乎与迈克尔·杰克逊毫不相关。与诺拉类似，勒高夫同样对历史和记忆之间的关系和张力抱有兴趣。他在《历史与记忆》中提出了一种纵向的记忆研究方法，即由古代对口述的重视，到近代口述与"书面"历史的冲突，再到当代媒介话语通过影响记忆对历史造成的冲击。勒高夫通过研究在某种程度上冲击书面历史的事物来阐述历史和记忆的关系，如神话、证词、见证、生活记忆、口述和个人经验。勒高夫认为在历史和社会科学领域，记忆是一个广泛的、没有特殊限制的、百花齐放的概念，是各种话语、形式和实践的"交叉点"（Le Goff 1992：51）。这使学者用各种方法研究记忆，并认为集体和个人正面临理解记忆的全新方式，勒高夫在1992年将之定义为"电子记忆"（Le Goff 1992：91-93）。20世纪90年代初，历史学家就开始与严格的学科界限进行抗争，而记忆则是他们战斗的利器。自传、现世记忆、流行记忆和集体记忆便成为自下而上的历史的呼唤。沿着这条线索，我们将进入媒介研究领域，因为其为打破学科界限铺平了道路。值得一提的是，尽管勒高夫本人并未真正地研究过媒介，但他确实认为摄影和控制论是两种主要的记忆表达方式。

阶段2：记忆研究之肇始

在诺拉和勒高夫提出各自理论的同时，其他学科之中有关记忆的研究也爆炸性增长。大卫·洛温塔尔（David Lowenthal）在1985年和1996年先后出版了《过往即异邦》（*The Past Is a Foreign Country*）和《被过去占据》（*Possessed by the Past*），保罗·康纳顿在1989年出版了《社会如何记忆》，约翰·博德纳（John Bodnar）在1992年出版了《重塑美国——公共记忆、纪念及20世纪的爱国主义》（*Remaking America: Public Memory, Commemoration and Patriotism in the Twentieth Century*），欧文-扎洛克（Irwin-Zarecka）在1994年出版了《记忆的框架：集体记忆的动

媒介与记忆

力》(*Frames of Remembrance: The Dynamics of Collective Memory*),安德烈亚·休森(Andreas Huyssen)在1995年出版了《黄昏记忆：遗忘文化中的时间标记》(*Twilight Memories: Marking Time in a Culture of Amnesia*),耶恩·哈金(Ian Hacking)在1995年出版了《重写灵魂：多重人格与记忆科学》(*Rewriting the Soul: Multiple Personality and the Science of Memory*)。这些重要著作进一步扩展了早期的基本概念，加深了人们对社会、文化、集体、个人、公共和社群记忆的理解。他们的研究范围很广，包括历史、遗产、博物馆、遗传、创伤、记忆、遗忘、失忆、档案、纪念和怀旧，他们的研究视角和方法也不尽相同。比如，哈金的书虽然从心理学角度出发，但他讨论了20世纪90年代初关于（性虐待的）虚假记忆综合征的记忆争论。在这期间，他根据福柯(Michel Foucault 1978)关于权力如何作用于肉体和灵魂的观点解释了创伤和遗忘如何在当代思想中起到了至关重要的作用，并将其称为"记忆政治"(1995：143)。个体的政治色彩在20世纪七八十年代的妇女运动之后愈来愈浓，创伤、遗忘、压抑自然就成了这个时期记忆研究的主题。另外，受大屠杀研究、战争记忆、见证及其伦理对记忆理论发展的影响，记忆研究主要聚焦于国内外重大历史事件（参见 Kear and Steinberg 1999)。

大屠杀与记忆之间的关系尤为危险。一方面，似乎媒体、文化、社会、历史把注意力集中在这个充满人口大灭绝的时期是符合伦理且恰如其分的（参见最新研究 Levy and Sznaider

2005），尤其是当它能揭示某些秘而不宣的叙事时，比如迫害吉卜赛人、罗姆人和爱尔兰游居者；他们现在仍是欧洲最易受到迫害的群体。另一方面，诺曼·芬克尔斯坦（Norman Finkelstein 2000）等颇具争议性的学者在《大屠杀产业：反省对犹太苦难经历的利用》（*The Holocaust Industry: Reflection on the Exploitation of Jewish Suffering*）中对某些关于大屠杀的研究进行了严厉的批判，认为这是利用记忆在意识形态上支持以色列；杰弗瑞·奥利克（Jeffrey K. Olick）等人则经常假定原谅和遗忘是大屠杀中政治遗憾的核心（Olick and Levy 1997；Olick and Coughlin 2003）。所以在20世纪后期，记忆（及其使用和滥用）成为一个相当政治化的概念，其研究也可能受到越来越多关于大屠杀的史料之影响。

因此，在记忆研究与媒介文化研究真正融合之前，我们必须了解这些理论如何根据大屠杀构建了研究记忆的历史、社会和心理学方法。对于探究记忆与历史的学生来说，他们必然会与那些遭受过集体创伤的人打交道，知道有必要警醒后人记录幸存者的经历。这来自遗忘和压抑的恐惧。例如，1995年真相与和解委员会（Truth and Reconciliation Committee）在后种族隔离时代的南非成立，听取了受侵害的幸存者的陈述。记忆再一次被深深打上了政治的烙印，人们在大屠杀后呼吁公正与宽恕，而记忆（memory）以及对此的回溯则成为一种治愈的方式。

保罗·利科（Paul Ricœur）的《记忆、历史、遗忘》（*Memory, History, Forgetting*, 2004）是一部600多页的著

媒介与记忆

作,包括了作者对记忆、历史和遗忘等重要问题的研究和思考,涉及遗产、伦理、政治、证据、展示、承认、真实、存在、死亡、内疚和原谅。利科重点关注记忆的现象学,用他自己的话说,即:"都有什么记忆?它是谁的记忆?"(2004:3)这些问题对处理遗忘和原谅很重要,因为忠于过去是他的核心原则之一。要想与历史和解,就必须先一五一十地承认过去(2004:495)。国家、政权、社群、个人都不断遗忘,篡改记忆、封锁记忆,以至于被迫失忆。因此,记忆和遗忘是共生的,而遗忘对于拯救文化的历史并推动其向前发展非常重要,这也是它的基础。

结合上述定义,并鉴于沃茨(Wertsch 2003:30-66)关于"集体记忆"的模糊概念,我们往往会把记忆看成是"文化的"(关于德国学者对此的洞见可参阅 Assman 1988,1992,欲了解更为宽泛之定义请参见 Erll and Nünning 2008)。研究文化记忆的学者可能将目光聚焦于某一特定时期[如詹姆斯·E.扬(James E. Young)1993 年关于大屠杀纪念和理查德·克朗肖(Richard Crownshaw)2000 年关于大屠杀博物馆的研究],从一个特定的意识形态视角进行研究[如赫希和史密斯(Hirsch & Smith)2002 年关于性别和文化记忆的研究]。他们可能研究某一特定文化项目,如后种族隔离时代的记忆(Coombes 2003)、意大利法西斯主义与记忆(Foot 2009),或者战争与记忆(Winter and Sivan 2000)。他们还有可能研究具有历史、文化、社会意义的记忆载体,如纪念碑、博物馆和文化遗产(参见 van Dyke and

第一章　记忆研究和媒体研究

Alcock 于 2003 年编著的《记忆考古学》）。在英国和美国的研究语境中，文化记忆研究有可能包括媒体、电影、文学和艺术。至此我们不难看出传媒研究与记忆研究正在积极汇流。

20 世纪后期，记忆研究的理论学者开始探索更广泛的研究取向。过去 20 年里的研究取向或方法从个人的（Haung 1987）到政治的（Sturken 1997；Hodgkin and Radstone 2005），从私人的（Kuhn 1995；Hirsch 1997）到公共的（Thelen 1990）。所涉及之概念包罗世界的（Bennett and Kennedy 2003）、国家和民族的（Zerubavel 1997）、都市的（Huyssen 2003a）、社会的（Fentress and Wickham 1992）、交际的（Assmann 1995）、文化的（Kuhn 2002；Erll and Nünning 2008）、情景的（Engel 2000）、集体的（Wertsch 2002）、伦理的（Margalit 2002）、宗教的（Assmann 2006）、行为的（Taylor 2003）、补偿的（Landsberg 2004）、军事的（Maltby and Keeble 2007）乃至中世纪的（Carruthers 2008）。因为大多数记忆研究的主要议题都与媒体研究相关，所以本书将介绍上述部分研究取向或方法，探索媒介话语、形式、实践和技术的共通之处。在某种程度上，上述取向均与早期的有关记忆、遗忘和历史研究的基础理论相联系。上述取向也或多或少地与复杂的记忆有关，如我们在时间、空间、知识和其他的私人和集体上的投入。

其中一些发展中的理论涉及媒体与文化形式及其实践。如库恩（Kuhn 1995）和赫希（Hirsch 1997）对摄影的研

媒介与记忆

究，泽利泽（Zelizer 1992，1995）对新闻的研究，斯特肯（Sturken 1997）对一系列媒介的研究。这些学者致力于从媒体的角度理解记忆，或是从记忆的角度理解媒体。所以 21 世纪初期，这样的思维模式使媒介与记忆的联系愈发清晰。值得注意的是，其中有相当一部分跨越学科边界的研究成果是由女性学者完成的。芭比·泽利泽（Barbie Zelizer 1998，2002，2010）和卡罗琳·凯奇（Carolyn Kitch 2003，2005，2008）一直在探讨新闻与记忆的关系，安妮特·库恩（Annette Kuhn 2002; Kuhn and McAllister 2006）是摄影与电影方面的专家，安娜·雷丁（Anna Reading 2002）、泰萨·莫里斯－铃木（Tessa Morris-Suzuki 2005）和马里塔·斯特肯（Marita Sturken 2007）在大众传播与文化领域从事一系列有关媒体、纪念馆和文物的研究。

还有一些知名学者则在媒介与文化研究中探讨了不同的记忆概念。保罗·格兰吉（Paul Grainge 2002，2003）在《单色记忆：复古美国的怀旧与风格》（*Monochrome Memories: Nostalgia and Style in Retro America*）和《记忆与大众电影》（*Memory and Popular Film*）中研究了怀旧和复古。他借鉴玛丽安·赫希（Marianne Hirsch）的《家庭框架：摄影、叙事与后记忆》（*Family Frames: Photography, Narrative and Postmemory*，1997）中提到的"后记忆"的概念，解释我们的部分记忆并不属于我们，但的确是我们的一部分。类似的，艾利森·兰兹伯格（Alison Landsberg）的《假肢记忆：大众文化时代美国记忆的转型》（*Prosthetic Memory: The*

Transformation of American Remembrance in the Age of Mass Culture，2004）认为，记忆是通过代理体验的，从而解释了被感知和共享但没有直接经历的记忆如何在大众文化中循环流通。这会带来一些不真实的、商品化的回忆。正如利科所说，人们期望对过去诸般的必要忠诚（见上文 Ricoeur 2004），苏·坎贝尔（Sue Campbell 2003）在其研究中把对过去的必要的忠诚称作"记忆战争"（memory wars）。

这和媒体研究密切相关，即使在同一主题上采用了同一种媒介形式，媒体和记忆结合的方式也完全不同。以影片为例，史蒂文·斯皮尔伯格（Steven Spielberg）的《辛德勒的名单》（*Schindler's List*，1993）以直观的方式重现了托马斯·肯尼利（Thomas Keneally）的布克奖小说《辛德勒的方舟》（*Schindler's Ark*，1982），它再现了记忆，发挥了纪念作用，震撼了观众的心灵，使之成为个人文化记忆的一部分。真实性、正当性和商业化问题不可避免地伴随着斯皮尔伯格对肯尼利小说的改编，而且在奥斯卡·辛德勒（Oskar Schindler）的叙事本身中，机会和利他主义之间也很难划清界限。然而同样是电影这一媒介形式，它也能将媒体与回忆融合，忠实、详尽地以第一人称的经历记录大屠杀故事，如克劳德·朗兹曼（Claude Lanzmann）长达9小时的纪录片《浩劫》（*Shoah*，1985）。记忆不仅对观众的心理产生影响，而且它本身就是一种纪念。在此，观众同时是证人、法官和陪审员。这是一个具有划时代意义的媒体口述史，也是斯皮尔伯格对观众的定位。这两部影片都与幸存的波兰人、旁观

媒介与记忆

者和作恶的纳粹分子联系在一起。

然而,在《辛德勒的名单》和《浩劫》之间,我们可以开始一场关于记忆和媒体研究的辩论,以及历史事件如何成为观众记忆的一部分,将真实性、忠诚度、好莱坞行业和流行媒体文化等问题纳入其中。可以认为《辛德勒的名单》实际上成了苏·坎贝尔所说的"不可靠的记忆"(unreliable rememberers),可能是因为它本身就在一定程度上患有虚假记忆综合征。我们可能会这样说,因为这部电影充满了试图引导观众情绪的意识形态。我们不确定朗兹曼的《浩劫》会不会因为没有过多的艺术创造而更加真实,这又是否意味着与为观众提供了更多几乎无法想象的事件、经历和"情感真实"的斯皮尔伯格相比,我们更应该相信朗兹曼?在写作本书时,互联网电影数据库 IMDb.com 根据 237937 名观众的投票给《辛德勒的名单》打出了 8.9 分(满分是 10 分),也根据 2596 名观众的投票给《浩劫》打出了 7.6 分,这样的评分是否合理?这些信息告诉我们,对于那些对大屠杀只有最基本认知的普通观众来说,媒体和记忆之间的关系是什么?这些问题正是近年来媒介与记忆研究的一个重要课题。

阶段3:媒介和记忆之间的新关联

迄今,21 世纪最初十年见证了"人们对博物馆文化的渴望与日俱增",有人将这种情况称为"记忆的繁荣"

（Huyssen 2003a：1）。在学界也出现了更多关注媒介和记忆之间的复杂性和动态关系的研究。安德烈亚·休森认为，这种关系是一种幻象，各种媒体记忆在反复书写中形成了一层又一层的、在时空中不断累积的文化内涵，所有资料都极易获得和使用（Huyssen 2003a：7）。

随着"渴求记忆"的传媒技术以惊人的速度发展，产消合一者以更丰富和缜密的方式调和着公共和私人空间，而话语也在努力追赶它们的实践。最近，媒体理论家直接探讨了记忆，把媒介与记忆结合起来。自从艾利森·兰兹伯格（Landsberg 2004）开展了对电影和记忆的研究，越来越多研究记忆的学者开始涉足电影领域，探索作为一种"假肢记忆"的电影如何在当下的观众与过去的事件之间建立情感联结。安德鲁·霍斯金斯（Andrew Hoskins 2001，2004a）在分析24小时电视新闻和战争与恐怖主义的媒介呈现之间的关系后提出了"新记忆"（new memory）的概念。为更全面地理解媒介和记忆的融合，何塞·范·迪克（José van Dijck 2007）率先提出了"被媒体呈现的记忆"（mediated memory）的复杂范式。随着媒体和记忆研究的联系越来越密切，人们从不同的视角对记忆进行了概念上的转换：如作为"工作"或"参考"的记忆（Assmann 2006）、"记忆实践"（Olick 2008）、液态和固态记忆（Assmann 2006）、联结主义的记忆（Sutton 2007）和全球记忆（Pentzold 2009）。

这表明记忆研究进入了一个新兴阶段，该阶段不仅涉及文化研究，而且关涉媒体研究，包括生产、工业、创造性实

媒介与记忆

践和技术,所有这些将在以下章节中得到更深入的探讨。如果媒介与记忆以这样的方式结合,我们就需要考虑记忆是否是可变化的和可塑的(Reading 2009)。安娜·雷丁(Anna Reading 2008)在一项关于移动可视电话的研究中发现了家庭手机相册具有修复性质。当使用者在公共场所浏览它们的时候,家庭摄影在其制作和消费层面完全大众化了。孩子的照片可以随身携带、随时处理、在公共场所公开展示、出现在笔记本电脑的屏保上、通过社交媒体网站分享、在数字空间中传递,成为一串数字存储。下一章,我将通过介绍个人、集体、媒介化的和新记忆的概念来加深读者对家庭摄影和其他媒介实例的理解。

阅读练习

查找并阅读本章介绍的几位早期思想家(莫里斯·哈布瓦赫,亨利·柏格森,保罗·利科,雅各·勒高夫或皮埃尔·诺拉)的与记忆相关的原始文献。找出他们对记忆的定义,标出他们对记忆和遗忘的理解。阅读的时候可以同时思考所读的内容如何能与现代媒介结合。例如,保罗·利科在《记忆、历史、遗忘》中把"快乐记忆"定义为辨认事物原貌的能力和将记忆与过去的经验、事件、人物准确匹配的能力,如在脸书的照片上认出了一位老朋友。无论是谁,认出已经十几年没见的老朋友都会倍感激动。

视频练习

观看克劳德·朗兹曼的《浩劫》和史蒂文·斯皮尔伯格的《辛德勒的名单》中的片段，并比较：你觉得哪部电影更感人？哪部电影更真实？近几年的电影又是如何呈现大屠杀的，和这两部老电影有什么不同？

深读

Erll, Astrid and Nünning, Ansgar (eds) (2008), *Cultural Memory Studies: An International and Interdisciplinary Handbook*. Berlin: Walter de Gruyter.

Hirsch, Marianne (1997), *Family Frames: Photography, Narrative and Postmemory*. Cambridge, MA: Harvard University Press.

Kear, Adrian and Steinberg, Deborah Lynn (1999), *Mourning Diana: Nation, Culture and the Performance of Grief*. London: Routledge.

Misztal, Barbara (2003), *Theories of Social Remembering*. Maidenhead: Open University Press.

Olick, Jeffrey K., Vinitsky Seroussi, Vered and Levy, Daniel (2010), *The Collective Memory Reader*. Oxford: Oxford University Press.

Radstone, Susannah and Hodgkin, Katharine (2005), *Memory*

媒介与记忆

Cultures: Memory, Subjectivity and Recognition. Piscataway, NJ: Transaction Books.

Rosenzweig, Roy and Thelen, David (1998), *The Presence of the Past: Popular Uses of History in American Life*. New York: Columbia University Press.

Rowland, Antony and Kilby, Jane (eds) (2010), *The Future of Memory*. Oxford: Berghahn Books.

van Dijck, José (2007), *Mediated Memories in the Digital Age*. Palo Alto, CA: Stanford University Press.

第二章　个人的、集体的、媒介化的和新记忆话语

> 不论我们喜不喜欢，公共记忆的主要载体是媒介的技术生产或再生产与大众消费。（Mark B. Hansen 2004：310）

在批判性概述有关个人的、集体的、媒介呈现的和新的记忆的主要理论之前，我们可以先从一个众所周知的例子切入对媒介和记忆的探讨。这将帮助我们更好地理解保罗·康纳顿（Paul Connerton）在《社会如何记忆》（*How Societies Remember*，1989）中所说的两种记忆运作模式：认知的和行为的。在认知模式（cognitive mode）中，过去就是过去，我们通过回忆把过去的行为带到了现实中。在表演模式（performative mode）中，由于"过去可以被储存在体内的习惯性记忆记住"（Connerton 1989：102），所以被带入现实的过去成了一种纪念性的表演或仪式。如是观之，有关记忆的

媒介与记忆

语境化的观念包括"一组语言以外的、非认知的活动，如情感体验"等决定性因素（Papoulias 2005：120）。正是这些语境化的因素被媒体记录和再现，并最终被受众消费。

若要研究1997年戴安娜王妃的葬礼，我们可以从观众在电视上观看葬礼后形成的记忆展开。一些学者从全国哀悼和悲伤文化的视角分析了戴安娜王妃的死亡（参见 Kear and Steinberg 1999；Walter 1999）。然而，在这个案例中媒体在很大程度上被视为传递记忆和传递历史，而非参与建构我们的生命世界。英格丽德·沃尔克默（Ingrid Volkmer）在其著作《公共记忆中的新闻：跨代媒介记忆的国际研究》(*News in Public Memory: An International Study of Media Memories across Generations*) 中提出，新闻记忆为人们认知世界提供了"媒体记忆的考古学"的框架（2006：12，13）。这些还有待进一步研究，以揭示媒介事件首次发生以来的深层含义（参见 Anderson 2001：23）。

丹尼尔·戴扬和伊莱休·卡茨（Daniel Dayan and Elihu Katz 1992：22）在对诸如葬礼、登月、皇室婚礼、加冕仪式等重大历史事件进行开创性的研究时发现，"仪式性参与"就发生在寻常百姓家中，人们正是在家中通过电视观赏"历史"的原貌。因此，个人记忆是由电视台和新闻报道的意识形态以及观众在私人场合观看电视的情景和语境塑造的，而不是由未经媒介呈现的现实生活中的事件本身来构建的。戴扬和卡茨认为约翰·肯尼迪总统的葬礼是国家的"机械团结"时刻，起到了宣泄作用，观众也感受到了间接的移情。① 同样，卡罗琳·凯奇（Karolyn Kitch 2005）将"名人去世现象"追溯到 1962 年玛丽莲·梦露（Marilyn Monroe）和 1977 年埃尔维斯·普雷斯利（Elvis Presley）的去世。② 人们通过媒体认识名人，同时也通过媒体悼念、缅怀他们。

通过采访观众对戴安娜王妃葬礼的记忆，我们想要揭示两个与媒体相关的运作机理。首先是观众对采访问题的回答，如在收看黛安娜葬礼现场直播时他们在哪里、在做什么、和谁一起观看、还记得什么，这些都是认知性的记忆行为，包括回忆新闻内容、对话、怀念王妃以及观众自己在 1997 年的生活环境。分析访谈结果后，传播学者发现了一些固定模式，如观众怎样观看仪式（"我看了一整天电视"）、感受到的各种情绪〔"当艾尔顿·约翰（Elton John）演唱《风中之烛》（Candle in the Wind）时我哭了"〕、其他人的行为（"我父亲觉得事情有些失控，于是离开了屋子"）。这些记忆认知活动以个体的经历为基础。他们必须在场，必须亲自体验，才能回想起被媒介呈现的"中介化的"事件。

---

① 机械团结（mechanical solidarity）在港台地区也翻译为"机械连带"。戴扬和卡茨并非这一概念的原创者。1893 年法国社会学家涂尔干（或译迪尔凯姆）在《社会分工论》中最早提出"机械团结"和"有机团结"两个概念。参见：埃米尔·迪尔凯姆著、张鹏译，《社会分工论》，长春：吉林出版集团股份有限公司，2017 年，第 17-26 页。戴扬与卡茨的著作国内已有中译本，参见：丹尼尔·戴扬、伊莱休·卡茨 著，麻争旗译，《媒介事件：历史的现场直播》，北京：北京广播学院出版社，2000 年。——译者注

② 埃尔维斯·普雷斯利即美国著名流行歌手"猫王"。——译者注

媒介与记忆

然后,媒体是仪式的语境和人们参与仪式的动力,无论是庄严的仪式("我们静静地坐着看完了整个仪式"),还是通过在报纸和电视上呈现"花海"以鼓励民众在肯辛顿宫(Kensington Palace)敬献花圈。这是习惯记忆(habit memory),芭芭拉·米兹塔尔(Barbara Misztal)称之为"我们具有复制某些行为的能力,这是成功地、令人信服地遵守规则的基本要素";它"存在于身体姿势、动作、技术和手势中"(Misztal 2003:10)。与检索过去经历的认知记忆不同,习惯记忆需要通过表演和在表演中使用媒体将过去带入当下。正如凯奇所言:"名人过世后,各大杂志编辑纷纷用纪念版、特别报道、收藏版等噱头来推销自己的杂志。"(Kitch 2005:64-65)吊诡的是,这些媒体编辑们甚至在名人去世前就已经这样做了。譬如《OK》杂志于2009年3月17日为英国真人秀明星杰德·古蒂(Jade Goody,1981—2009)的去世制作并发行了官方纪念版杂志,但古蒂实际上直到3月24日才逝世,比杂志的纪念刊晚了五天。这也就意味着当古蒂还活着的时候,她就能从《OK》杂志上回顾自己的一生。以上所述是被媒体高度呈现的两种关键的记忆模式:认知模式和表演模式。稍后,本章将继续介绍纪念戴安娜王妃的媒体报道,以此了解记忆如何在媒体连接、媒体网络和媒体流的新生态中运作(参见 Hepp et al. 2008)。

第二章 个人的、集体的、媒介化的和新记忆话语

个人记忆——媒体与我

将媒体和记忆结合在一起的记忆研究的一个领域是"个人记忆",也叫"私人记忆"或"自传式记忆":我们向自己和他人讲述我们的生命历程,而他人能够经由我们的讲述而感受到我们跌宕起伏的一生并据此采取进一步的行动。对于大部分对个人记忆感兴趣的传媒专业的学生(反之亦然)来说,首先可以做的是反思自己的生活,如翻阅抽屉里尘封许久的家庭相簿和过去的手机相册。这两种媒体实践都将日常生活"中介化"或"媒介化",它们在特定时间点告诉我们自己是谁、如何看待自己(Livingstone 2008;Lundby 2009)。这贯穿了我们整个人生,而不仅仅是无语境的片段,因为它与媒介的发展相融合,类似数字化的家庭相簿和手机相册取代了贴在玻璃纸后面的实体家庭相片。因此,从我出生那刻起(如果不考虑出生前的B超影像),不同媒介以不同方式影响着我记忆自己的方式,随着年龄的增长不断变化。

值得注意的是,"如果一个人和他的记忆彻底分离,他就会完全失去自我,所以与个体认同有关的行为非常重要"(Nussbaum 2001:177)。因而个人记忆既是情感化的,也是被媒介呈现的。作为情感领域的一部分,个人记忆为媒体制作人提供了丰富的研究材料。作为观众,我们在一些成功的电视节目,如《你认为你是谁?》(*Who Do You Think You*

媒介与记忆

Are?）中看到了名人饱含感情的个人和家庭记忆。[1] 这些名人利用家谱寻找个人记忆，也激发了民众寻找个人记忆的兴趣。于是私家历史研究的"记忆热潮"（Huyssen 2003a）来了。2004 年《你认为你是谁?》首次在英国广播公司播出，然后火遍全球，2010 年又在美国全国广播公司播出。[2] 由于节目组希望发掘"不幸的遭遇"并"解锁家庭秘密"，苏珊·萨兰登（Susan Sarandon）、波姬·小丝（Brooke Shields）、马修·布罗德里克（Matthew Broderick）和丽莎·库卓（Lisa Kudrow）在美国版的第一期节目中分享了许多个人记忆（2010 年 3 月至 4 月播出）。我们暂且不谈市场营销、消费历史的真人秀节目［参见杰罗姆·德·格鲁特（Jerome de Groot）在 2009 年出版的《消费历史》（Consuming History）一书中题为《真人秀历史》的章节］，我们先来看安妮特·库恩（Annette Kuhn）在《家庭秘密：记忆和想象的艺术》（Family Secrets: Acts of Memory and Imagination, 1995）中有关媒介和个人记忆的理论。这是思考如何分析媒介与个人记忆之间关系的绝佳起点。

在电视真人秀和数字媒体改变媒介化的个人和家庭历史

---

[1] 《你认为你是谁?》是 2004 年起由英国广播公司制作播出的电视系列纪录片，主要内容是研究明星和追踪他们的家族史。美国全国广播公司也制作有同名系列电视纪录片并于 2010 年播出。中国也曾有此类名人"寻根"真人秀节目，例如 2014 年中国中央电视台制作播出的《客从何处来》。——译者注

[2] 家庭历史节目已经成为营销个人记忆的好机会。如 www.ancestry.com 和美国版《你认为你是谁?》的赞助商就推出了基本会员、高级会员和全球会员套餐，向用户开放数据和信息。

第二章 个人的、集体的、媒介化的和新记忆话语

之前,电影理论家安妮特·库恩就发现摄影和视听媒介在记录过去的同时还建构了过去,表明了情感的主体性。我们不妨看看罗兰·巴特在《明室:摄影纵横谈》(*Camera Lucida: Reflections on Photography*)中所述的照相机与自我探索的关系,他试图通过老照片了解母亲:

> 面对镜头,我同时是:我自以为我是的那个人,我希望人家以为我是的那个人,摄影师以为我是的那个人,摄影师要用以展示其艺术才能的那个人。换言之,那动作是奇怪的:我在不停地模仿自己,因此,我每次让人(任人)给我照相时,总有一种不真实的感觉,有时觉得自己是在冒名顶替。(Barthes 1993: 13)[①]

类似的,库恩分析了自己婴儿时身穿华丽的礼服参加1953年英国女王伊丽莎白二世的加冕仪式的一张影楼照片,发现照片具有建构性。重要的是,库恩认为这张照片和世界各地数百万本影集中其他婴儿的照片没什么不同,但由于每张照片会引起每个人不同的共鸣,所以它们又非常不一样。库恩指出,"从表面上看,家庭照片最主要的目的是记录过去",以此来证明"这个家庭的确存在"。私家历史类电视节目也以这些记录为基础(Kuhn 2002: 49)。在记录过去的一瞬间,相片为解释和结构带来了损失和消亡:它"着眼于未

[①] 此处沿用赵克非中译本的翻译。参见:罗兰·巴特著,赵克非译,《明室:摄影纵横谈》,北京:文化艺术出版社,2003年,第19-20页。——译者注

媒介与记忆

来。因为事情将来会变得不同,所以需要记录即将逝去的当下"(Kuhn 2002:49)。同样,玛丽安·赫希(Marianne Hirsch 1997:20)也提到,摄影与"失去和死亡有关","就像一个幽灵的亡魂,把过去带入现实的同时强调过去不可改变、不可逆转、无法挽回"。下一章,我将通过芭比·泽利泽关于照片、创伤和"9·11"事件的研究更深入地讨论这些内容。

在透过令人难忘的照片反思自我构建时,库恩能够采用批判性和反思的范式。这不仅揭示了家庭的社会和历史代表性,还揭示了性别、阶级和国家认同的意识形态基础,它以视觉化的形式呈现并纪念了生命中的高光时刻。因此,在家庭相簿里展现的家庭是完美的,就像一个乌托邦。有人也许会说,很多视觉广告都会这样做(Kuhn 2002:57)。乍一看是平凡无奇的儿童照片,却可以成为从社会、文化、技术和历史角度分析传媒生产实践的研究资料,它还将出现在本章的最后用于分析。媒介和记忆通过家庭照片在许多层面上建立了联系。

首先,库恩认为家庭照片记录了人们的日常和家庭生活,也起到了存档的作用(参见帕特里卡·霍兰德1991年有关家庭相簿的研究以及马丽安·赫希1997年对家庭框架的分析以及此类框架所附加的文化叙事)。其次,作为一种辅助记忆的工具,它借助图像帮助人们记忆,从而使我们能够直观地看到自己的过去。再次,照片中的个人记忆也是一种反思性的实践,家庭照片具有回忆、治疗、创伤、和解、自我民族志

第二章　个人的、集体的、媒介化的和新记忆话语

的批判功能。以上所述是夫里佳·豪格（Frigga Haug 1987）等人关于女性"记忆工作"（memory work）的成果，安妮特·库恩（Kuhn 2000：179）称其为"修正主义自传"（revisionist autobiography）或"视觉自传"（visual autobiography）。这也是数字叙事运动（digital storytelling movement）的基本原则，这一运动于20世纪90年代初在加利福尼亚数字叙事中心开始，并随着英国广播公司的"威尔士风情"（Capture Wales）运动在英国盛行。① 如果在每种情况下，我们都用处理建构性媒体文本时使用的批判分析方法分析家庭摄影，那么家庭摄影（尽管这可能会限制我们的记忆）也将有"更大的颠覆性潜力"（Kuhn 2000：183）。库恩说：

> 我们可以批判、质疑家庭照片，这样可以帮助我们发现关于过去与现在的新知识和新认识，即使这些有时令人感到痛苦。这不但能增强我们对个人生活和家庭的批判意识，也有助于提高对"家庭"的整体理解，使我们更好地了解当前的时代与地区的环境。（Kuhn 2000：183）

最后，摄影与个人记忆的关系（尽管是自觉的）所表现的媒体与自我的耦合被更多公共实践所强化和（或）颠覆，如纪念仪式和社交媒体网站。

---

① "威尔士风情"是2001年至2008年间英国广播公司威尔士分部与卡迪夫大学合作的数字叙事项目，由英国摄影家丹尼尔·梅多斯（Daniel Meadows）主持。——译者注

媒介与记忆

为了扩展这一点,斯特肯在1995年俄克拉荷马城爆炸案和2001年"9·11"恐怖袭击事件的纪念仪式中发现一些人穿着印有家人照片的T恤衫。然后,新闻媒体将这些照片拍摄下来,并声称"他们把事件中不幸丧生的亲人的形象穿在身上,仿佛这些已故的至亲在场"(Sturken 2007:115)。在社交媒体上,家庭照片作为"我的新鲜事"(Young 2004)上传至网络,在公共领域中流传,在新媒体生态中传播。个人备忘录在社交网络中与其他人的连接可能会也可能不会引发集体记忆(例如,校友会、团体回忆、团聚活动)。本书第八章将会在讨论脸书的同时深入探讨从个人到集体再到连接记忆的转变。眼下必须注意的是,在"摄影行为"(photographic acts)的"定位记忆"(locating memory)中,个人、地方、情绪和情感领域具有特权(Kuhn and McAllister 2006)。这些领域尽管有明显的中介作用,但在知识和权力系统内部也具有破坏性,寻求线上或线下的真实。

我们很容易认为个人记忆与媒介的关系是创造性的,主要是私密的、移情的。虽然个人记忆和摄影在相当长的一段时间里一直是无间的密友,但自传式记忆也与其他媒体形式进行了政治化的接触。毫不奇怪,正如沃克在《创伤电影:记录乱伦和大屠杀》(Walker 2005)及其与瓦尔德曼(Walderman)的《女权主义与纪录片》(*Feminism and Documentary*, 1999)中探索的那样,电影和视频为供认、日记、口头证词和心理创伤的再现提供了机会。从林恩·赫舍曼·利森（Lynn Hershman Leeson）的《第一人称复数》（*First Person Plural*，1988）和《眼见为实》（*Seeing Is Believing*，1991）等关于创伤性过往的女性主义电影，到回忆流亡生涯的个人纪录片，如古巴导演胡安·卡洛斯·萨尔迪瓦（Juan Carlos Zaldívar）在《90英里》（*90 Miles*，2001）中艰辛的迈阿密之行，由于具有政治、历史和全球的意义，我们不得不将个人记忆理论化。"西方文化产业在营销记忆方面大获成功"（Huyssen 2003a：15），它们在德国的历史和大屠杀中获得了源源不断的素材，构成了后殖民主义、后共产主义、后种族隔离、后犹太人的离散和后种族灭绝国家的记忆与遗忘的政治学。因此，我将在下一节讨论集体记忆和媒介的关系。

集体记忆与媒介——社会的、文化的、历史的

学术界有大量关于莫里斯·哈布瓦赫提出的集体记忆的研究（一个简明的文献综述请参见 Blair 2006），在传播学、博物馆学、遗产研究和口述历史领域尤甚。集体记忆的概念在20世纪90年代成为媒体和文化研究领域的试金石，学者们围绕性别、种族、阶级和国家认同的主题探索记忆、历史、受众和社会之间的关系（Lipsitz 1990；Zelizer 1995；Spigel 1995；Roth 1995；Eley 1995；Sturken 1997）。集体记忆向人们提供了关于当下记忆的社会学理论，认为现在的记忆是一种社会框架，并不存在于孤立个体的头脑里，一个人只

媒介与记忆

能在别人的提示下回忆,反之亦然。

正如第一章所述,哈布瓦赫从群体的角度出发,认为记忆只存在于社会框架内,随着社会需要被操控和改变(Halwachs 1992:40,51)。集体记忆是非常本土化的,"在某一时间属于某个群体"(Halwachs 1992:50)。然而,一个人在同一时间可能依据家庭、朋友、粉丝团、教堂、体育等关系分属不同的群体,"所以对同一件事的记忆可能有很多不同的阐释框架"(Halwachs 1992:52)。这意味着记忆只能从集体语境的角度理解,如纪念仪式、家庭团聚、葬礼、战争和纪念性活动(参见 Schwarz 1982; Zerubavel 1997; Hodgkin and Radstone 2006)。因此,诸如名人逝世(Kitch 2005)、暗杀(Dayan and Katz 1992)、葬礼(Kitch and Hume 2008)、悲剧事件的周年纪念(Sturken 2009)、战争冲突的媒体报道(Hoskins 2004a)和对犹太人的大屠杀(Zelizer 1998)等事件的媒体呈现,都可以用来深入考察媒介和集体记忆的关系。在这样的媒介化语境下,记忆提供了与过去相互矛盾的描述,使"事件被记住,成为一个复杂的拼图游戏,将不同群体的事件、问题或个性以不同的方式联系起来"(Zelizer 1998:3)。

重要的是,在我们逐渐偏离哈布瓦赫的初衷时,媒体和集体记忆产生了某种关联。因此,媒介通过文字的、视觉的、声音的、电子的中介作用,从哈布瓦赫所说的个人在面对面群体接触中的记忆中分离出来。相反,正如詹姆斯·V. 沃茨(James V. Wertsch)所述:

第二章 个人的、集体的、媒介化的和新记忆话语

> 有争议的集体记忆不是基于直接的事件经验,而是基于文本媒介。具体来说,这建立在他人提供的文本资源之上,而叙事则是我们了解它们的中介。(Wertsch 2002：5)

值得强调的是,社会学家杰弗瑞·奥利克(Jeffrey Olick 1999：338,342)优化了哈布瓦赫的概念,更好地区分了"作为群体成员个人记忆之集合的集体记忆"和"集体记忆"的概念。前者可以从调查和收集口述历史中得到,后者是神话、传统文化和文化遗产的共同表达。

两者都对媒体研究至关重要,首先是因为媒体收集、存储并永久保存(以私有或公开的形式)记忆,其次是因为媒体是21世纪神话、传统和遗产的主要公共表现之一。更重要的是,媒体在传播集体记忆的同时也塑造了集体。因此,"我们不仅以某个集体成员的身份记忆,而且我们也在记忆中塑造了集体和集体成员身份"(Olick 1999：343)。这是如何通过媒体实现的呢?

让我们举一个媒体塑造这两种集体记忆方法的典型案例。杰罗姆·德·格鲁特(Jerome de Groot 2009：164)在研究电视历史真人秀节目中的"移情、真实和身份"时,批评了近几十年来以"怀旧"或廉价的"回忆"为卖点的节目,如英国广播公司的《我爱70年代》(*I © 1970 s*)。这类节目将观众的个人记忆与格式化的名人记忆结合在一起,预先商定好了哪些是最难忘的瞬间或内容。德·格鲁特

媒介与记忆

认为，观众（集体的）个人记忆和节目中名人（集体的）记忆通过包容怀旧的集体记忆表演联系在一起。在确立"文化档案和体验标准"时，"表演项目和构建想象中的社群都受到了共同的文化经验而非事实的约束"。

这与休森所说的媒介与"记忆的大众营销"的消极关系一致，由于"我们消费的"是"想象的记忆"，因此"比现实中的记忆更容易忘记"（Huyssen 2003a：17）。这里需要注意，这些学者将"大众的""流行的"和"人造的"媒介与生活的、真实的和经验的记忆二元对立。我将在下一章探讨利用媒介探索和表达"鲜活记忆"（lived memories）的多种方式。值得注意的是，媒体研究者们长期以来更推崇由狂热和怀旧引发的大众集体的庆祝活动，而对媒体抨击持谨慎态度（Fiske 1987，1989a，1989b；Dyer 1992；Jenkins 1992；Hills 2002；Gauntlett 2005）。由于观众渴望融入并与共同的社会和文化历史建立联结，所以这类节目充满了情感和文化价值。"像电影、音乐、电视、食物和杂志这样的大众文化留下了生活和分享的快乐，还有欢乐的笑声或同情的泪水。它并不准确，也无法核实，但它是有感情的"（Brabazon 2005：67）。正如奥利克上述观点所暗示的那样，它还通过呼吁观众与名人结成共同记忆之纽带，使每个人都成为记忆共同体中的成员。诚如凯奇（Kitch 2005：65）所说，"通过深入了解名人来塑造个人与集体身份以及价值观"。因此，如果我们想研究媒介和记忆，就必须在方法上有所改变，即从高雅文化转向大众文化（Erll 2008：389 -

390)。

显然,作为一种娱乐,这些节目并不是为了产生带有深刻政治化、历史化但充满感情的思想和行动的集体记忆而提供证词和见证的。传统的纪录片是一个例子,如克劳德·朗兹曼的《浩劫》,这部电影从犹太幸存者那里获得了数小时的口述历史片段(尽管犹太人不是唯一的受害者)。和这部纪录片类似的影片都成了历史的证据,个人和集体的记忆也因此成了"媒体的见证人"。正如弗洛施和平切夫斯基(Frosh and Pinchevski)所说的,"同时还包括证人在媒体报道中作证,媒体本身作证,以及媒体受众在所述事件中作为证人的定位",即"在媒体中见证,使用媒体见证,通过媒体见证"。

因此,集体记忆在情境中被媒介化,贯穿了有关权威、真相、叙述和可靠的重要问题,以及关于创伤、治疗与和解的个人问题。对泽利泽而言,这些问题是无形的,因为集体记忆可以被编造、重新安排、赘述、省略过去的细节,"为了解决更大的问题,如身份、权力、权威和政治归属从而牺牲准确性和真实性"。这些产生(我们可以称之为)集体记忆的媒介其实是反历史的。历史学家彼得·诺维克(Peter Novick)说:

> 从历史的角度理解事物,就是要认识到它的复杂性,要有足够的超脱性,还要从多个角度看待它,允许模糊性。集体记忆可以简化;从单一的、坚定的角度看

媒介与记忆

待某一事件；对任何形式的模棱两可都不耐烦；将事件简化为神话原型。(Novick 1999：3-4)

在这里，记忆的历史概念变得越来越重要。虽然我在本书前言中强调了历史和记忆的冲突，但是这两者的关系值得我们重新思考。如果历史变得过于流行（参见第三章有关"流行记忆"的章节），那么它可能在集体记忆研究的背景下朝着不好的方式发展，即真实的记忆消失了，它变成了我们希望的样子。不过卡萝尔·布莱尔（Carole Blair）表示，"如果我们认为历史和记忆没有竞争关系，而是一种互补的关系，那么将会给我们提供更多的研究手段，从而增进我们对传播的理解"。

被媒介呈现的记忆——媒介化的、虚构的、混合的

马里塔·斯特肯在《历史的游客：从俄克拉荷马城到世贸大厦遗址的记忆、俗世之物和消费主义》（*Tourists of History: Memory, Kitsch, and Consumerism from Oklahoma City to Ground Zero*）中介绍了美国文化如何使用社会和文化手段将"旅游"与历史结合在一起，重现美国的历史记忆，塑造"记忆和情感的政治"和"舒适的消费文化"（Sturken 2007：4）。泰迪熊、纪念钞票、广告、旗帜、T恤衫、纪念墙、徽章、硬币、漫画、贴纸、照片、城市圣地、水晶球、

第二章 个人的、集体的、媒介化的和新记忆话语

落满灰尘的壶、瓶装水和大量的纪念品,这些都是(商业化)仪式和再现的文化记忆。在这种情况下,被媒介呈现的文化记忆使民族化和商业化成为共识。记忆在某种程度上是被制造生产的,是商业化的,也因此被深深地卷入大众传播之中。史蒂文·斯皮尔伯格执导1993年的电影《辛德勒的名单》是一个很好的例证,很多学者都在批判地审视社会如何在影片中平衡创伤记忆与展现历史的"热门电影"之间的关系。尤瑟法·洛斯茨基(Yosefa Loshitzky 1997:3)认为,这部电影"再现了历史仪式从生活与个人的记忆向集体与制造的记忆转变的脆弱时刻","标志大众文化传播塑造的集体记忆战胜了专业历史学家的记忆"。《辛德勒的名单》影响如此广泛,以至于传媒学者在20世纪90年代中期将研究方向从媒介的权力转向了生产记忆。从洛斯茨基的作品集《斯皮尔伯格的大屠杀》(*Spielberg's Holocaust*)这个书名中可以看出,记忆是由好莱坞创造的,这不啻为一种批评。

显然,"人的记忆总在不断转化"(Zelizer 1995:216),无论是头脑中的还是媒介中的。然而休森反驳说,"我们很清楚个人记忆是多么狡猾和不可靠:它总被遗忘和否认、为压抑和创伤所困扰,它往往为了合理化而存在,以满足维护权力的需要"(Huyssen 1995:249)。媒介既是权力的生产者也是破坏者,这很重要,因为只有把记忆和媒介以及流行文化和人际沟通联系起来才能反思媒介和记忆。在反思媒介和记忆的过程中一定会发现媒介在过去20年无处不在,民

媒介与记忆

众的媒介素养不断提高，媒介内容生产更加便利，受众也更加个性化。尽管我们生命中的许多事情都没有被记载下来，但我们还是记得它们。我们生活中越来越多的事情被媒介化了，尤其是被照相机媒介化了，而且越来越难被遗忘。从闭路电视监控系统到摄影博客，从照片共享到数字故事，从摄像机的一帧画面到视频日记，不管是有意识的还是无意识的，个人记忆都被媒介呈现。何塞·范·迪克（van Dijck 2007：6-7）说，这基本上是按照惯例来制定的："人们决定记录什么，或者在没有记录的情况下记住什么，但人们往往不知道那些影响他们意图和决定的文化框架。"作为传媒专业的学生，你们一定知道媒介文本具有破坏性，能以各种形式被物质化并与作者的初衷背道而驰。亨利·詹金斯（Henry Jenkins 1992，2006a）在研究粉丝文化时发现，它们可以被盗用、整合、创造性地再现，从而产生新的、（自我）批判的、与原貌迥异的事物。① 类似的，记忆也是一种创造性活动，因为"记忆的产物首先是创造性的，是个人生活和宏观文化碰撞下的临时结果"（van Dijck 2007：7）。

"被媒介呈现的记忆"（van Dijck 2007）可以理解为个人、社会、文化和集体记忆被媒介化从而不受限制地广泛传递的机制。索尼亚·利文斯通（Sonia Livingstone）最近提

---

① 亨利·詹金斯的粉丝文化理论揭示了粉丝如何参与记忆和怀旧。他说，"在符号学领域有这么一个观点：你从文字中获得了意义，随之就把文字扔掉。与此相反，粉丝不但不会扔掉文字，还与文本建立了情感联系，这种联系存在于任何意义的产生过程中"。

第二章　个人的、集体的、媒介化的和新记忆话语

出了"万物皆为媒介化"的概念，指出记忆是被媒介放大的日常生活。虽然在媒体真正掌握我们的心理之前，老年人的个人记忆或许仍然可以表达经验，在电视还没普及的日子里生活是不那么媒介化的，但现在人们的记忆完全依赖于文献、电影、文学、数字叙事和视频日记等媒介。我认为"记忆媒介化"或"被媒介呈现的记忆"这一术语表明了媒介对记忆的影响与记忆对媒介的影响截然不同。尽管范·迪克反复强调媒介和记忆密不可分，但他并没有更充分地解释个人如何利用媒介以助记符的方式表演，以及如何创造由怀旧、纪念、损失、创伤、遗忘和其他记忆行为驱动的媒体或现实世界的界面。人们利用媒介来记忆不仅仅是为了记住或记录社群的历史，更是为了投射人们、场所、过去、可能之间的复杂联系。我将在接下来的两章中更详细地讨论这些观点。

卡罗琳·凯奇（Carolyn Kitch）是一位研究记忆媒介化的重要学者，她在《过去的书页：美国杂志中的历史和记忆》（*Pages from the Past: History and Memory in American Magazines*）中探讨了作为收藏品的杂志如何变成了国家的"文化遗产"。在深入分析《生活》（*Life*）杂志、《时代周刊》（*Time*）、《新闻周刊》（*Newsweek*）、《美国人物周刊》（*People Weekly*）、《体育画报》（*Sports Illustrated*）、《滚石》（*Rolling Stone*）杂志、《娱乐周刊》（*Entertainment Weekly*）、《纽约客》（*New Yorker*），以及《乌木》（*Ebony*）、《好主妇》（*Good Housekeeping*）和其他一些怀旧杂志后，凯奇提

媒介与记忆

供了有关杂志如何变成"国家文化公共历史"的深刻见解（Kitch 2005：11）。当"记者从国家记忆的角度写作时，他们的文章就是为了纪念；在与受众的对话中，他们将过去、现在和未来拼凑成一个单一的、未完待续的故事，并通过这种方法描述过去"（Kitch 2005：11）。

通过媒介分析国家、种族和民族身份叙事的作品并不新鲜［见斯图亚特·霍尔（Stuart Hall）的著作《表征——文化表象与意指实践》（*Representation：Cultural Representations and Signifying Practices*，1997）］。而新颖的是通过媒介化的记忆研究国家、文化和社会的叙事生产。例如历史、文学、文化档案、遗产电影（参见 Vincendeau 2001）、英国古装剧（参见 Higson 2003）、历史电影（参见 Landy 2001）以及传记片（参见 Custen 2001）的再利用，它们都是媒体产业为获取商业利润制造社会和文化记忆的工具。这里涉及忠诚度、真实性和准确性的概念，但如果像罗伯特·罗森斯通（Robert Rosenstone 2001）所说的那样，我们把屏幕媒介看作实验而不是记录和见证，这些问题就显得多余了。因此随着对过去的创造性和实验性的日益关注，我们进入了玛丽安·赫希称之为"后记忆"的时代（Hirsch 1997）。它"不是通过记忆，而是通过想象的投资和创造被媒介呈现"，这是"在出生前的叙述中长大的人的经历"，比如在大屠杀中幸存的孩子们的生活故事是由"别人既不能理解，也不能重新体验的创伤性事件"造成的（Hirsch 1997：22）。我将在下一章讨论犹太人大屠杀和记忆产业的概念时重新讨论这个问题。那么，媒体对理解过去应该承担怎样的道德责任？媒体是冲击还是创造了过去？媒体是生产还是补足了历史呢？

新记忆——全球的、数字的、移动的

早在1977年，布朗和库里克（Brown and Kulik）就用新闻媒体的术语解释了"闪光灯记忆"（flashbulb memory）的概念，这是一种戏剧性的、令人惊讶的、印在大脑中的记忆。[1] 我们都能想象这种媒介化的图像和声音，它们记录了公共和私人生活中发生的事件。比如9岁的越南女孩潘金福（Kim Phuc）从凝固汽油弹的爆炸中跑出来，她的衣服被烧光了（1972年6月8日），又比如挑战者号航天飞机在一团白烟与黑烟中四分五裂（1986年1月28日），还有伦敦爆炸案中生还者的手机照片（2005年7月7日）……布朗和库里克最初将它定义为"快照"（snapshot）记忆，并借鉴了摄影媒介中思考记忆的模式。他们认识到记忆的媒介化、媒介的记忆性和记忆的技术性。正如马里塔·斯特肯在《记忆研究》期刊的创刊号中所说，"记忆技术总是中介化

---

[1] 这是指认知心理学领域由哈佛大学学者罗杰·布朗（Roger Brown）和詹姆斯·库里克（James Kulik）提出的概念。他们认为历史性的重大事件会激活人们脑中的特殊的记忆机制，它会像拍照一样把这一事件连同见证事件发生时个人所处的情境记录下来并在脑中永久保存。由于这个机制类似拍照，所以被二人形象地称为"快照"机制。——译者注

媒介与记忆

的，它生产了文化和个人的记忆"（Sturken 2008：75）。此外，范豪斯和丘吉尔（van House and Churchill 2008：297）在文章《记忆技术》（"Technologies of Memory"）中提出（这也是对斯特肯的回应），在人机交互和记忆方面，"社会和个人显性或隐性的记忆被'烘焙'进了这些技术的设计中"。这些设计决定了记忆如何被构建。

随着卫星广播技术的发展，一个场景可能成为几百万人的记忆，而这在几十年前不可想象。21世纪的一个可悲的事实是，没有亲身经历灾难的人对灾害的认识要比那些亲身经历过、目睹过的人要深刻得多。2001年的"9·11"事件证明了并非只有亲眼看见的人才知道发生了什么，这几乎颠覆了我们的常识。有线电视网实时报道了"9·11"恐怖袭击事件，一遍遍地重播飞机撞上高楼、高楼轰然倒塌的画面，仿佛这个令人震惊的事件刚刚发生。"媒体见证"（media witnessing）的概念就是从这类事情中得到灵感的。弗洛施和平切夫斯基（Frosh and Pinchevski）在《媒体见证：大众传播时代的证词》（*Media Witnessing：Testimony in the Age of Mass Communication*，2009）中对此进行了深入探讨。尽管这本书并不特别关注记忆，但它确实发展了记忆研究中媒介与历史的概念：就欧洲的犹太人大屠杀而言，创伤和证词是以回顾媒体呈现的，但在"9·11"事件中现实主义无处不在。我将在下一章探讨犹太人大屠杀和"9·11"事件之间的联系，即用媒体生产记忆。不过现在需要注意，媒体在"9·11"事件后已经成为戏剧性的、令人惊讶的、

第二章 个人的、集体的、媒介化的和新记忆话语

烙印在脑海中之事件的警觉的预测者。安德鲁·霍斯金斯提出了"新记忆"（new memory）概念，将其称为"由新技术制造的媒体闪光框架，它改变了记忆过程的本质"（Hoskins 2004：6）。

根据霍斯金斯的说法，"新记忆"可能会产生错误的记忆。大多数美国人认为他们在电视上看到了1963年约翰·肯尼迪总统被刺杀的一幕，但其实扎普鲁德（Zapruder）拍摄的视频直到1975年才被电视转播，而且当时只能在《生活》杂志上看到静态的照片。① 新记忆话语和实践的媒体闪光框架被媒体工作者循环利用，被民众重新审视，提供了霍斯金斯（Hiskins 2004）和芭比·泽利泽（Zelizer 2002）所说的媒介模板。2003年4月9日，推倒萨达姆·侯赛因（Saddam Hussain）雕像的新闻是一个绝好的例子。媒体工作者可能认为这一幕很有纪念意义，因为过去也发生过独裁者的雕像被推倒的事情。我在英国广播公司24小时新闻直播中观看并记录了这一事件。我发现雕像并没有被轻易推倒，也没有迅速垮塌，围观者人数既不多，也不能代表各类人群。重要的是，我记得在美国协助伊拉克军队时，美国国旗被抛到了雕像上。抛开有关美国国旗的争议不谈（美国国旗很快被撤走，换成了伊拉克国旗），在雕像遭到袭击后的30分钟内，英国广播公司的新闻记者就梳理了所有前后矛盾和延误的问题，用照

---

① "77%的被调查者认为除了李·哈维·奥斯瓦尔德（Lee Harvey Oswald）还有其他人参与了这场刺杀。另有75%的人认为官方隐瞒了这个案件。"见《纽约时报》1992年2月4日。

媒介与记忆

片和专家访谈制作了一段两分钟的节目,并将其命名为"历史上最难忘的时刻[伊拉克自由行动]"。

这个画面被不停地循环使用,象征一场有争议的战争的"结束",但人们对美国建构的历史和记忆仍心存疑虑。这令人难忘的时刻在电视上播放,如同第一次海湾战争和越南战争一般引起了人们的巨大共鸣,因此这些画面"将过去的、现在的或未来的事件联系起来,形成了人们观察历史的方式"(Hoskins 2004:43)。这为研究媒介和记忆之间的关系提供了一种途径,即通过调查媒体内部的生产文化批判对记忆的美化。联合机构图像在这种文化中广泛流传,通过独立摄影师(无论是专业的还是业余的)的图片批判集体记忆的主流意识形态。数字、移动技术和互联网服务使媒介模版在全球流通,逐渐远离国家和企业内部。由于公民新闻和数字媒体在2004年后激增,霍斯金斯不得不调整了"新记忆"概念:公民新闻和数字媒体使记忆变成移动的、连接的和预先计划的(Grusin 2010)。

根据最新的媒体理论,记忆的生产和形成呈现出一种"技术媒介化的"(Reading 2009)的新流动和变化,同时记忆是"跨文化的"和"旅行的"(Erll 2009),是全球化的、"全球数字化的"(Reading 2009),也是"数字化的"(Garde-Hansen et al. 2009)。随着现代通信技术的发展,被媒介呈现的记忆迅速传播,使记忆的形成变得大众化。安娜·雷丁的主题演讲《走向全球数字化记忆领域的哲学》("Towards a Philosophy of the Globital Memory Field")呼吁我们根据"网络和移动媒体"的"新通信生态"来重新反思记忆（Reading 2009）。尽管记忆是由个人在某个区域生产的，但它正以数字方式在全球传播。用户可以通过不断扩大的"人、物和数据"交换记忆。因此，"全球化的记忆"既与地理学和物理学有关，也与社会学、文化研究以及心理学有关。那么，将记忆看作"全球数字化的"将会带来什么？

现在，请思考自然地理以及我们如何看待手机上记录下的记忆，无论是家庭出游还是恐怖分子的爆炸袭击。我们可以轻松地将这些记录数字化和网络化，无须借助传统媒介就可以通过互联网与其他移动终端和网站相连。然而，这种看似简单的做法却为媒体和记忆带来了有趣的问题：它的边界是什么？它如何影响了时间？我们如何体验速度？建筑物、电缆、电线、桅杆、卫星电视天线和（云）计算机在哪里？它们是在什么情况下又是怎样形成的？共享记忆是否会削弱我们的体验？保证我们联系在一起需要消耗多少能量？浏览我的脸书页面会产生多少碳排放？和别人分享我用手机记录的经历浪费或节省了多少时间？我在网上分享和记录的生活，有多少我希望遗忘或者改写？我花了很多时间在分享记忆和创造纪录上吗？我展现给他人的自我有几分是真实的？这些都是媒介和记忆研究的新阶段需要尽快解决的问题，也是本书第二部分案例研究的框架。

让我们回顾本章开头的例子：戴安娜王妃的死亡和葬礼以及1997年后通过媒体表达的对她的纪念。在回顾和参加纪念活动的同时，我们还看到了全球卫星广播技术的巨大作

媒介与记忆

用——全世界有大约 25 亿人通过电视观看了戴安娜王妃的葬礼。正如"9·11"事件中的现场直播一样，全球媒介技术改变了个人和集体记忆的产生、分享和储存的方式。近来，Youtube.com 和 Gonetoosoon.org 等网站进行了创意的混剪（或数据的重组），将戴安娜王妃葬礼的电视录像、照片、音频和用户上传的资料拼凑在一起推送给所有用户。根据杰伊·大卫·博尔特和理查德·格鲁辛（Jay David Bolter & Richard Grusin 1999）的观点，用户创造的实践形成了习惯记忆。修复的戴安娜的形象就像"9·11"事件中《坠落的人》的照片一样，"倾向于巩固文化记忆，创造并凝固特定的历史故事和符号"（Erll 2008：393）。因此，安德鲁·霍斯金斯在 2010 年定义了新媒体生态中的"扩散的记忆"（diffused memory）。我将在下一章讨论生产和消费的转变，因为广播公司、公共团体和普通公民都参与到了媒介对记忆的生产流程中。

48   练习

学习媒介和记忆的学生可以练习安妮特·库恩对一张童年照片的四步分析法，具体如下（由于智能手机给过去十年带来了巨大的变化，所以请尝试用数字化的例子完成库恩的练习）：

1. 首先简单描述照片中的人物主体，然后将自身置于主体的位置，运用第三人称很有帮助。为了更好地感受照片中的情感，你可以把自己想象成照片的主角，就如同那时的他/她。

2. 考察一下照片的拍摄背景。这张照片是在哪里、何时、如何、由谁和为什么拍摄的？

3. 考察一下照片的制作背景。使用了什么摄影技术？有什么美学特征？是否符合某些摄影惯例？

4. 考察一下照片的现状。这张照片是为谁或为什么拍的？谁现在拥有它？它被保存在哪里？谁当时看过它？谁现在能看到它？

深读

Bennett, Jill and Kennedy, Rosanne (2003), *World Memory: Personal Trajectories in Global Time*. Basingstoke: Palgrave Macmillan.

Halbwachs, Maurice (1992), *On Collective Memory*, trans. L. A. Croser. Chicago: University of Chicago Press.

Hoskins, Andrew (2001), "New Memory: Mediating History", *Historical Journal of Film, Radio and Television*, 21: 333 – 346.

Irwin-Zarecka, Iwona (1994), *Frames of Remembrance: The Dynamics of Collective Memory*. New Brunswick, NJ: Transaction Books.

Kuhn, Annette (1995), *Family Secrets: Acts of Memory and Imagination*. London: Verso.

Lundby, Knut (ed.) (2009), *Mediatization: Concept, Changes, Consequences. Oxford: Peter Lang.*

Van Dijck, José (2007), *Mediated Memories in the Digital Age.* Palo Alto, CA: Stanford University Press.

Van House, Nancy and Churchill, Elizabeth F. (2008), "Technologies of Memory: Key Issues and Critical Perspectives", *Memory Studies,* 1 (3): 295 – 310.

第三章 用媒介制造记忆：机构、形式和实践

> 在狮子有了自己的历史学家之前，狩猎的故事永远只歌颂猎人。
>
> ——非洲谚语

传媒既可以是狮子，也可以是猎人。强大的传媒和文化机构负责记录、保存和提供国家与群体的日常生活、重大事件以及社会和文化遗产。它们在编写历史时总会把自己及所效劳的社会文化霸权加以美化。它们必须让自己的客户、读者、受众和用户满意。即使它们只是保管人，没有合法拥有国家遗产的资格，但它们牢牢控制着手中的档案。由公众资助的英国广播公司就是一个例子，我将在第五章更详细地介绍它向公众公开档案的情况。

上一章主要讨论了记忆在媒体和文化研究相关领域内发展的关键概念。传媒并非始终保持中立。在研究媒介和记忆

媒介与记忆

时，我们需要时刻牢记媒介具有权力，以及"机构会努力保留它们要解决的问题"[克莱·舍基（Clay Shirky），引自凯文·凯利（Kevin Kelly）的《舍基定理》（"The Shirky Principle"，2010）]。如果"问题"是个人和公共记忆（包括其检索、记录、存档、传播和提取），而该机构是一家传媒公司，那么我们需要做两件事。首先，我们需要批判媒体机构在个人和公共记忆的生产和消费中的作用。其次，我们需要强调新媒体话语、形式和实践在创造和保存记忆的过程中已经从边缘走向中心，直接绕过了传统媒体机构。因此，媒体组织在地方、国家和国际层面的复杂性意味着只有部分记忆被媒介呈现。例如，由本田公司赞助的第 4 频道的《吉卜赛热闹婚礼》（*My Big Fat Gypsy Wedding*，2010 年 2 月 28 日）节目本质上是一个讲述吉卜赛人、罗姆人和游居者（GRT）[①] 文化遗产故事的具有观赏性的营利性节目，而不是如实记录他们在纳粹集中营中被屠杀的记忆。节目名还借用了电影《我盛大的希腊婚礼》（*My Big Fat Greek Wedding*）片名，试图唤醒人们的记忆，但是在指代一个被边缘化的社群至关重要的文化遗产时显得不太严肃。同样，只有以特定方式（如由与行会有关的编剧和专业技术人员编写的）和

[①] 组成 GRT 缩写的各个组成部分在文化上并不对等，但我尝试用这一术语将所有这一类人都包括在内。"吉卜赛"原本是个贬义词，但现在已经被大多数英国吉卜赛人接受。"罗姆人"一词在欧洲用得比较广泛，但遭到了不把自己定义为罗姆人的群体的反对。游居者指那些选择旅行生活方式或不认为自己属于特定民族的人。

特定流程（如由政府和有既得利益的出品公司资助的）生产的记忆才会达到较高的水准并被广泛传播。至少在写作本书时仍是这样，但随着越来越多的媒体能直接绕过国家机构，情况可能会发生重大变化。

如果这些只是媒体机构生产记忆的方式中包含的某些因素，那么像人类记忆这样具有创造性和创新性的东西被定义为"认知盈余"（cognitive surplus）就不足为奇了（Shirky 2010a）。[1] 这与安娜·雷丁近期关于"记忆权"（right to memory）[2] 的研究有关。从理论上讲，记忆权应该比其他所有权利更重要。记忆权是什么？媒体在记忆权中扮演着怎样的角色？雷丁将之追溯到 2003 年联合国教科文组织旨在保护人类历史和表达自由权而发布的《关于蓄意破坏文化遗产问题的宣言》（"Declaration Concerning the International Destruction of Cultural Heritage"）。那些自认为没有历史的人的记忆正通过各种传媒机构、媒介形式和媒体实践被重新发现。他们需要一部更宽泛的法规来保障

---

[1] 克莱·舍基的"认知盈余"概念是指那些受过良好教育并能够自由支配时间的人往往乐于分享，这类人集合在一起借助互联网并利用自由时间分享知识，即所谓"认知盈余"。参见：克莱·舍基著，胡泳、哈丽丝译，《认知盈余：自由时间的力量》，北京：北京联合出版公司，2018 年。——译者注

[2] 安娜·雷丁的论文《吉卜赛人、罗姆人和游居者的移动与静态记忆》（"Mobile and Static Memories in Gypsy, Roma and Traveller Communities"）在"媒介、记忆和吉卜赛人、罗姆人、游居者"［Media, Memory and Gypsy, Roma and Traveller（GRT）Communities］会议上发表。这个会议由英国格鲁斯特大学的媒体、记忆和社区研究中心（Research Centre for Media, Memory and Community）主办（2010 年 6 月 22 日）。

媒介与记忆

他们的记忆和被记忆的权利。雷丁（Reading 2010）认为，在记忆被人为抹去的地方，比如对于因战争、种族灭绝、心理创伤、遗址毁坏、发展资本主义而被拆毁的社区，媒体能够并且应当为个人和群体提供生存必需品。最近，由于有些媒体机构对那些最需要记忆的人置若罔闻，在线数字媒体、社区媒体和创意技术允许这些社区在媒体机构之外运作。① 这些项目不为经济利益，而是以合作和创新的途径见证过去。

然而，在我们为记忆生产的大众化而欢欣鼓舞之前，我们必须承认机构、企业、商业组织和行业在大量参与记录、制作、储存、存档、创造和提供具有地方、国家和全球意义的记忆中发挥的作用。有些人认为"公共广播应该把自己定义为一个影响文化再生产和文化复兴的有力因素"（Blumler 1993：406）。在商业压力和数字化选择的背景下，向观众提供文化遗产的机会变得越来越难以获得。然而，正如罗杰·史密瑟（Roger Smither 2004：63）在论述电视和战争之间的关系时所说的，它显然具有情感价值。这是媒介和过去的"复杂互动"，它不仅存在于对历史的电视化，也存在于对"家庭和社群内个人历史的探索"。因此，在全国性的广播公司以一种机构化的实践来记录两次世界大战的集体记忆的同时，也鼓励"老兵或幸存者在家里讲述自己的故

---

① 由马伊和里哈（Maj and Riha）共同编写的电子书汇集了 2009 年 3 月 17 日在奥地利萨尔茨堡举办的第一届国际数字记忆会议（Global Conference on Digital Memories）的论文，深刻回顾了近期使用数字媒体生产、存档记忆的研究项目。

第三章 用媒介制造记忆：机构、形式和实践

事……创造一个积极分享记忆的环境"。它的初衷很好，但马里塔·斯特肯在转述老兵威廉·亚当斯（William Adams）的话时提出了问题：

> 当《野战排》（*Platoon*）首次上映时，许多人问我："战争真的是那样的吗？"我不知道该如何回答……真实的过去和人们叙述的过去在我脑海中混为一谈，纯粹的经历已经不复存在……越南战争不再是一个明确的事件，而是一个集体的、多变的剧本，任由人们涂抹、擦除、重写我们对冲突和改变的看法。（Adams 1988：49）

这揭示了记忆机构、记忆形式和记忆实践在生产个人和集体的战争经历中的作用。老兵威廉·亚当斯以别样的方式提醒人们注意媒体和记忆不可分割，媒体机构必须负责任地表征过去。有趣的是，有意义的、难忘的、有价值的、可被商业化的由媒体呈现的记忆是可以改写的。

因此，我接下来将分别解释记忆机构、记忆形式和记忆实践：

- 记忆机构。记录过去及其事件的媒介如新闻公司、报纸、新闻广播、博物馆、遗产行业和档案馆等都是**记忆机构**（institutions of memory）的骨干。这些也是电影业中历史片、纪录片的支柱。在这里举几个记忆制度的具体例子：大英图书馆声音档案馆、英国广播公司、世界各地的犹太人大屠杀博物馆（尤其是史蒂

媒介与记忆

53

文·斯皮尔伯格的博物馆)、数千家广播公司档案馆、微软的"我的数码生命"和英美两国的口述历史协会。

- 记忆形式。媒介形式是记忆的辅助手段、工具和设备，因此媒介具有记忆性、记忆工业技术性或记忆科技技术性（参见 Stiegler 2003）。显而易见的例子有电脑、手机和相机，不太明显的例子包括影印机、视频日记和谷歌街景。这些形式在日常生活中随处可见，但是人们很少对其进行批判性思考。和十年前相比，它们似乎扩大了人们的记忆能力。正如维克托·迈尔－舍恩伯格（Viktor Mayer-Schönberger）在《删除：大数据取舍之道》(*Delete：The Virtue of Forgetting in the Digital Age*, 2009)中所强调的，数字记住了一切，包括那些值得遗忘的事情。

- 记忆实践。作为纪念的媒介是个人和公共记忆实践的主要驱动力。关于戴安娜王妃的猝然离世、对犹太人的大屠杀、两次世界大战、"9·11"恐怖袭击事件，纪念网站、数字叙事、被记录下的证言都是记忆实践。这些记忆实践将个人和社群从过去带到未来的情感旅程中。商业主义、权利、创造性活动、地方/国家/全球遗产、文化产业实践、国家和国际政策、数字化的影响贯穿了所有用媒体生产记忆的实践。

综上所述，记忆机构、记忆形式和记忆实践构成了异常复杂、不断变化的媒体生态——它也被人们的创造力和创新性不断挑战。它塑造了迈克尔·罗思伯格（Michael Rothberg 2009）所说的"跨国时代的多向记忆"。这与"记忆竞争"的"零和博弈"不同，因为我的记忆不会抹去你的记忆。举例来说，这使得犹太人大屠杀的真实记忆与被挪用、被再造和被拼凑的大屠杀记忆一起，形成了"更大的记忆话语螺旋"（Rothberg 2009：11）。这便是老兵威廉·亚当斯所说的电影重写了越南战争。因此，控制集体记忆非常重要，20世纪的一个特点是通过媒体（尤其是广播媒体）使文化记忆变得专业化和制度化，从而影响了公民参与、创造和重塑一个国家的历史的方式。有些人认为发达国家自上而下的、专业的、集中的媒体生产机制可能会扼杀"百万人"生产内容的创造力（Lessig 2007）。虽然大多数人（至少在发达国家）都对新媒体工具很感兴趣，但绝大多数人仍被如何生产和消费媒体产业的传统观念束缚。本书有趣的地方在于，我们可以从"只读"（由媒体机构生产的）的记忆转向"读写"的记忆（由数百万有创造力的人生产的）。这是一种"业余文化"，是"为爱而不是为钱生产"的大众化的文化记忆（Lessig 2007）。

媒介与记忆

记忆机构

在有关记忆如何变得流行的、社会的或文化的早期叙述中，人们对媒介的关注还不够。在约翰逊等人（Johnson et al.）的一本重要的早期文集《制造历史》（*Making Histories*，1982）中，博梅斯和赖特写道：

> 记忆是社会性的和历史性的：它存在于世界而不是人们的头脑中。它的基础在于对话、文化形式、个人关系、场所的结构和外观，最根本的是其与意识形态的关系。这些意识形态致力于使过去和个人的重要和难忘的经历达成一致。（Bommes and Wright 1982：256）

这里并没有提到媒体。从 1979 年 10 月到 1980 年 6 月，流行记忆小组开会讨论了历史的局限性，并在《制造历史》的同一卷中提出了大众记忆的理论、政治和方法。① 约翰逊等人当时忽略的正是本书的重点：新闻、电视、电影、广播、音乐、信息技术和流行文化。约翰逊等人热衷于强调"历史表征的力量和遍在性及其与主导机构的联系，以及它在达成共识过程中发挥的作用"（Johnson et al. 1982：207）。他们不认为流行文化和媒体影响了过去的个人和机

---

① 这本编辑出版的文集可以帮助你从头了解口述历史生产、私人记忆研究和社区实践的政治和方法。

构化表征。塔拉·布拉巴赞（Tara Brabazon）在富有洞察力的《革命的启示：X 世代、大众记忆与文化研究》（*From Revolution to Revelation：Generation X, Popular Memory and Cultural Studies*）一书中这样写道：

> 大众记忆是当代文化研究中的重要组成部分……流行文化是大众记忆的载体，随着时间的推移传递文字、思想、意识形态和故事。（Tara Brabazon 2005：66，67）

因此，文化和社会层面存在一种关于人们如何研究和生产媒介与记忆的政治。史蒂文·安德森（Steven Anderson 2001：22）将其描述为"一处辩论之地"。这个观点显然借鉴了福柯的"大众记忆"和自下而上的历史理论，它们抵制制度化的知识：

> 由于记忆实际上是斗争中一个非常重要的因素，如果一个人控制着人们的记忆，他就会控制他人的活力，同时也控制了他人的体验和对过去的解释。（Foucault 1977：22）

我们不必太在意福柯的这句话。在传媒研究中，媒体学者经常用福柯来批评企业媒体以及有关性别、种族和阶级意识形态的权力和制度。然而，福柯并不喜欢媒介与纯粹的社会记忆的关系。因此直到 20 世纪 90 年代初，大众记忆更多的是

媒介与记忆

民众的记忆,而不是**流行文化**本身的记忆,而且它到目前为止与媒体的联系还很少。在下文中,我将探讨最近媒体、历史和记忆之间的复杂关系与互动。需要注意的是,媒体机构或用媒介生产记忆的机构既是集体记忆强大的生产者,也是挑战集体记忆的强大力量。

例如,我们可以转向"世界记忆"(Bennett and Kennedy 2003)的概念,它是跨文化的概念,旨在协商定义20世纪和21世纪初记忆文化的历史创伤。我们可以从电影的角度思考世界记忆,如展现第二次世界大战核爆炸的电影《广岛之恋》(*Hiroshima Mon Amour*, 1959),展现纳粹对犹太人大屠杀的电影《穿条纹睡衣的男孩》(*The Boy in the Striped Pyjamas*, 2008),展现澳大利亚历史上被拐卖原住民儿童的电影《漫漫回家路》[*Rabbit Proof Fence*, 2002,它改编自多丽斯·皮尔金顿(Doris Pilkington)于1996年出版的小说《防兔篱笆》(*Follow the Rabbit-Proof Fence*)],有关南非真相与和解委员会的电影《头骨国度》(*Country of My Skull*, 2004),展现艾滋病题材的电影《蓝》(*Blue*, 1993),以及展现"9·11"事件的2006年电影《世贸中心》(*World Trade Center*, 2006)。贝内特和肯尼迪从吉尔·德勒兹(Gilles Deleuze)那里借用了"世界记忆"这个术语,以"回应来自文化和经济中心的媒体报道的全球化趋势"(Bennett and Kennedy 2003: 5)。所谓"世界"并不是真的来自全世界,而是由占主导地位的少数群体构建的叙述。在此,"世界记忆"(world memory)建立起民族国家之间分分合合的关系,它们的历史和对过去的叙述可能受到欧美教条的制约。因此"世界记忆"的概念和创伤研究有着密切的联系，就像当提到"世界"时，我们只能想起不好的、被压抑的或难以启齿的记忆，如战争、种族灭绝和恐怖主义。

西方媒体，尤其是电影和电视，在制度和商业上都由特定的意识形态主导，并利用创伤和痛苦制造、出售记忆。然后，这些创伤和痛苦就被存档，以供子孙后代再次体验或消费。典型的例子是1993年的电影《辛德勒的名单》，该影片由斯皮尔伯格的南加州大学纳粹浩劫视觉历史和教育基金会（USC Shoah Foundation for Visual History and Education）支持，从1994年到1999年完成了52,000次访谈。还有其他的例子，如历史频道40周年纪念网站的特别策划专题展出了与肯尼迪总统遇刺有关的视频、采访记录、照片和文件资料。同时，历史频道还于2003年推出了电视系列片《约翰·肯尼迪——总统透露》（*JFK—A Presidency Revealed*）。接下来发生的事情无非是增加了对这种创伤记忆的媒介化呈现，而媒体理论家们就这些问题对机构、公司和商业化的作用展开了讨论。

例如，马里塔·斯特肯在开创性著作《纠结的记忆：越南战争、艾滋病传播和记忆政治》（*Tangled Memories: The Vietnam War, the AIDS Epidemic, and the Politics of Remembering*）中研究了美国历史上两个重大的创伤性事件。老兵纪念馆、作为纪念物的棉被、文献电影和电视新闻交织在一起，构成了某种集体记忆的肌理。斯特肯借鉴福柯关于权力和制度在自我生

媒介与记忆

产中的作用的理论，认为"记忆告诉我们的比什么都重要，特别是当个人和制度赋予过去意义时"（Sturken 1997：10）。进一步说，20世纪90年代中期以后出现了很多从创伤角度研究媒介和记忆的机构化的成果，斯特肯的著作就是一个很好的补充。事实上，我们可以从凯西·卡鲁思（Cathy Caruth）1995年的专著《创伤：记忆的探索》（*Trauma: Explorations in Memory*）中看到，就像在克劳德·朗兹曼的《浩劫》中那样，媒体在记忆、创伤、电影和大屠杀之间扮演了关键角色。有些人认为创伤和记忆提供了确保媒体产品和基于电影的档案大获成功的模板[①]，如斯皮尔伯格的电影《辛德勒的名单》。

安德烈亚·休森就是这样一位批评家，他也是最早直接研究文化、创伤和记忆三者之间关系的学者。事实上，他认为由于创伤话语的流行，过去二十年间兴起了"记忆文化"（culture of memory）。它从"多国的、越来越普遍的犹太大屠杀话语中向外扩展。至少在美国，对证人和幸存者证词的浓厚兴趣激发了记忆文化的活力，并与艾滋病、奴隶制、家庭暴力、儿童虐待等话语融合在一起"（Huyssen 2003b：16）。在所有这些情况下，我们对证言的理解都来自媒体以及媒体生产记忆的机构化。媒介很容易带来创伤和痛苦，尤

[①] 作者在论述这一部分时，大量使用了"template"（模板）一词，我们也可将之理解为"套路"。记忆制度本身亦可理解为媒体呈现历史事件并形塑记忆的"套路"。在本部分，凡是出现"模板"一词，都可以替换为"套路"加以理解。——译者注

第三章　用媒介制造记忆：机构、形式和实践

其是屏幕媒介（参见 Miriam Bratu Hansen1996 年以"屏幕记忆"定义犹太人大屠杀）。在研究媒介和记忆的过程中必须认识到，需要在强大的创伤范式中找准记忆生产和记忆表征的定位，以了解哪些被媒介呈现的记忆有市场，而哪些没有。仅仅因为犹太人大屠杀这个事件"被广泛认为是一种独特的、可怕的政治暴力"（Rothberg 2009：11），就说有关犹太人大屠杀的记忆是有市场的，这是失之偏颇的。借助媒介的机构化，犹太人大屠杀"美学"为其他历史事件的出现、竞争、团结、抵消、参与和脱离提供了"隐喻和类比"（Rothberg 2009：11）。这使读者、电视观众和其他媒介的用户在回忆犹太人大屠杀的同时也可以回忆其他事件。

因此，有关见证与证言的话语（与创伤不可分割）是广播、电视、新闻和电影等媒体的强大的内容生产者。新闻业见证和记录战争有着悠久的历史，从 19 世纪开始，发展到广泛使用手机、相机、摄像机的今天，在大大小小的战争与局部地区冲突中都能看到记者忙碌的身影。由于受众对新闻的记忆是跨国界的、随时间的流逝产生的，因此新闻在国内国际都产生了跨国和跨时代的共鸣（参见 Volkmer 2006）。芭比·泽利泽也提出是摄影使个人从创伤性冲击走向创伤后的记忆（Zelizer 2002：49）。在"9·11"事件后，电视和报刊用铺天盖地的照片报道有关消息。事实上，这一事件和大屠杀的报道思路一样，都是制度化模板。泽利泽认为在这两种情况下，暴力、令人震惊和悲惨的照片是在"呼吁见证"，使"人们看到发生的一切"，从而帮助人们更好地

087

媒介与记忆

58 "对恐怖、创伤和其他暴力事件的影响做出反应"。"9·11"事件后有很多人们在电视上观看新闻的照片，泽利泽和艾伦（Zelizer and Allan）的《"9·11"事件后的新闻业》（*Journalism after September 11*）的封面是一个很好的例证。

杰弗里·尚德勒（Jeffrey Shandler）在《美国人在观看：大屠杀的电视直播》（*While America Watches：Televising the Holocaust*）中提出了类似的观点，这本书中有一张很有说服力的照片：照片拍摄于1945年6月，德国战俘聚集在纽约哈洛伦全科医院（Halloran General Hospital）的电影院里。这张照片从礼堂后方拍摄，因此可以清楚地看见数百名德国战俘在观看解放纳粹集中营的电影，屏幕之上是堆积如山的全身赤裸的尸体。一些战俘遮住了眼睛，而大多数人则直面屏幕。尚德勒说，这张照片不仅体现了录像如何发挥纪念作用，还体现了它后来是如何作为战后宣传材料和法庭证据的。精心挑选的关于解放集中营的美国纪录片胶片不仅"影响着日后对犹太人大屠杀的介绍"（Shandler 1999：18），而且我们今天可以看到，它们为美国犹太人大屠杀纪念博物馆提供了展出记忆的模板。在撰写本章之际，网站展出了四条滚动播放的、交互式的横幅，它们都由相同的图片模板制作而成。

- 横幅1展示了两张黑白照片。第一张是身穿条纹睡裤的刚被解放的犹太人站在铁丝网前。第二张是美国士兵解放了集中营，升起了美国国旗。下方的配字写

第三章　用媒介制造记忆：机构、形式和实践

道，"纪念日，自由的故事：你做什么很重要，2010年4月11至18日。纪念解放65周年"。
- 横幅2没有图片，只有两条滚动出现的横幅。一个是黑底白字的"未来可以不一样"，另一个是白底红字和灰字的"从记忆到行动：迎接种族灭绝的挑战"。
- 横幅3展示了穿着制服的纳粹，并配标题"欺骗，纳粹宣传的力量：参观特展"。
- 横幅4显示的是"支持博物馆，现在就请给我们捐款"。

就"多对多"互联网领域的制度规则而言，如何使用人们在历史和文化方面熟悉的记忆模板，如电影和广播等"一对多"形式的媒体至关重要。因此泽利泽的观点对媒体记忆的理论家和生产者来说都有很大问题。在记录、制作和传播恐怖事件的视觉图像方面，她强调了一种占主导地位的"大屠杀美学"（Zelizer 2002：54）。这为后来所有关于创伤性事件的报道提供了媒介模板。这是一个自上而下的、通过机构化的电影和广播媒体建立的结构，它可能把观众带到已知的道路上，而不是前往新的地方。同样，霍斯金斯（Hoskins 2004a）认为，越南战争（被认为是第一次客厅战争①）的媒体叙述模板影响了后来对海湾战争的报道。如果事件发生在媒体并不发达的国家（比如柬埔寨、卢旺达、波斯尼亚和黑塞哥维那），这种结构化可能产生狭隘的摄影模板，或者像"9·11"

---
① 所谓"客厅战争"（living-room war）是指被电视媒体报道的战争。20世纪60年代美国大多数家庭的客厅中都有一台电视机，因而得名。——译者注

媒介与记忆

事件之后一样产生极其强大的影响：

> 展示照片具有某种使命感，超越了新闻的目的……伴随着战争爆发而反复展示的照片是一种事后的报复。废墟、受害者和纪念照片对于动员人们支持即将到来的政治和军事活动而言至关重要。（Zelizer 2002：57）

对于未来即将进入传媒行业的人来说，一个非常有争议的观点需要注意。媒体让创伤性记忆、发掘过去的不公正和寻找失落的故事充斥在人们的生活中，这可能给那些在不断循环的、相同的文化记忆中成长起来的新入行者带来巨大的冲击。事实上，加弗雷尔·D. 罗森菲尔德（Gavriel D. Rosenfeld 2009）认为，"9·11"事件之后的记忆研究应该更需要关注现在和未来，而不是过去。马歇尔·麦克卢汉（Marshall McLuhan）在《媒介即信息》（*The Medium Is the Massage*, 1967：74-75）中说："往事如烟。每当我们面对一个新的情况，我们总倾向于从过去寻找答案。我们通过后视镜看现在，我们在倒退着进入未来。"

如果像文本分析那样关注媒体对创伤的呈现，人们在关注大屠杀电影时可能会忽略企业机制，而创伤正是在这种机制中产生、消费、复制和再消费的。例如，在罗伯特·麦克切斯尼和约翰·尼科尔斯的《我们而不是他们的媒体：反对企业媒体的民主斗争》（*Our Media, Not Theirs: The Democratic Struggle Against Corporate Media*）中，正是企业新闻最受关注。麦克切斯尼和尼科尔斯在与（非常宽泛的）美国媒体的激烈论战中认为，媒体本应是为人民服务且属于人民的，却因为被"少数企业巨头控制，从而无法为人们提供基本的支持"（Robert McChesney and John Nichols 2000：24）。这不是生产记忆的好兆头。同样，在大卫·坎纳丁（David Cannadine）的杰出作品《历史与媒体》（*History and the Media*，2004）中，奥斯卡获奖制片人大卫·普特南（David Puttnam）问道："好莱坞偷走我们的历史了吗？"由于作者关注的是宏观的历史学，所以记忆在这部作品中确实处于次要地位。然而，这样的批判性问题对思考电影和广播机构如何参与生产和创造记忆的模板以及如何以新的媒介形式向新受众展现是非常重要的。

记忆形式

> 虽然人类的记忆系统非常高效，但它也不太可靠。既然如此，充分利用记忆辅助工具来减少这种失误是可取的、有意义的。（Baddeley 1999：200）

如果我们认为巴德利（Baddeley）关于记忆辅助工具的理论是正确的，那么媒介如果不是帮助人们记忆的辅助工具，它又是什么呢？毫不奇怪，根据威廉斯等人（Williams et al. 2008：61）的说法，"如果事件是独特的、重要的、经常做的，就更容易回想起来"，而媒体在此方面恰恰发挥了关键

媒介与记忆

作用。媒介是记录工具——音频的、视频的、图像的、数字的；它们构成一套助记系统，使用语言的、视觉的、动觉的、听觉的辅助手段帮助我们记忆；它们还是表现性的——用创造性的、批量制造的、人工的技术来与过去的视觉图像建立情感联系。个人和集体记忆的制作、存储和消费依赖于媒体，因为它们变得如此复杂和差异化，以至于口述历史的传承可能不足以保存它们。

因此，媒介扮演了马歇尔·麦克卢汉［McLuhan（1964）1994］所说的"人的延伸"的作用，作为技术（从钢笔到电脑）来实现人们的沟通交流，重要的是形式而非内容。在记忆被媒体呈现并延伸的情况下，形式可以是印刷品、照相机、复印机、录音机、电话或数字档案，所以"机器的意义不是机器本身，而是人们用机器所做的事情"［McLuhan（1964）1994：7］[1]。由于"我们在此考虑的是设计或模式所产生的心理影响和社会影响，因为设计或模式扩大并加速了现有的运作过程"，因此记录、生产、传递文化和个人记忆的媒介形式至关重要。"任何媒介或技术的'信息'，都是由它引入的人间事物的尺度变化、速度变化和模式变化"［McLuhan（1964）1994：8］[2]。在麦克卢汉后来的辩论性著作《媒介即信息》中，他既预言又明确地说：

---

[1] 此处沿用何道宽中译本之翻译。参见：麦克卢汉著、何道宽译，《理解媒介：论人的延伸》，南京：译林出版社，2011年，第18页。——译者注

[2] 此处亦是沿用何译本之翻译，参见该书19页。——译者注

第三章 用媒介制造记忆：机构、形式和实践

> 我们这个时代的电子技术媒介正在重塑、调整社会相互依存的模式和生活的各个方面。它使我们必须重新考虑并评价每一种思想、行动，以及之前被认为是理所当然的事……人们沟通所用的媒介的性质而不是内容，正在塑造着社会。

麦克卢汉在这里强调了模式或方式，这很重要，因为不是每个人都希望以相同的方式记忆和被记忆。

这些模式在以极快的速度不断变化，然而这是否意味着媒介形式带来了记忆或遗忘？米歇尔·福柯（Foucault 1977：22）认为，"很多制度都在阻止大众记忆的流动……电视和电影就是两种有效手段。我相信这是一种重新编码大众记忆的方式，但这种已经存在的记忆没有办法表达自己"。这种重新编码的想法和本章开头老兵威廉·亚当斯无法通过电影以外的途径记住越南战争的说法相呼应。同样的，后来理查德·迪恩斯特（Richard Dienst）把电视和记忆联系在一起，他认为电视消除了记忆：

> 电视是流动的，它在传播中消除了信息的特殊性及其之间的差异性，又在接收中耗尽了对距离的感知和对记忆的抵抗力。这种流动构成了电视文本过程的全部内容。（Dienst 1994：33）

但福柯和迪恩斯特的看法完全正确吗？电视和电影的形式是否对记忆不利？英国于2010年9月推出了一个复古的电视

媒介与记忆

数字频道,似乎婴儿潮在 20 世纪 40 年代到 80 年代的电视中留下了非常清晰又特殊的记忆,而且这些记忆也没有被时间冲淡。

所以我们必须考虑到,在录音、数字故事、电影、电子游戏中,记忆产生的形式与内容一样重要,都需要进行批判性分析。沿着这样的思路,杜威·德拉埃斯马(Douwe Draaisma)指出,"声音、视觉和其他感官印象都会在大脑的神经元调节器中留下印记",所以计算机已经成为"人类思维的主要隐喻"。因此"从理论上看,记忆看起来就像它所使用的技术"。(Draaisma 2000:231)使用 360°沉浸式摄影探索空间和地点的谷歌街景是一个很好的例子。我们可以在谷歌街景中重温儿时的家,看看我们的过往被现在的记忆覆盖了多少。未来我们可以穿越到想去的地方,可以在前往某个地方的时候看看记忆中的它和真正的它有什么不同。值得注意的是,这种记忆和空间中介的对接并不局限于谷歌街景,我们其实早已习惯了这种体验,只是不曾意识到罢了。

我们以世界上被拍摄次数最多的城市纽约为例,通过电影形成的回忆在我们访问时实际上构成了真实的体验。很多人都很熟悉纽约。许多人在玩《侠盗猎车手》(Grand Theft Auto)游戏时已经逛遍了纽约的大街小巷。影像中充满了触发记忆中的纽约的意向,电影中的台词、场景、框架、道路上的镜头、自由女神像、布鲁克林大桥、曼哈顿和斯塔滕岛都在电影、电视和游戏中出现,以至于纽约已经成了角色本身。媒介、记忆和纽约之间的关系如此重要,以至于口述历史技术已经被数字化并产生了记忆之城（City of Memory）项目（见 www.cityofmemory.org）。这个项目由洛克菲勒基金会和美国国家艺术基金会资助。在这里，纽约以空中的灰度图呈现，蓝色和橙色的超链接点表示发生的故事。介绍部分这样写道：

> 欢迎来到这个宏大的、全新的有关纽约市故事和经历的资料库。您可以亲自探索可交互的城市故事地图，了解当地的名人，参观不同的社区，阅读一些精彩的故事。您可以在记忆之城看到各种事情，无论发生在四十年前还是今天早上。（City of Memory 2010）

这就是艾利森·兰兹伯格在代表作《假肢记忆：大众文化时代美国记忆的转型》中所说的"假肢记忆"（prosthetic memory）。① 电影给观众带来了前所未有的体验，从而塑造了他们的身份，对他们产生了影响。兰兹伯格说，电影（和博物馆）为记录过去和个人之间的经验性体验提供了场所。这形成了一种新形式的公共文化记忆，"通过使关于过去的图像和叙事的空前循环成为可能"，允许观众"对他或

---

① 兰兹伯格认为，人们在剧场里观看历史题材电影时不仅仅是在消费电影中的情节和叙事，在这个过程中观者通过电影对自己没有经历过的历史事件产生了个人记忆。这种记忆像假肢一样，并不是原生记忆，却成为个人经验中密不可分的记忆，故称"假肢记忆"。这个概念在港台地区也被翻译为"义肢记忆"。参见：Alison Landsberg, *Prosthetic Memory: The Transformation of American Remeberance in the Age of Mass Culture*, New York: Columbia University Press, 2004, p.2. ——译者注

媒介与记忆

她没有经历的过去事件产生深刻的记忆"（Lansberg 2004：2）。由于网络媒体增加了人们和过去的情感联系，这种假肢记忆似乎增强了。然而如果我们考虑到媒体传输系统的速度，以及从录音带到光盘再到固态录音机的发展，我们就面临着以往格式的转移性和可访问性的问题。这个问题无论在内容上还是在体验形式上都是一种损失。

想想你收藏的音乐吧。我在自己的阁楼中收藏了许多珍贵的录音带，它们是在20世纪80年代从朋友的磁带中精心录制并混合而成的［从20世纪70年代到90年代，人们经常使用混音磁带，这种做法在由书改编的2000年电影《失恋排行榜》（*High Fidelity*）中可以见到］。我可以在iTunes上搜索、购买一些稀有的混音带，用iPod或mp3播放器播放，但我无法以数字格式重现我的藏品。磁带上的音频几乎不可能转移，播放也比较困难。但这不是重点，因为互联网可以提供数字化的替代品，所以我并不怀念磁带的内容。我怀念的是亲手处理磁带，阅读手写的磁带标题，看磁带在录音机中推入推出，不耐烦地等待我喜欢的音乐。所有这些有关格式的体验都深深刻在我年轻时的社交记忆中。

绝不是只有我才这样。2006年由荷兰科学研究组织（Netherlands Organisation for Scientific Research）资助的马斯特里赫特大学"声音纪念品项目"（Sound Souvenirs Project）中探讨了这一现象，促使拜斯特菲尔德（Karin Bijsterveld）和范·迪克编辑出版了《声音纪念品：听觉技术、记忆，和文化实践》（*Sound Souvenirs：Audio Technologies，Memory and Cultural Practices*)。在这本书中，巴斯·詹森（Bas Jansen 2009）在《磁带盒和旧我：混音带如何调节记忆》（"Tape Cassettes and Former Selves: How Mix Tapes Mediate Memories"）一文中研究了一百多个使用混音带的人的故事。混音带的功能是"冻结的镜子"或"时间胶囊"，可以让人们回到青春时期、返老还童（Jansen 2009：52）。讽刺的是，在快速变化中发展的数字媒体既带走了这段经历，又为这段经历提供了强大的记忆。现在，数字声音允许媒体、文化机构和创作者通过混合、空间化、碎片化、回放、录音、将口语材料或档案声音与其他物体或图像叠加在一起等方式来试验记忆和怀旧。这种情况存在于很多地方，如互联网上，博物馆里，文物展览、电影、电视和游戏之中。作为一种形式，声音终于被创造性和批判性地认为对媒介化记忆来说与图像一样重要。我们必须承认，"人们利用音频技术激发、重建、庆祝和管理他们的记忆，甚至是他们没有参与的过去"（Bijsterveld and van Dijck 2009：11）。我将在介绍广播的第五章和介绍流行音乐的第七章再一次回顾声音对记忆的重要性。这里需要强调，"新的记忆形式"已经出现，"通过声音、移动图像、照片和文本的组合实现非线性连接和个人导航"，进而带来新的实践（Garde-Hansen et al. 2009：77）。

媒介与记忆

记忆实践

被媒介呈现的记忆似乎是一份保险单或一个经历的审计线索。杜威·德拉埃斯马（Douwe Draaisma）在其著作《记忆的隐喻：心灵的观念史》（*Metaphors of Memory：A History of Ideas about the Mind*）中指出，它通过制造"人造记忆"避免"短暂性记忆"。从古代的文字、摄影（1839）、电影（1895）、留声机（1877）到"无数的人造记忆"，人们用眼睛去看，用耳朵去听……图像和声音在空间和时间上是可转移的，也是可重复和再现的，其规模如此之大，一个世纪前的人们几乎不可想象（Draaisma 2000：2）。过去已经发展出许多记忆技术，还有很多新技术有待开发，这些技术为"后广播时代"提供了一系列的媒体实践（参见 Turner and Tay 2009）。

我在上一章注意到安德鲁·霍斯金斯在快速变化的技术媒体环境中把"集体记忆"重新思考为"新的"集体记忆（Hoskins 2003：8－10）。"集体"概念似乎被解读为政治性的，与当今全球化媒体提倡的个性话语不一致。正如塔拉·布拉巴赞所说，"人们对工人阶级、妇女或有色人种的集体记忆持有激进或反抗性的态度"，但它"往往来自不受欢迎的文化，是一个时代的少数报告"（Brabazon 2005：67）。大众传媒文化中的所谓"集体的"可能是《星际迷航8：第一次接触》（*Star Trek：First Contact*）中的博格人（Borg），

第三章　用媒介制造记忆：机构、形式和实践

他们同质化、易服从、受控制、缺乏个性。[①] 因此在新媒体时代的流行文化中，集体记忆可能不太有价值，同质性被系统地批判，个人的品位和选择才是主流（参见 Hebdige 1979；Kellner 1995；Carey 2009；Jenkins 2006a）。事实上，安德鲁·霍斯金斯说，我们正在见证集体记忆的终结（Hoskins 2010）。如果真是如此，那么很有可能是出于我们现在用媒体来生产记忆的方式。集体记忆的受众（想想1969年的登月电视直播）已经发生了很大变化，如观众、用户、消费者、产消合一者、粉丝和可以自己生产媒体节目的数字创作者，他们都能任意、自如地使用媒介生产工具。威廉·梅林（William Merrin）这样描述"传媒研究2.0"：

> 如今我们用自下而上、多对多的、横向的、点对点的沟通方式取代了自上而下、一对多的、垂直的、来自一个中心的消息源。"拉动"媒体方式挑战"推动"媒体方式；开放结构挑战等级结构；微观生产挑战宏观生产；开放的业余生产挑战封闭的精英化的专业生产；生产媒体产品的生态和技术障碍被廉价的、民主化的和易于使用的技术取代。（Merrin 2008）

明白了这一点，我们便很容易理解最近媒介和记忆的学术研究提出一种新关系的原因：受实践媒介素养技能新机会的影

[①] 博格人是《星际迷航》中虚构的外星种族，一直试图同化一切其他种族。——译者注

媒介与记忆

响,这种关系出现了巨大转变。

自上而下的媒体实践的发展影响了人们理解社会、文化遗产和历史变化的方式。大众不仅参与了家谱研究,而且参与了公民和社区创业活动。罗森茨威格和西伦(Rosenzweig and Thelen 1998)在调查了1,500名美国人对历史的看法和感受后发现,人们对过去很着迷,丝毫没有无知和冷漠,他们由衷地、积极地对历史抱有兴趣。罗森茨威格和西伦将其定义为流行历史的创造,并指出个人的记忆实践已经优先于集体的记忆实践。事实上,虽然每个人每天都在创造历史,但只有少数的历史实践被集体化和合法化了。保罗·格兰吉(Paul Grainge)补充说,美国人"倾向于建构更加个人化的过去",个人记忆实践分裂了个人,这是"集体政治的障碍"(Grainge 2003:145)。人们对传媒机构的影响力持谨慎态度,因为"通过历史电影、电视、博物馆和互联网将记忆商品化,有可能建构使个人而非大众满意的历史"(Grainge 2003:145)。最近学术界发现,公民有能力大大提高自己的媒介素养,积极参与建构私家历史的过程。例如,简·基德(Jenny Kidd)在英国广播公司于2001年至2007年间开展的"威尔士风情"(Capture Wales)项目中发现,"记忆的无限创造和再创造"对不精通媒体实践的人具有使用价值。她总结说:"这种不断增长的实践越来越可能创造多种叙事,更真实地反映自我的不完整性,使集体的想法变得复杂化,使认识档案的想法受挫。"(Kidd 2009:180)我将在下一章集中讨论这种档案。

第三章　用媒介制造记忆：机构、形式和实践

数字叙事已经成为个人和群体记忆生产的强大媒体实践。这一模式由乔·兰伯特（Joe Lambert）于 20 世纪 90 年代在加利福尼亚数字叙事中心（Californian Center for Digital Storytelling）提出，2000 年被丹尼尔·梅多斯（Daniel Meadows）引入英国，并成为克努特·伦比（Knut Lundby）的国际研究项目"媒介化的故事——青少年数字故事的中介视角"（"Mediatized Stories—Mediation Perspective on Digital Storytelling among Youth"，于 2010 年完成）的焦点。聚焦数字叙事，有两部重要作品出版：一部是克努特·伦比 2008 年编辑的《数字故事和中介化的故事》（*Digital Storytelling, Mediatized Stories*），另一部是约翰·哈特利和凯莉·麦克威廉（John Hartley and Kelly McWilliam）于 2009 年编辑的《故事圈：世界各地的数字故事》（*Story Circle： Digital Storytelling Around the World*）。书中的每一章节都强调了实践的重要性，特别是来自群众而不是来自专业人员、专业机构、专业公司的实践。它支持记忆美学，乔·兰伯特称其为"一种社会承诺的艺术、一种公共教育的艺术、一种治疗性康复的艺术、一种纪念历史和缅怀社会悲剧的受害者的艺术……所有这些艺术实践的共同点是个人经历和记忆的核心价值"（Hartley and McWilliam 2009：79）。

与口述历史相似，数字叙事更多涉及在公共分享和故事撰写中对数字化实践的考虑。作者记录简短的故事，扫描照片，使用 iPhoto、iMovie 和 iTunes 等简单的软件制作一个既有声音又有图像的 2 至 5 分钟的故事。对许多人来

媒介与记忆

说，口述历史的录音仍然是一种非中介化的、真实的个人记忆实践。在美国、英国和澳大利亚的口述历史运动背景下，记录声音、创造故事、在线上线下分享，已经成为个人和群体越来越重要的纪念形式。战争记忆、原住民记忆、代际交流、民间记忆、人权工作记忆、自然灾害记忆、移民和难民记忆以及有争议的记忆，都通过声音媒介在口述历史的训练和制作中找到了一种简单而强大的收集和归档记忆的方式。与数字理论不同的是，口述历史更注重记录而不是个人的创造力。这体现在越南妇女口述她们对离散地的看法中，在参与"卢旺达法庭的声音"（Voices from the Rwanda Tribunal）项目的人的视频音频中，在1999年往后"静默之声"（Silence Speaks）项目中被边缘化的南非人和其他民族的记忆中。

为了从大众化的角度考虑这种做法，我们可以探讨克莱·舍基最近提出的"认知盈余"（cognitive surplus）概念，这是本章开头提到的数字媒体工具和人类慷慨的结合。我们必须明白，

> 所有逃离旧系统的人都有一个补偿性的优势：当生态系统不再奖励复杂性时，那些知道如何在当下简单工作的人，而不是掌握过去的复杂性的人，才有资格讨论未来将要发生什么。（Shirky 2010b）

传媒史上各种运动和一对一、一对多乃至现在的多对多的传播形式不断发展，日新月异，这意味着"社交媒体有能力

创造历史"，因为，正如舍基所指出的，创新无处不在。他于 2009 年 6 月在美国国务院做的一次演讲中说，"我们这一代人的表达能力达到了人类有史以来的最高水平"（Shirky 2009）。随着这种变化，一系列与 21 世纪的媒介和记忆实践有关的实际问题和难题也随之而来。其中大部分涉及个人对媒体的消费与公司化以及商业化媒体之间的关系。我将在下一章和第六章更深入地探讨这个问题。最后我想说，媒体和记忆实践不可避免地涉及混合（Lessig 2007；Manovich 2002）、融合（Jenkins 2006a）与矫正（Bolter and Grusin 1999），所有这些都涉及媒体创造性与大企业之间的冲突。

练习

回顾一下上文有关数字故事的研究。位于加利福尼亚的数字故事中心制作了一本数字故事指南。根据指南上的内容制作自己的数字故事吧！别忘了向家人和朋友展示，听听他们的想法。

深读

Crownshaw, Richard (2000), "Performing Memory in Holocaust Museums", *Performance Research*, 5 (3): 18–27.

Landsberg, Alison (2004), *Prosthetic Memory: The Transformation of American Remembrance in the Age of Mass Culture*. New York:

Columbia University Press.

Reading, Anna (2003), "Digital Interactivity in Public Memory Institutions: The Uses of New Technologies in Holocaust Museums", *Media, Culture and Society*, 25 (1): 67-86.

Rosenzweig, Roy and Thelen, David (1998), *The Presence of the Past: Popular Uses of History in American Life*. New York: Columbia University Press.

Sturken, Marita (1997), *Tangled Memories: The Vietnam War, the AIDS Epidemic, and the Politics of Remembering*. Berkeley: University of California Press.

Volkmer, Ingrid (ed.) (2006), *News in Public Memory: An International Study of Media Memories across Generations*. New York: Peter Lang.

第四章　数字记忆：档案的大众化

　　从印刷媒体到博客圈，媒介及其发展历史一直处于放松和管控角力的紧张状态。皮埃尔·诺拉认为，"历史的大众化"意味着历史过往的解放，"与一直掌握在政府当局、学者和专业同行团体手中的历史不同，记忆获得了民众抗议运动的所有新特权和威望"（Nora 2002：6）。因此，自由和富有创造性的媒介带来了民主，或者至少带来了民主化的可能性。数字和在线媒体的新媒体技术被认为扮演着信息和知识解放过程中的关键角色。尼古拉斯·尼葛洛庞帝（Nicholas Negroponte）在其1999年出版的《数字化生存》（*Being Digital*）中持同样的看法，他的书中还提出了许多有关数字创意的力量和积极作用的预言。然而数字文化存在一个巨大的悖论，即它在帮助人们记忆的同时还助长了个人的失忆和集体的遗忘。"如果这样，又会发生什么？"安德烈亚·休森问道："记忆的繁荣不可避免地伴随着遗忘的繁荣吗？记忆和遗忘的关系是否在受新信息技术、媒体政治和快节奏消费影响的文化压力下被改变了呢？"（Huyssen 2003a：17）

媒介与记忆

数字和在线媒体加速还是减慢了我们的记忆生成？它们导致了失忆症还是阻止了我们遗忘？它们仅针对小众人群贩卖怀旧，还是为"草根"和大众的过去提供新的、替代性的体验？数字媒体的快速发展很可能造成了安德烈亚·休森所说的当下的记忆热潮。加尔德－汉森（Garde-Hansen）等人认为：

> 目前的广播媒介研究范式及其传统、理论和方法很快就无法理解数字内容的高度普及性、可转移性和流通性所带来的深远影响：个人、群体和社会如何记忆和遗忘。(Garde-Hansen et al. 2009：3)

在遗产和文化产业领域存在很好的例子，涵盖了媒介的话语、形式和实践。复古聚会、复兴主义表演、重塑之旅、复古表演、回归表演和粉丝纪念品会的兴起都讲述了一种贪婪的怀旧文化。保罗·格兰吉（Paul Grainge）认为这是后现代主义的标志，是对过去的"渴望"。当代怀旧运动，如2010年古德伍德复古风潮艺术节（Vintage at Goodwood Festival 2010）庆祝了从20世纪40年代以来五十年的英伦之酷（British Cool），通过对数字媒体、在线交流的复古使用，重新利用音乐、时尚、电影、艺术和设计档案吸引民众。我将在第七章《麦当娜档案》（"The Madonna Archive"）部分重点讨论怀旧和档案，还将介绍斯维特兰娜·博伊姆（Svetlana Boym）在《怀旧的未来》（*The Future of Nostalgia*）中的观点。她提出"蓝屏可能出现两种记忆情景：一种是未处理的信息字节的完整记忆，另一种是突然发

第四章　数字记忆：档案的大众化

生的技术故障导致的完全失忆"（Boym 2001：347）。

互联网正在将记忆置于个人、企业和机构的档案中。随着媒介数字化融合（电视、手机、视频、摄影）的进程加快，博物馆、广播公司、公共机构、私人公司、媒体公司和普通大众有更多机会参与哲学家雅克·德里达（Derrida 1996）曾经描述的档案热。数字记忆在虚拟空间中被归档为数字照片、纪念网站、数字神龛、在线博物馆、校友网站、广播公司的在线档案、粉丝网站、在线视频档案等。"追踪、记录、检索、储存、归档、备份和保存正帮我们对抗本世纪最大的恐惧之一：信息流失。"（Garde-Hansen et al. 2009：5）了解了这些，本章会将其与记忆和档案的理论与数字文化遗产理论相结合。由谁控制档案是本世纪一个重大课题。它是封闭的还是开放的？它在机构的内部还是外部？部分哲学家们认为档案产生于受到威胁的记忆（Derrida 1996），由此提出了这样的问题。互联网的档案管理员如此回应：

> 如果没有文化制品，文明就没有记忆，就无法从成功和失败中学习……互联网是具有重大历史意义的新媒介，互联网档案馆正在努力阻止这种现象，同时保护其他过去消失的"天生数字化"的资料。（登录 http://www.archive.org 以获取更多有关"互联网档案馆"的内容）

媒介与记忆

因此，本章，即本书第一部分的最后一章，将从四个方面综合考察数字媒体、记忆和档案之间的关系：

·其一，使用数字媒体制作历史、遗产和记忆的档案。典型的例子包括家庭照片和视频、史蒂文·斯皮尔伯格的浩劫基金会，大卫·林奇（David Lynch）的简短访谈项目（Interview Project）、大英图书馆"数字生活研究项目"、第二次世界大战档案、英国广播公司的威尔士风情项目和"9·11"事件的纪念网站。

·其二，将数字媒体视为归档工具、权力和技术。数字媒体归档权力的典型例子包括在线音乐和录音收藏、谷歌和维基百科。

·其三，将数字媒体视为一种自我存档的现象。报纸档案、博客、推特、大众分类法（Folksonomies）、digg.com、谷歌趋势和互联网档案馆是媒体形式和实践的主要例子，它们通过自己记住自己。

·其四，数字媒体是一个创意档案。当广播公司屈居二线，用户原创内容充满了脸书、Flickr、手机应用程序、公民新闻和电子游戏附件时，创造力就得以凸显。如电影《"9·11"幸存者》或在犹太人大屠杀中幸存下来的六岁的孩子海尼奥·兹托米尔斯基（Henio Zytomirski）在脸书上的个人资料。

第四章　数字记忆：档案的大众化

使用数字媒体制作档案

考虑到档案大众化的实际方法往往被忽视，这里存在更广泛的理论辩论。在探讨数字媒体生产档案的基本理论和方法前，我们必须考虑博物馆和遗产组织。正如菲奥娜·卡梅伦和莎拉·肯纳丁在2007年编著的《数字文化遗产的理论化》（*Theorizing Digital Cultural Heritage*）中阐述的那样，"这些机构在西方国家具有作为历史之监护人的制度化权力。因此，它们拥有信息社会中绝大部分的'智力资本'"（Fiona Cameron and Sarah Kenderdine 2007：1）。在上一章，我们探讨了媒体如何使用犹太人大屠杀美学模板生产记忆，其中提到了第二章中诺曼·芬克尔斯坦对"大屠杀产业"的批判方法（见 http://www.normanfinkelstein.com）。在这里，我们有一个类似的政治化问题，即与遗产行业有关的"档案的大爆炸"（explosion in archives）：参见罗伯特·休伊森（Robert Hewison）1987年的《遗产继承产业》（*The Heritage Industry*）、拉斐尔·塞缪尔（Raphael Samuel）1996年的《记忆剧场》（*Theatres of Memory*）、帕特里克·赖特（Patrick Wright）2009年发表的《生活在古老的国家》（*Living in an Old Country*）。批判性地关注怀旧、多愁善感和复兴主义是记忆研究的基础。事实上，《记忆研究》期刊最近用一个专题来讨论"怀旧和历史的形态"。然而，遗产行业在过去二十年专注于博物馆、资源、知识库的管理。在这里，媒体是档案的

媒介与记忆

生产者，为个人、地方和国家的过去提供服务。我们需要使用并反思媒介的工具属性，而不是将其视为遗产产业对个人、地方、国家、全球、集体记忆的建构的批判性反思。这一领域的研究可以参考罗斯·帕里（Ross Parry）的优秀著作《博物馆的重编码：数字遗产和变革技术》(*Recoding the Museum: Digital Heritage and the Technologies of Change*)、卡梅伦和肯德丁（Cameron and Kenderdine）集大成的《数字文化遗产的理论化：一种批判话语》(*Theorizing Digital Cultural Heritage: A Critical Discourse*)，以及莱昂斯和普伦基特（Lyons and Plunkett）提供了诸多历史思考的编著《多媒体的历史：从魔灯到互联网》(*Multimedia Histories: From the Magic Lantern to the Internet*)。

这并不意味着档案就像一捆羊毛，有人从中抽出大量的样本蒙住人们的眼睛，从而使人们对国家产生认同。相反，在考虑数字媒体、档案及其民主化时，我们需要注意上一章所讲到的记忆制度、记忆形式和记忆实践。帕特里克·赖特举例说，"现代英国社会到处都是文化操控"（Wright 2009：5），英国遗产产业在这方面就起到了一定作用。然而传媒专业的学生应该意识到受众不是简单的被动接受者，而是积极的意义制造者［见戴维·冈特利特（David Gauntlett）的《媒体"效果"模型的十大问题》（"Ten Things Wrong with the Media 'Effects' Model"），见 http://www/theory.org］。在日常生活中，受众可以创造性地通过媒介档案理解自己与外界的关系，包括家庭、学校、工作场所、休闲空间、社区、国家、世界、宇宙甚至是虚拟世界。马里塔·斯特肯通过研究水晶球、泰迪熊等俗世之物来了解普通人如何使用"被普遍认为不值得研究的文化物品"呈现记忆（Sturken 2008：76）。

因此完全可以从简单的家庭电影开始思考世界各地的生活档案。正如石塚和齐默曼（Ishizuka and Zimmermam）在2007年的著作《发掘家庭影片：出土历史和记忆》（*Mining the Home Movie: Excavations in Histories and Memories*）中所做的那样。类似地，何塞·范·迪克认为家庭影片是构建了"电影的后见之明的记忆对象和行为"，而不是简单的"用移动图像拍摄的家庭肖像"（van Dijck 2007：127）。这些关于记忆作为"大脑的电影院"（Hansen 2004：194）的"神经美学"的描述表明家庭媒体档案通过视觉、听觉、动觉和触觉在日常生活层面调解生活经验，创造多模式的自我档案。它们与地方和国家档案馆类似，希望从（再）收藏中创造意义，并在日常层面唤起怀旧之情。正如托马斯·埃尔塞瑟（Thomas Elsaesser）所论述的：

> 我们在行动中是生活的"旅行者"：我们通过使用手中的摄像机或者只需在头脑中告诉自己，"我，现在，就在这儿"。我们对当下的体验始终需要借助（媒介）记忆，而这种记忆代表了自我存在的回顾性尝试：为了获得记忆和自我而拥有体验。（Elsaesser 2003：122）

媒介与记忆

问题是家庭影片在数字时代已经不一样了。伊丽莎白·丘吉尔（Elizabeth Churchill）在 2001 年进行的一项关于家庭数字视频使用的研究表明，"许多镜头都没有人看到。家庭录像师们被下载、编辑和分享的过程以及视频所需的电脑内存所困扰"（van House and Churchill 2008：297）。近十年后，计算机内容和数字储存的问题基本解决，云计算广泛使用。现在的问题不是缺乏媒介素养，而是"策展人过度负荷：信息太多，太难组织和检索"（van House and Churchill 2008：297）。

与他人分享自己的照片和视频档案是解决这个问题的一个好办法。这样我们就有意识地选择、组织、展示和策划我们的生活。自我的档案从个人领域走向公共领域时就变得开放和民主化了。许多人用社交媒体网站保存自己的记忆。我们看到"新的公共和个人混合的数字记忆的痕迹尽管可以立即并持续重塑，但无法完全抹去，尤其是对那些自我数字档案的创作者而言"（Garde-Hansen et al. 2009：6）。我们正在积极地将生活保存在数字档案[①]中，但我们还没有完全意识到互联网具有的存档能力。

[①] 编写本书时出现了一些关于保存遗产和个人数字记忆的新倡议。2010 年的 5 月 9 至 15 日是美国的保护周（Preservation Week）。美国图书馆协会（American Library Association）和美国国会图书馆（Library of Congress）通过举办"传承：保存遗产和记忆"（"Pass it On：Saving Heritage and Memories"）活动吸引了人们对遗产和数字记忆的关注。国家数字信息基础设施与保存项目（The National Digital Information Infrastructure and Preservation Program，NDIIPP，见 http://www.digitalpreservation.gov）为强调个人存档和保护数字文化的重要性提供了广泛的指导。

第四章 数字记忆：档案的大众化

无论是个人藏品还是国家档案，如何获取都是一个重要的问题。谁能拥有它？如何获得它？他们可以获得什么？他们一旦拥有了它会做什么？劳里·希尔（Laurie Hill）2008年拍摄了一部关于盖蒂图片档案馆（Getty Images Archive）的短片，名为《耶稣的照片》（*Photograph of Jesus*），其中展现了人们对档案无止境的渴望。短片的动画效果很好，盖蒂档案馆的一名档案员做了解说。由于公众要求展出"耶稣的照片"，才有了这次对档案馆中数千箱、数百万张照片的介绍。但是全部介绍完是不可能的，本片围绕着同样可笑的公众对以下照片的要求展开：爱德华时代的维多利亚女士、1948年伦敦奥运会上的希特勒、开膛手杰克、第二次世界大战期间伦敦上空的战斗机作战、"野生渡渡鸟"（a dodo out in the wild）、12名登月宇航员的合影！该片幽默地探讨了公众对盖蒂档案员的不满，但他们要么没有这些照片，要么似乎故意阻止人们访问。

关于我们对媒体和档案的理解，这里有一些严肃的观点：历史可以通过媒介完整和完全地访问，即使这种媒介可能还未发明。我们的大脑亦是理解历史的中介，但历史在我们的头脑中被混杂编排，我们脑中往往缺乏一个年表帮助我们按照时间顺序编排历史。由于在一个引人注目的数字世界里，一个人释放信息的想法实际上是另一个人试图通过免费信息获利，所以保持历史和文化档案内容的完整性很重要，档案建设者迫切地想知道应该向公众提供什么样的产品和服务。

媒介与记忆

这一切都与林恩·斯皮吉尔（Lynn Spigel）的理论研究相符合。她分析了为什么个人、公共机构、私人机构保留了电视内容，为什么电视怀旧节目成了可保存内容的典范，以及研究人员调查电视档案时的发现。她的研究以案例分析为主，包括电视艺术与科学学会（Academy of Television Arts and Sciences，始于20世纪50年代，现在存放于加州大学洛杉矶分校电影和电视档案馆，http://www.cinema.ucla.edu）和纽约现代艺术博物馆（MoMA）自1952年后的电视艺术展，还有从未面世的好莱坞博物馆。斯皮吉尔说档案管理员总是关注"空间、资金、版权法、捐赠者和录音技术的进步等实际问题……以及保存、编目和选择的一般方法"（Spigel 2005：68），而电视内容只有在意识形态上符合行业和图书馆、博物馆、大学等机构的"公共服务、艺术、商业和公共关系的概念"（Spigel 2005：70）的情况下才有可能被保存下来，以扩大它们的文化权威。历史学家和历史系的学生很难在这些地方找到他们想象中可能存在的东西。为什么呢？第一个原因是广播公司和图书馆直到最近才认为电视节目值得保存。20世纪60年代前的内容很少被保存下来，部分粉丝个人收藏的内容已经被数字化了，有可能在YouTube上搜索到，就像在美国国会图书馆一样。这也适用于一些对子孙后代没有社会或文化意义的媒体内容，如新闻、现场广播、卡通片、杂志、漫画和流行音乐。第二个原因是促使主要机构对内容进行存档的逻辑对媒体不太适用，它们对个人、情感和记忆不太感兴趣。我们主要依靠粉丝、

第四章　数字记忆：档案的大众化

个人和兴趣团体获得这些档案，他们通常已经将这些材料数字化了。

作为存档工具的数字媒体

就档案的大众化而言，存在两个有关传媒的存档权力工具的基本问题：遗忘和无法遗忘。让我们先来看第一个问题，然后在本章末尾讨论第二个问题。将记忆、历史和遗产数字化以保存和检索过去积极的一面已经有很多实例。如"给未来的图像"项目（http://www.imagesforthefuture.org）旨在保护荷兰的视听遗产。英国电影学院世界银幕档案馆的"拯救希区柯克9"（http://www.bfi.org.uk/saveafilm.html）旨在通过数字媒体还原导演的无声电影。欧洲的"普莱斯托"（PrestoPRIME）项目为视听内容和数字媒体建立了一个数字保存框架（http://www.prestoprime.org）。在撰写本书时，美国国家档案馆已经在Flickr网站展出了一部分藏品。大英图书馆已经将445,004份录音数字化并向公众展出（http://sounds.bl.uk）。大英图书馆的"数字生活研究项目"（http://www.bl.uk/digital-lives/index.html）还创建了一个收集和保存国家遗产的活动中心。保存在图书馆的个人收藏的手稿、音频和数字产品给策展人和希望获得访问的公民都构成了各种挑战。如果"人们在过去的几百年甚至几千年里都将实物作为记忆装置和参考工具"，那么"像大英图书馆这样的研究机构会面临根本性的新问题。它们将成为

77

媒介与记忆

21世纪数字档案和个人藏品的保管者,并提供研究访问"(Digital Lives Project,2009)。除了技术和管理层面的问题,还有哪些与此类项目相关的关键理论问题?

首先,最好从大英图书馆作为"全球知识门户"的使命宣言来考虑。在《数字化历史:利用网络收集、保存和呈现历史指南》(Digital History: A Guide to Presenting, Preserving, or Gathering the Past on the Web)中,丹尼尔·科恩和罗伊·罗森茨威格(Daniel Cohen and Roy Rosenzweig)注意到建立网络档案要保证历史的完整性。档案馆如何在网上展示其内容至关重要,他们追踪了关键档案馆的发展,如美国国会图书馆自1992年的南北战争影像(Civil War Photographs)。还有美国记忆档案馆。美国记忆档案馆建立于1990年,是一个从光盘驱动器开始的试点项目,它于1994年转移到了万维网上。在写作本书时,它已经收录了超过900万个记录美国历史和文化的项目。它"在美国早期传播数字档案中发挥了重要作用"(Cohen and Rosenzweig 2005),在互联网上提供"免费的、可获取的书面和口头文字、录音、静态和动态图像、印刷品、地图和记录美国历史的乐谱"(Library of Congress,2010)。

其次,在研究媒体、记忆和档案时,必须批判地看待这些项目的控制和所有权。例如科恩和罗森茨威格在控制方面为网络历史档案创造者提供了实用建议。为了使受众获取内容,他们提倡流派或可预期形式的生产。媒体生产者沉浸在创造流派、市场和受众中。事实上,媒介形式倾向于将内容稳定在现世。安德鲁·霍斯金斯在研究帝国战争博物馆的媒介运作中指出，"视频、录音带、书面记录不仅仅记录了记忆，还冻结了记忆。在强加了一个固定的、线性序列的同时，它们还保存了记忆，阻止记忆随时间的推移而变化"（Hoskins 2004a：7）。同样，当媒介作为犹太人大屠杀博物馆展览的一部分在网上被存档时，安娜·雷丁发现，尽管参观者可以随意浏览任何档案，但他们总会选择自己熟悉的内容（Reading 2005）。五年前，科恩和罗森茨威格就指出，"网络的新颖性需要历史学家对我们正在做的事情以及我们为什么这么做更加慎重"（Cohen and Rosenzweig 2005）。因此，历史学家和档案学家正在利用强大的数字媒体进行存档，而这可能不会阻碍用户进行广泛、多样化的探索。

慎重同时意味着控制。当我们赞美美国国会图书馆等大型机构和世界其他在线国家档案馆的档案大众化时，我们也应该明白，这些是专业的档案馆在连贯地、有组织地、构建地、规范地、（尽管可以在网上自由访问）自上而下地记录过去。它们可能是开放档案计划（Open Archives Initiatives）的一部分，但它们也在控制这些档案，就像广播公司和报纸控制自己的档案一样。我将在本章末尾重新回顾科恩和罗森茨威格定义的由业余爱好者创建的"发明的档案"（invented archives）。卡梅伦和肯德丁也发现有关数字文化遗产和数字技术的论述存在一种"描述性和内省性，专注于项目和技术"的倾向（Cameron and Kenderdine 2007：3）。他们认为"收藏组织"是"持久关注公众观感、物品保存、

媒介与记忆

知识范式转变和权力的载体"（Cameron and Kenderdine 2007：3）。他们还认为数字技术是"令人印象深刻的虚拟模拟、即时通信、对其无处不在的媒体、全球互联，以及它们的各种应用"，而文化遗产部门还没有"完全想象、理解或批判性地进行探索"（Cameron and Kenderdine 2007：3）。

在所有权方面，我们进入了新旧媒体经济交汇的流动产业空间。这就更棘手了，因为美国1923年后出版的几乎所有作品在2018年前都有版权。科恩和罗森茨威格说，这意味着只有"商业数字化者……可以轻松承担将纸张转化为可销售物的前期成本"（Cohen and Rosenzweig 2005）。在过去五年里，商业和企业资助对档案大众化产生了最大的影响。谷歌等互联网巨头在对待版权作品的限制方面似乎十分谨慎，也认同权利问题是克努特国王（King Canute）试图阻止"免费"文化的浪潮。① 谷歌图书虽然提供了摘录、用户追踪软件和其他阅读内容的限制，但已经扫描了超过一千万册书籍，其中大多数都已绝版。就知识大众化而言，因为谷歌有足够的法人和财务实力处理侵权的诉讼，这种"出版和被诅咒"的提供档案的方法才有可能实现。

我们最好在考虑档案大众化时把数字记忆视为数字财富。事实上，内容的挖掘、免费内容的清理、丰富信息的筛选与发现、宝藏的挖掘和隐藏正渗透了如何从数字文化的角

---

① 此处是一个欧洲典故。英格兰克努特国王将其王位设置于海滨，并试图阻止浪潮波及王位。尽管是典故，但此故事之历史真实性仍不可考。——译者注

第四章　数字记忆：档案的大众化

度看待过往。英国艺术委员会在2009年11月16日举办了"数字宝藏：重新思考数字时代的档案"（"Digital Treasures: Re-thinking the Archives for a Digital Age"）活动。当时影子内阁的文化部部长埃德·维泽（Ed Vaizey）和英国广播公司的托尼·阿吉（Tony Ageh）（他是英国广播公司的高管，我将在第五章详细论述他的工作）发表了主题演讲。重要的是，这次活动围绕艺术界和传媒界的机遇和挑战展开，且并不局限于英国，我将内容总结如下：

机遇——

- 国家拥有大量的尚未充分研究的珍贵的档案资料，国际上对这些资料的需求很大。
- 媒体档案是可以促进互联网变革的助燃剂。
- 人人可访问的、有标签的及可共享的内容有利于激发创业精神和知识创造力，进而对振兴创意经济有所裨益。

挑战——

- 缺乏合作和伙伴关系，地方和国家档案不能互通有无。
- 组织结构是自上而下的。
- 版权和访问权限制约着内容。

然而似乎互联网用户可以检索到任何想要的东西，而且随着互联网巨头伊藤穰一（Joi Ito，知识共享非营利组织的CEO

媒介与记忆

和 Twitter、Six Apart、Technorati、Flickr、Dopplr 等公司的早期投资者）掌握了控制权和所有权，档案的未来似乎是开放的。这个"宝藏"的概念说明了它具有情感和经济上的价值，描述了数字技术对档案内容的商业化。因此，并不是所有作为档案工具、权力和技术的数字媒体都是平等的。它们有些是非营利性的企业（如博物馆），有些靠粉丝、会员和慈善家的捐赠（如英国电影学院），有些由使用者共同创建（如维基百科），有些似乎是非商业的（如 YouTube）。然而在后一种情况下，威廉·尤里奇奥（William Uricchio 2009：24-25）认为"谷歌往 YouTube 上投入了大量资金，希望将用户生产的内容变现"是个问题。但是仅过了四年时间，YouTube 的用户数量就达到了惊人的水平，吸引了众多投资。那么，如何从自我存档的角度理解 YouTube 和维基百科这样的网站呢？

数字媒体是一种自我存档的现象

1996 年，文化技术理论家哈尔·福斯特（Hal Foster）设想了一个"数字术语的数据库，一个没有博物馆的档案"，在那里，"信息技术……将各种各样的媒介转化为图像-文本系统"（Foster 1996：97）。延斯·施勒特尔（Jens Schröter）在《论数字档案的逻辑》（"On the Logic of the Digital Archive"，2009）一文中提醒我们要用福斯特提出的

第四章　数字记忆：档案的大众化

"没有博物馆的档案"的概念看待 YouTube。施勒特尔参与了佩勒·斯尼卡斯和帕特里克·冯德劳（Pelle Snickars and Patrick Vonderau 2009）编辑的《YouTube 读者》（*The YouTube Reader*），这本书呈现了一系列将 YouTube 视为产生混搭文化的存档工具的学术研究。除了实验室、图书馆或电视频道的隐喻，在媒介和记忆层面，将 YouTube 视为档案馆进行研究非常有用。

目前创立于 2005 年的 YouTube 是仅次于谷歌和脸书的网站，访问量位列全球第三。尽管没有传统媒体机构、形式和实践的基础，但它成功创造了艺术公民、社会影响倡导者、创意人、企业家和自我营销者。类似于 Flickr，它已经成为 21 世纪"默认的媒体档案馆界面"之一，以至于斯尼卡斯和冯德劳说，"为了吸引更多的观众、创造附加价值，美国国会图书馆将从 2009 年在 YouTube 平台上传数百万个视频"（Snickars and Vonderau 2009：14）。里克·普林格（Rick Prelinger）[①] 在《YouTube 读者》的《档案的初现》（"The Appearance of Archives"）部分写道，"YouTube、Flickr 和其他类似的'媒体档案网站'最独特之处在于它们提供了未来的媒体储存和分发模式"（Prelinger 2009：271）。和许多人一样，他认为完全有可能通过数字平台实现档案大众化。不过斯尼卡斯和冯德劳警告说，传统媒体从业者仍活

[①] 普林格于 1983 年在纽约市创立了普林格档案馆（2002 年被美国国会图书馆收购），其中收藏了各种复古材料、非营利性电影、社区录像、青年媒体、贸易媒体和团体兴趣录像，并从 2000 年开始向互联网档案馆开放。

121

媒介与记忆

跃在新媒体的舞台。"建立完善的媒体档案库仍然受制于商业利益"（Snickars and Vonderau 2009：14）。同样，罗伯特·吉尔（Robert Gehl）在期刊文章《作为档案馆的YouTube：谁将策划这个数字珍奇馆?》（"YouTube as Archive：Who Will Curate this Digital Wunderkammer?"）中说，档案大众化和缺乏集中化使 YouTube 成为没有权威的"陈列馆馆长"。这有可能使"大型传媒公司和企业家成为策展人，因此他们有权决定如何向用户展示 YouTube 档案库中的每件藏品"（Gehl 2009：43）。

抛开这些悬而未决的争议不谈，因为 YouTube 显然属于一个正在与旧媒体经济框架做斗争的快速变化的媒体景观，我们应该注意到"互联网的流行想象是一个存储档案的档案馆"（Snickars 2009：292）。YouTube 正好符合这种自我存档的现象。YouTube 上观看人数最多的视频"查理又一次咬了我的手指!"于 2007 年 5 月 22 日在英国发布。以这个视频为例，我们会发现这是一个简单、有趣、吸引人的家庭短视频，拍摄的是一个宝宝咬了他哥哥的手指。20 年前，这样的视频会被便携式摄像机拍下，留在家庭电影集里，如果被转换成数字格式，家庭成员会在孩子们长大后回看几次。这个视频在 2010 年年底的播放量达218,560,344 次，评论有383,024 条。在视频发布的两年后，在写作本书时的 21 秒前一条最新评论发布了，内容是"哈哈，这是我见过的最棒的儿童视频"（Haha sooo süß <3 Das ist echt das beste Kindervideo, was ich je gesehen hab）。不仅如此，YouTube

上有大概2,000条这个视频的翻拍作品。因此，该网站不仅是一个归档其他媒体和档案的在线媒体平台，还为用户提供了从现有档案中重新创造媒体作品的空间。

我将在下一节回顾这一富有创造性的现象，并在第六章《媒介事件：在YouTube上被混剪的战争》（"Media Events: Remixing War on YouTube"）中进行更详细的讨论。在这一点上，YouTube提供了一个传播内容的平台，日常记忆可以轻易被立即储存和检索。它是一个由用户创造的媒体环境，满足了新媒体使用者的需求。维基百科也以同样的方式储存人类的文化遗产，克里斯蒂安·佩措尔德（Christian Pentzold 2009：263）称，"这是一个储存全球记忆的地方，毫不相干的参与者可以表达不同的观点，共同促进构成集体记忆的共享知识的形成"。其他用户创造的在线工具在大众化方面也起到了记忆和归档的作用，暗示了上一节提到的挖掘宝藏的话语。用户生成的掘客网站Digg.com允许用户"顶"或"踩"推送内容。数以千计的用户都可以在网站首页看到各种各样的推送内容。有关"美食"的观影行为也是类似的：这些视频内容被用户打上标签或被收藏，而这些标签又回到"美食"的特定兴趣列表中，向用户分发。同样，博客搜索引擎Technorati允许用户记录博客圈，记录一个项目被写进博客的次数，从而对用户发布的评论进行评级和打分。这使数字文化中的一切都被存档，不会遗忘，用户还可以在打标签的过程中充当策展人的角色。伊莎贝拉·彼得斯（Isabella Peters）在《大众分类法：Web 2.0中的索引

媒介与记忆

和检索》(*Folksonomies: Indexing and Retrieval in Web 2.0*，2009)中对这一过程进行了更深入的研究。因此，用户越来越多地扮演专业档案管理员的传统角色，试图一起克服策展人超负荷工作的问题。

如果要为子孙后代存档互联网及其内容，这种正在进行的数字文化协作管理是必要的。英国联合资讯系统委员会（JISC）发布的数字资料库和档案清点项目（Digital Repositories and Archives Inventory Project，DRAI，2008）旨在提供"综合的英国数字资源，发现复杂和多样的情况"。但是许多数字藏品不在主要信息来源中，它们是临时的或"一次性的"，这导致藏品、"父"储存库和藏品所有者之间的关系变得割裂和复杂（Abbott 2008：3）。这并不奇怪。雅虎现有的十分庞大的历史网络目录揭示了它的不完整性，科恩和罗森茨威格因此发现搜索引擎本身就成了历史的一部分。事实上早在2003年，联合国教科文组织发布了《保护数字遗产宪章》("Charter on the Preservation of Digital Heritage")，宣布数字遗产是人类的共同遗产。所以"互联网档案馆"（Internet Archive）已被证明是数字媒体自我存档现象最重要的范例之一。它推出的"网站时光倒流机"（Wayback Machine）保存了1996年至今的1,085亿个网站。

说到这里，我们也许会认为互联网档案馆是一个既必要又富有创意的想法。然而在2004年发布的《网络的公平历史？审查互联网档案馆中的国家平衡》("A Fair History of the Web? Examining Country Balance in the Internet Archive")一

第四章 数字记忆：档案的大众化

文中，赛尔沃和沃恩（Thelwall and Vaughan）发现"互联网档案馆"的网站存在明显的国家差异，即美国网站占比过高，中国网站占比较低。即使维基百科在2010年声称有超过9.1万名活跃贡献者，用超过270种语言撰写了1,600万篇文章，可能也不符合克里斯蒂安·佩措尔德（Christian Pentzold）所说的全球集体记忆。牛津互联网学院的马克·格雷厄姆（Mark Graham 2009）在他的博客《维基百科地理地图》（"Mapping the Geographies of Wikipedia Content"，2009）中绘制了维基百科的空间分布图，发现相关文章最多的国家是美国（近9万篇），而与小岛屿国家和城邦国家相关的文章不到100篇。同样，技术专家伊桑·朱克曼（Ethan Zuckerman 2010）在他的TED演讲《聆听全球之声》（"Listening to Global Voices"）中提到，社交网络在结构上产生的用户只与和自己相似的用户互动，他们生活在"幻想的世界主义"之中：

> 互联网不应该是这样的……人们曾预言互联网将成为一种难以置信的、消除文化差异的不可思议的力量……事实上世界正变得越来越全球化……而我们使用的媒体却越来越逆全球化……这往往会带来一个非常扭曲的世界观……事实证明，新媒体对我们没有什么帮助。

那么如何解决这个问题呢？如何将隐藏在黑暗中的档案带入公共领域？如何利用数字媒体促进个人和集体记忆的大众化？

媒介与记忆

作为创意性档案馆的数字媒体

> 国家记忆不可能在国家的历史框架还没打破之前出现。它反映了过去传统传播渠道和模式的式微，以及学校、家庭、博物馆、纪念碑等主要启蒙场所的去神圣化：曾经这些机构的职责已经进入公共领域，由媒体和旅游业接手。（Nora 1998：363）

诺拉认为媒体的公共领域创造了一个关键空间，国家记忆框架将被大众化。然而国际公共广播电台负责人阿莉莎·米勒（Alisa Miller 2008）向大家展示了一幅 2007 年的世界地图，可以看到美国的新闻几乎只关注自己。这个地图在其他国家也适用，而且会发现每个国家主要讲述的都是自己的故事。在数字档案、数字记忆和数字文化遗产时代，我们需要承认在传统媒体传播和消费框架下的作品仍具有权威性。我们是否应该在 YouTube 等网站上寻找用户生产内容来进行大众之间的交流，寻找"真实"记忆的存档？麦克·韦施（Mike Wesch）2008 年 6 月 23 日在国会图书馆发表的《YouTube 的人类学简介》（"An Anthropological Introduction to YouTube"）中指出，媒体是人与人关系的中介，人与人之间的关系会随媒体的变化而变化。他在网站上列举了许多体现展示创造力的例子，从在线"智能暴民"（smart mobs）到悼念信息。然而我们需要注意到 90-9-1 法则自 2006 年来一直围绕着创造力和在线参与展开讨论。该法则指出，

第四章　数字记忆：档案的大众化

90%的用户只浏览内容并不参与互动，9%的用户修改、添加但不创造内容，而只有1%的用户创造内容。这1%的用户"在网站新内容、走向和活动中占了相当大的比例"（http://www.90-9-1.com）。

所以，当科恩和罗森茨威格于2005年讨论数字文化遗产时，是否察觉到自己只向那1%的人建议如何在网上留下过去？过去仍可能掌握在少数懂媒体的人手中，这意味着什么？他们在用档案做什么？科恩和罗森茨威格认为，"网站创建者建立了自己的虚拟收藏，经常混合已出版和未出版的材料，这恰恰是'官方'档案馆一直试图规避的"（Cohen and Rosenzweig, 2005）。他们举出"峡谷的阴影处"（Valley of the Shadow）的例子，这是第一个将美国南北战争时期两个社区虚构化的档案。作为一个学术项目，它是自上而下的数字文化遗产的早期形态。然而理解被发明的或虚拟的档案的概念很重要，因为它框定了混合和混搭文化如何利用媒体档案生产新颖而令人激动的内容。范豪斯和丘吉尔指出，我们的"集体记忆和个人记忆正在迅速变得更加数字化……甚至可以说，记忆是数字信息革命的核心：数字记忆的发展极大地满足了人们对创造、捕捉、流通和保存更多信息的贪婪和渴望"（van House and Churchill 2008：300）。

脸书是作为创意档案的数字媒体的一个范例。安德鲁·霍斯金斯认为，社交媒体网站"促进了一种连续的、积累的、沉睡中的记忆"（Hoskins 2010），这种联系是被动的。同样的，凯瑟琳·理查森和赫西（Richardson and Hessey）在《将

127

媒介与记忆

自我存档?脸书是社交和关系记忆的传记?》("Archiving the Self? Facebook as Biography of Social and Relational Memory?", 2009：25) 中说，脸书是一个"沉睡中的关系档案。如果没有这些技术，就没有这些关系"。但是脸书上的记忆是多么被动，又是怎样一副沉睡中的样子呢？本书第二章提及的安妮特·库恩在1995年出版的《家庭的秘密：记忆和想象的行为》(*Family Secrets：Acts of Memory and Imagination*) 对家庭相册的社会意义有所探讨，脸书不仅使社会交往成为可能，而且允许人们在社交网络中分享图片，扮演着曾经的家庭相册的角色。虽然现在手机摄影不再那么具有档案性，"表面上是基于图像的交流，但实际上是视觉或多模态的信息传递"(van House and Churchill 2008：298)，脸书和Flickr提供了在线自我存档的空间。我将在本书最后一章集中讨论相机和手机摄影。不过现在必须强调脸书是一个平台，每个人每年拍摄成千上万张照片，但只有最重要的生活记录才会被公开和分享。不仅如此，一个假设的逻辑也成立：这些照片展示的是真实的、不掺假的、有新闻价值的个人生活。

脸书禁止用户制作假档案，主要是为了阻止垃圾邮件发送者、病毒编写者、网络犯罪分子和居心叵测之人。假档案往往是不严肃的，会制造名人和历史人物（如奥巴马、比尔·盖茨、希特勒、撒旦）的页面。然而很明显，该网站可用于创建带有数字内容的被制造的档案，这些内容与国家和集体记忆有关。2009年至2010年，波兰华沙市议会委托圣马科斯（San Markos）公关公司向21世纪的年轻人推出

第四章 数字记忆：档案的大众化

了纪念1944年华沙起义（受害者超过20万名，平均年龄只有18岁）的历史活动。这个活动希望实现：

> 我们面临着这样的挑战：如何让历史变得鲜活，而不是成为一张尘封的卡片？如何让现在的年轻人理解65年前他们同龄人的感受？我们决定从他们的日常生活着手……我们创造了两个虚拟人物，24岁的索斯纳（Sosna）和23岁的科斯特克（Kostek），他们是一对年轻的华沙夫妇。穿越时空，他们讲述了自己在1944年的日常生活，持续63天，每天24个小时，就像发生在今天一样。不幸的是，他们最后还是死了。[该片2009年获欧洲艾匹卡（EPICA）创意奖媒介创新类别的金奖]

公关和营销公司利用脸书提供的工具在波兰的脸书网站上创建了一个虚拟日记，包含档案材料和照片、当时的音乐、用手机拍摄的电影、典型的脸书测验和在线对谈。超过3,000名年轻人、名人、艺术家和记者加入了这个页面，体验了历史档案和他们"朋友"的死亡。因此，正如卡梅伦和肯德丁所指出的那样，"在一种共生关系中，文化遗产的'生态'也认可、适应、吸收、改造他们所采用的数字技术"（Cameron and Kenderdine 2007：1）。只有当新型的创意企业家（如公关公司、市场营销、广告商、动画师、互动媒体专家、游戏设计师、虚拟现实制作人、节庆活动经理）进入档案馆，创造出可能不符合历史但能触动真实情感的数字文化遗产时，使用社交网络工具再现过去才有可能实现。

媒介与记忆

在线虚拟社区"第二人生"（Second Life）拥有一百多万名会员，创造了博物馆、遗址、纪念馆和纪念碑，是数字媒体作为创意性档案馆的另一个很好的例子。我将在第六章和第七章更详细地探讨这些想法，但眼下我想谈谈数字时代的遗忘。

练习

遗忘和未存档的问题：

在《作为存档工具的数字媒体》一节中，我提到档案的大众化存在两个有关传媒的存档权力工具的基本问题：遗忘和无法遗忘。有一个新论点在媒体、记忆、归档和新技术的语境中特别重要。在期刊《记忆研究》的第一期中，保罗·康纳顿提出了"遗忘的七种类型"。他非常反直觉地提出遗忘并不总意味着失败。他反而相信遗忘可以让个人、社区和国家不被过去影响从而更好地走向未来。在新媒体技术的背景下，一切甚至是生活中最尴尬的事情也被归档。维克托·迈尔-舍恩伯格在《删除：大数据取舍之道》中提出了"信息的有效期"这一概念。我们必须承认"信息是有寿命的"，我们需要"明白如何在数字时代学会忘记"。因此，考虑一下这个问题：我们当中有几个人曾在电子邮件档案、脸书页面或收藏列表中犹豫过要不要点击"删除"键？我们是否有足够的勇气按下它？我们会不会后悔，会不会渴望恢复丢失的数据？你尝试过删除自己的脸书页面吗？如果你敢的话，哪天试试吧,看看脸书接下来会怎么做。

深读

Cohen, Daniel and Rosenzweig, Roy (2005), *Digital History: A Guide to Presenting, Preserving, or Gathering the Past on the Web.* Online at http://chnm.gmu.edu/digitalhistory/.

Derrida, Jacques (1996), *Archive Fever: A Freudian Impression*, trans. E. Prenowitz. Chicago: University of Chicago Press.

Garde-Hansen, Joanne (2009), "MyMemories? Personal Digital Archive Fever and Facebook", in Joanne Garde-Hansen, Andrew Hoskins and Anna Reading (eds), *Save As ... Digital Memories.* Basingstoke: Palgrave Macmillan, pp. 135 – 350

Gehl, Robert (2009), "YouTube as archive: who will curate this digital Wunderkammer?", *International Journal of Cultural Studies*, 12 (1): 43 – 60.

Mayer-Schönberger, Viktor (2009), *Delete: The Virtue of Forgetting in the Digital Age.* Princeton: Princeton University Press.

Parry, Ross (2006), *Recoding the Museum: Digital Heritage and the Technologies of Change.* London: Routledge.

Schröter, Jens (2009), "On the Logic of the Digital Archive", in Pelle Snickars and Patrick Vonderau (eds), *The YouTube Reader.* London: Wallflower Press, pp. 330 – 346.

媒介与记忆

Snickars, Pelle (2009), "The Archival Cloud", in Pelle Snickars and Patrick Vonderau (eds), *The YouTube Reader*. London: Wallflower Press, pp. 292 – 313.

第二部分

案例研究

第五章　为历史发声：英国广播公司广播4台和1963年的艾伯凡灾难

> 声音不会单单停留在我们看不到的地方，相反，它打开了通向可见领域的豁口，一直通向我们视线之外的领域。换句话说，它们之间的关系是由一种不可能促成的：归根结底，我们聆听是因为我们无法看遍一切事物。（Žižek 1996：93）

在传媒研究中有一种忽视声音的趋势。无须对比配乐与音景，只需把研究广播的学术文章数量与研究电视、电影、游戏的文章数量进行对比，就可以发现，视觉图像始终占据着主导地位，例如艺术、摄影、广告、电影、电视、电子游戏、网络媒体、手机。即使是手机——一种本质上的听觉设备，也是因为它有一个装满游戏、图形、电子邮箱、图片和视频应用程序等的屏幕界面，对于媒介研究来说它才变得有趣起来。当谈及记忆时，我们也总是假设视觉图像主导并构建我们对于这个世界的理解。在我们的认知里，声音并不那

媒介与记忆

么让人记忆深刻,然而,音乐学却告诉我们事实并非如此。音乐人类学家、民间音乐的研究者及从业者都非常了解声音对个人、社群、地理(包括空间、地点和景观)、传承和怀旧的重要性。可惜的是,对声音与记忆的研究大多集中在音乐与艺术领域,而非媒介与大众文化领域(参见 Snyder 2000)。

当学生们分析像 2001 年的 "9·11" 恐怖袭击这种有据可查的、具有历史性和创伤性意义的媒介事件时,重点总是放在可见物和视觉资料上:CNN 新闻、电影重演、电视纪录片或者是那张《坠落的人》的图像①。但大家很少注意到贯穿在那一整天的声音,以及这些声音对目击者和观众产生的强烈的冲击力。例如,朱尔斯和格迪恩·诺德(Jules and Gedeon Naudet)2002 年跟随纽约市消防队拍摄的纪录片《"9·11"事件》中的第一幕,就有飞机冲向第一座塔楼时飙升的音爆,以及被世界各地的新闻广播站记录下来的那两座大楼在解体和坍塌时发出的如雷般的轰鸣声。上面这两个声音的例子已经成为我们对此事件的媒介化记忆的一部分,但它们仍是以图像为基础的,因为我们听到的声音用眼睛也能看到。然而,就像斯拉沃热·杰泽克(Slavoj Žižek)在上面的引文中提出的,声音还能够代替我们所看不到的东西。

举个例子,当我向学生们播放朱尔斯和格迪恩·诺德的纪录片时,影片里有一种特别的声音总是能引起他们的生理

---

① 《坠落的人》是 "9·11" 事件中最为经典的摄影作品之一。——译者注

第五章 为历史发声：英国广播公司广播4台和1963年的艾伯凡灾难

反应。那是一阵巨大的撞击声和粉碎声，一开始他们并不清楚那是什么声音。影片里消防员们聚集在世贸中心北塔的大厅里，他们正努力地建立指挥所，以便展开救援行动，而这种声音就随机在他们的四周回响。几乎在同一时间，消防员们从顶楼跳下去实施救援，当时我们真实地看见了消防员们跳下去的身影以及他们脸上忐忑不安的表情。于是我们明白了，那些声音是消防员从顶楼跳下去落地的撞击声和身体粉碎的声音。十年后当我回看这个片段，这些令人难忘的声音依然使我心惊肉跳。虽然我没有**看见**那些可怕的死亡瞬间，但听到这些被记录下来的声音，那些死亡仿佛就发生在我的身上，**感同身受**，哪怕只有一个瞬间。这些声音没有成为历史，而是在当下产生了精神创伤，每当我听到这些声音，那些恐惧和战栗的体验就会被重温一遍，由此，一次又一次地在情感上让我们震撼，让我们记忆深刻，声音就是有这样的力量。实际上，英国广播公司第4台以其开放性的实验而著名，常常会把自然生成的音频和录制的声音混合起来。运用这种混音技术，英国广播公司于2002年出品了由尼基·席尔瓦和达维亚·纳尔逊（Nikki Silva and Davia Nelson）制作的《双子塔：声音纪念碑》，这是一个45分钟的实验性音景，包括声音、答录机消息、音乐和新闻片配乐。盖伊·斯塔基（Guy Starkey）指出，这座声音纪念碑"可以被解读为对曾经存在于那里的人们和人类活动的致敬和悼念"（Starkey 2004：213）。这样的实验在"如何利用周遭环境的声音将一个故事叙述得更加明确""如何组合没有旁白的声

媒介与记忆

音图片"和"制作人要对声音的叙事可能性培养更多的意识"方面展示了声音的多种创造可能性（Starkey 2004：214）。

与上述观点相悖的另一种观点则认为：广播由于是一种没有图像的媒介，因而是有缺陷的。下面就以这样一个有影响力的、关于广播与记忆之间关系的观点作为例子：

> 广播的不可见性导致的一个重要缺陷就是——记忆。记忆通常在视觉上起作用，或者说，至少与文字相比，我们更倾向于记住图像。因此，广播叙述的事件往往比舞台剧或电影叙述的事件更难让人回忆起来。考虑到声音，特别是文字，不太可能像图像那样轻而易举地或准确地被记住，因此电台制作人必须接受这条广播剧制作的基本原则：整条故事线都需要被精简成一个十分基础的、便于理解的结构。（Shingler and Wieringa 1998：82）

对于盛乐和维林加（Shingler and Wieringa）的观点，本章节持有完全不同的看法。我认为，广播的不可见性正是它在记忆方面的优势。正如安德鲁·克里赛尔（Andrew Crisell 1994：155）所说的，"广播很擅长在没什么可看的情况下制造戏剧"。因此，在媒介呈现历史，特别是呈现个人记忆和集体记忆时，在没有任何图像资料的情况下，广播就可以介入其中，为历史过往发声。

在没有图像干扰的情况下，听众就有了锻炼他们记忆力

第五章 为历史发声：英国广播公司广播4台和1963年的艾伯凡灾难

和想象力的机会。众多广播领域的研究人员、理论家和从业者都强调了不可见性对于媒介的重要意义，也强调了记住声音的必要性以及广播对历史文化的重要性（参见 Crisell 1994；Pease and Dennis 1995；Weiss 2001；Hilmes and Loviglio 2002；Starkey 2004）。弗雷德里克·拉斐尔（Frederic Raphael）在1980年指出，与电视相比，广播在英国广播公司的王牌地位是英国广播发展的真正引擎。正是英国广播公司对广播节目的重视，提升了人们对广播的专业化理解，即广播有着类似于文学的纯粹，广播听众也可以像一位好读者那样收获满满。"文字，在广播的天鹅绒中被剥离出来，呈现出一种宝石般的独特。而电视呈现的效果却恰恰相反：字幕的提供是义务性的，它们常常被淹没在图像的海洋之中。"（Raphael 1980：305）这样的想法流行了30年之久。但最近，随着网络摄像头和跨平台广播方式的出现，吉利安·雷诺兹（Gillian Reynolds）对在广播节目中加入新图像应用的做法表示哀叹：

> 我对电台演播室里的网络摄像头以及强行将图片塞进广播的字里行间、以便新听众在手机上抓取的做法表示怀疑。一个好的广播节目总是能引发人们丰富的联想，并通过听众自己的搭建丰富他们的联想图景。这种联想要通过听众积极主动的关注来聚焦，并且不会受到狭窄的相机眼睛的限制。（Reynolds 2008）

媒介与记忆

2004年7月1日的下午，我在汽车旅行中发现了一个关于广播的问题，当时我正在听英国广播公司第4台的节目，思考着我将在9月份教授的新课程"媒体与记忆"。当时，《在乡间》（Open Country）系列正在重复播放其周日的节目。我了解到，《在乡间》作为第4台乡村生活节目的长期代表，将节目重点放在了英格兰乡村。《在乡间》为城市居民展示了野生动物、乡村活动、农产活动、村落遗产的声音。该节目推荐采用有机的制作技术，呈现的是来自周遭环境的自然声音，并且出于展示非结构化的乡村生活的需要，该节目几乎没有后期制作。来自节目主持人的最小干扰、有限的后期制作以及允许乡村居民用他们自己的方式来表达和展示，这些都为听众展现了一个不掺杂质的、地道的乡村生活图景。由此，为了让纪录片能更有效地吸引听众的注意，《在乡间》为其他广播节目的制作提供了一些标准：简单、真实、重复、一致、尽量少用没什么背景噪音的音轨。在这些标准下，广播节目近距离地记录了社群、个人和故事人物的生活，由此拉近了广播与听众之间的距离。

在本章，我想对广播节目在没有图像的情况下也能令人记忆深刻的能力表示赞扬。因此，接下来我将把注意力放在2004年《在乡间》播放的一期广播节目——《艾伯凡灾难》（Aberfan Disaster）的制作背景上，以便更好地理解它是如何成功地将口述历史访谈和档案资料交织在一起，从而引起听众及工作人员对艾伯凡地区的情感共鸣的。此次案例研究基于2010年对该节目主持人理查德·乌里奇（Richard

第五章 为历史发声：英国广播公司广播4台和1963年的艾伯凡灾难

Uridge）和该节目制作人本杰明·切斯特顿（Benjamin Chesterton）进行的两次关键的、具有批判性思考的行业访谈（在撰写本报告时，理查德·乌里奇继续为英国广播公司广播4台主持《在乡间》系列节目；本杰明·切斯特顿后来则成为英国广播公司驻埃塞俄比亚世界服务信托基金会的全国总监，现在与他人共同经营自己的电影制作公司）。在这里，我所强调的是制作人、主持人和观众在节目中的互动，他们在制作和收听该节目的过程中共同创造和拥有了特别的记忆和体验，这就是一种记忆的媒介化（mediatisation of memory）。

威尔士的艾伯凡灾难发生在1966年10月21日。那是个星期五的早晨，经过了几天的滂沱大雨，堆积了55年的煤矿废土沿着默西尔山坡迅速向下俯冲，淹没了潘特格拉斯小学，最后造成116名儿童和28名成人死亡。学者伊恩·麦克莱恩和马丁·约翰斯（Iain McLean and Martin Johnes 1999）提供了一些有关艾伯凡灾难的令人难忘的描述，2007年，一位公民制作了在线纪念网站（网址：http://www.gonetoosoon.org），陈列出了所有遇难者的名字，并添加了部分遇难孩童的黑白照片。艾伯凡灾难这一可怕的后工业化事件在几分钟内致使学校一半的孩子死亡，其政治化影响一直持续到21世纪初。灾难发生后国家煤炭委员会只向每个失去孩子的家庭支付了500英镑（国家煤炭委员会在经过漫长的法庭审理后才接受责任）。最终，在政治化影响的作用下，托尼·布莱尔（Tony Blair）的英国工党政府才继续向

媒介与记忆

这些家庭提供了适度的赔偿。因此，出于一些原因，这场灾难对于英国广播公司第 4 台的《在乡间》系列报道来说是一个不寻常的话题，因为这个话题并不符合他们一直以来走的温情路线。据制作人本杰明·切斯特顿说，该节目从亲历者的角度报道了灾难的恐怖，涉及接下来几天内艰难的救援工作、当时政府制定的政策、社区受到的被要求支付清理小费的不公正待遇、随之而来的一些年轻人的自杀、接近三十年后首相最终迫于压力的道歉（与作者的访谈，2010 年 12 月 1 日）。因此，该节目在性质上是工业的而不是乡村的。作为听众，这段创伤性的、悲剧性的社会历史对我来说是十分难忘的，不仅因为我曾采访过艾伯凡社区的居民，还因为它与《在乡间》系列的平常风格很不一样，它在结构上将戏剧性的、令人痛心的当代访谈与当时的新闻广播档案资料相结合。正如时任节目主持人理查德·乌里奇所说，正是这种新旧混合的方式让人眼前一亮：

> 对于该系列节目来说这是很不同寻常的一期。在此前或之后的五年里，我再也想不出有哪个节目像这个节目一样。这不是一个典型的《在乡间》节目，它的制作在很大程度上依赖于当时的档案资料。（与作者的访谈，2010 年 11 月 23 日）

乌里奇记得，这期节目更多是被建构的，并不那么有机，对话比较少。由于包含了档案资料，节目必须被"拼成马赛克图案"，这主要是因为"档案材料是固定不变的，可以掐

第五章 为历史发声：英国广播公司广播 4 台和 1963 年的艾伯凡灾难

头去尾，但你不能对它们做过多的调整"（与作者的访谈，2010年11月23日）。这意味着，对公众的当代访谈被框定为个人和情感化的记忆，档案材料则被一并列入广播公司的官方材料，代表了事件的集体或官方记录。

制片人本杰明·切斯特顿也迫切地想要强调制作过程的非凡之处。大体是因为《在乡间》系列本来是主持人引导模式，而这一期则更依赖于后期制作。我迫切地想知道广播片段是如何塑造人们关于一个灾难事件的当代记忆的。在我与切斯特顿的访谈中，他称以这种方式来制作这期节目实际上不在他的计划之内（这一说法得到了主持人的证实）。相反，据切斯特顿说，计划的改变是因为主持人离开了节目。切斯特顿称，主持人在采访了两位社区居民（失去两个女儿的老父亲和当地学校的一位老师）后，对这个主题感到不满意。在我对乌里奇的采访中，我有一种不言而喻的感觉，但他丝毫没有透露他没有完成这个节目的事情，而且根据英国广播公司网站对节目内容的存档，乌里奇仍然是这一期的主持人。不过，切斯特顿说：

> 我寻找档案本来只是为了用它来解决制作中的一些问题，它们都是通过英国广播公司的档案搜索获得的一些旧记录。但后来我意识到，不管以哪种标准来看，这都是一些令人惊奇的档案。当时的报道非常不同寻常，它是如此的有感染力，能把你拉回到当初被救出的小男孩的身边，让你感同身受。是这些档案让整个故事栩栩

媒介与记忆

> 如生。(与作者的访谈，2010年12月1日)

我将在稍后回到制作人-权力和主持人-权力的问题上，这些权力可以决定媒体产品如何呈现其内容。不过现在，本章关注的重点是有关事件的个人记忆和集体或官方记忆的并存问题。一般情况下，正如人们所了解的那样，"广播纪录片"包含着主观的、个人的经验，因此在捕捉人类经验方面，广播纪录片和电影纪录片、电视纪录片一样成功。正如约翰·比文（John Biewen）在《现实电台：用声音来讲述真实的故事》（Reality Radio: Telling True Stories in Sound）中对这个过程进行的定义：因为"最好的纪录片倾向于近距离记录"，所以广播纪录片常利用"口语的叙事本领"，探索两耳之间的故事（Biewen and Dilworth 2010：4，5-6）。因此，在采访中引导出那些故事，或者以这样的方式"让人们发表个人的看法，讲述他们自己的故事"（Biewen and Dilworth 2010：6）是非常重要的。并且，随着媒介变得便宜、轻便化和可移动，这种采访也越来越成为可能。本杰明·切斯特顿对艾伯凡灾难节目的制作证实了这一观点。他对制作艾伯凡灾难纪录片的记忆集中在艾伯凡灾难"故事"本身，并且认为这一期比《在乡间》的典型风格更具有叙事性。他说："我让人们讲述他们的故事，并没有人指责我无病呻吟。"（与作者的访谈，2010年12月1日）

电台针对往事对公众进行采访，这与口述的历史生产有着十分紧密的联系。个人对过去的回忆可以对地方和国家产

第五章 为历史发声：英国广播公司广播 4 台和 1963 年的艾伯凡灾难

生深远的影响。个人记忆和集体记忆是分不开的，反之亦然。正如比文建议的那样，采访者和制作团队必须"扎根当地，潜心观察，一层一层地去挖掘，而不是如蜻蜓点水般，只是浮于表面。制作团队要设法带着听众一起，而不是独自去冒险，再回来做汇报"（Biewen 2010：7）。本杰明·切斯顿对艾伯凡社区的做法无疑是符合上述理论观点的，且看广播制作人如何进行采访并通过口语记录人类经验：

> 这位父亲仍住在墓地旁，照看着它。当人们同你交谈时，他们向你袒露心声，作为一名制作人，你的职责就是把他们给你的东西做到最好。
> 我很担心这个年轻人，于是第二天我打了电话给他。录制节目耗费了他很多情绪。作为制作人，你有责任关心和照顾你的工作伙伴。如果你要谈论一些非常私人的事情，那么你便不能在采访结束后就立刻走掉。
> （与作者的访谈，2010 年 12 月 1 日）

《艾伯凡灾难》节目以两段当代访谈为中心，可以将其视为口述历史访谈：一段是同这场灾难的幸存者的访谈，他现在已经长大成人（即上文提到的那个年轻人）；另一个是失去两个女儿的父亲（也是上文中制作人提到过的）。该节目是一次户外广播，就在艾伯凡当地进行录制，节目中，有交通车辆的喧闹声、狗叫声、路人的交谈声，被采访者带领采访人在当地到处参观（到学校、到山边、到墓地）。因此，通过延伸（艾利森·兰兹伯格描述为"假肢记忆"），该节目

媒介与记忆

将采访者（扮演着记忆导管的角色）和听众都带上了旅程。周遭环境的声音给听众一种他们也跟着采访者在当地驻足和走动的感觉，仿佛他们也跟着走上山丘，踏进学校，参观灾难发生后的满地狼藉。甚至当该节目在灾难新闻广播的档案片段中逐渐淡出时，我们仍然停留在这个地方，久久不能自拔。当我采访理查德·乌里奇时，我提及了关于《在乡间》基本上保留了其他制作人通常会删掉的户外噪音的问题，他热情地介绍说《在乡间》系列有一个关于处理自然声音的特殊理念：

> 最好的电台通常会非常仔细地记录声音。就《在乡间》而言，需要被仔细记录的声音就是乡村的声音。偶尔会有听众抱怨说有些音效妨碍了他们的收听，我们想温和地提醒他们，《在乡间》系列不会这样做。这个系列没有录制或混合任何音效。如果是自然的声音产生了干扰，那就让它干扰。（与理查德·乌里奇的访谈，2010 年 11 月 23 日）

在制作期间，《艾伯凡灾难》包含的访谈素材是符合《在乡间》价值观的，他们采取了一切措施以保证在户外、在艾伯凡地区、在人们过去生活的地方都有可以受访的人。我们现在不是在工作室里，所以即使使用了标准的收音设备，还是要让声音离收音处退后一点，即让麦克风离受访者稍微远一点儿，这样才能成功地从周遭环境里收音。当受访者在走路或爬山，或者在描述从山坡上咆哮着向下猛冲的煤矿废料

第五章　为历史发声：英国广播公司广播4台和1963年的艾伯凡灾难

时（由于低洼处的雾气，当时没有人可以看到这一景象，但在场的每个人都能听到），受访者总是气喘吁吁的。当他们介绍过去和现在的地标时，很明显他们在领着采访者穿越整个社区。无论是年轻的听众还是年长的听众，都能把自己和"当时的小孩"或"当时的父母"关联起来，这场发生在艾伯凡地区的历史悲剧在人们生理上、地理上、情感上引发的感觉，都随着这期节目被挖掘和解释。

有趣的是，主持人理查德·乌里奇将这次广播描述为"一次不愉快的聆听，真的让人感受到了创伤，灾难发生的速度实在太快了。我们在艾伯凡的一所学校录制，想象着泥浆裹挟着沙石奔涌而下的声音，紧接着是一片可怕的寂静。采访的内容就集中在这些声音上"（与作者的访谈，2010年11月23日）。这与听众从受访者那里了解到的情况相吻合，两者都讲述了泥浆的咆哮声和随之而来的死一般的寂静——这里在后期制作中进行了从声音淡出到寂静的处理，为听众展示了这一片段。特别是在节目的最后，当声音开始转入长长的一段死寂时，那位父亲还在继续讲述着他的悲伤，这向听众传递了这样一个理念：这是一个没有句号的故事，是一段永不会褪色的记忆，是在节目组离开后受访者们也会经常谈论起的回忆。

同样值得关注的是，这个广播节目向听众呈现了媒介化记忆的方式。它是通过以下两种方式进行的：当代的和历史档案的广播片段。它将叙事呈现为一个挖掘或发现真相的过程，不仅讲述了受访者可怕的记忆，还讲述了国家煤炭委员

媒介与记忆

会和当时执政的哈罗德·威尔逊工党政府的反应。然后，听众就获得了一种媒介化记忆，这其中的媒介化程度被保持在最低水平，允许记忆独立地完成个人化和情感化的建构。这些记忆必须与档案资料结合在一起，以创造出关于事件的历史描述，其中需要包括个人和集体两种形式的记忆，并要十分清楚地显示出这两者之间的关系。有时，个人的说明恰好能够证实档案材料里的内容，然而在其他时候，过去和现在的声音在并列时也会产生冲突。由此，英国广播公司制作和展示《艾伯凡灾难》的方法证明了莫里斯·哈布瓦赫关于个人和社会之间关系的论点：

> 个人记忆仍然是集体记忆的一部分或一个方面，因为每一种印象和每一个事实，即使它表面上只涉及某个特定的人，但只有在他进行了思考的前提下、在他接触了来自社会环境的思想的情况下，才会留下持久的记忆。（Halbwachs 1992：53）

这个社会环境是双重的：对接受采访的人来说，它是艾伯凡灾难；对听众来说，它是他们自己的时间和地点。因此，在这样的广播节目里，听众在耳朵的带领下穿越悲剧发生的地点，并被带到另一个社会环境中，在那里围绕着个人和国家的悲剧形成了集体记忆。这使节目有了一种动态的、流动的记忆之旅的感觉，并使马里塔·斯特肯（Sturken 2007）的历史游客（tourists of history）概念得到了认可。记忆之旅的一部分是让当代听众重新体验当时的人们所听的新闻广播。

第五章 为历史发声：英国广播公司广播4台和1963年的艾伯凡灾难

因此，加入档案片段提供了一种情感上的并置。但当我向我的学生播放这个节目时，他们发现这些档案片段很难理解，因为当英国广播公司的新闻播报员在讲述悲剧的场景时，他们说了很奇特的习语。所以虽然广播档案资料的质量并不差，但由于人们不熟悉当时的广播技巧，收听体验肯定会打折扣。这些广播技巧在20世纪60年代是很常用的，此后却发生了很大的变化。因此，与电影或电视不同的是，在电影或电视中，过去是用黑白图像来展示的（要么是存档的，要么是追溯制造的）。在广播中，这种对过去的刻画是通过复古的语言模式、成语和传统化的主持人风格来向听众传达的。正如主持人理查德·乌里奇所说的：

> 档案材料的确会把人们带回到某个时代，例如旧时在电影院播放的新闻片、旧报纸、旧照片；旧习语有一种气质，一下子就能使黑白年代浮现在人们的脑海中。它就像声音上的黑色与白色，**听上去很老旧**，并能引起人们对黑白时代的回忆。（与作者的访谈，2010年11月23日）

需要强调的是，尽管制作人和主持人向我陈述了事件的不同版本，但他们都认同声音和广播对于创造和重塑个人记忆与集体记忆的重要性。乌里奇认为，当人们在思考记忆是如何被媒介化的时候，一方面印刷文字、口语和声音可以在听众的脑海中勾勒出一个经典的电视屏幕投影画面；另一方面，广播渲染了细节，对一千个不同的人来说，它可以是一千种

媒介与记忆

不同的东西。而电视是挑剔的，它需要图片，且不需要人们过多地参与，这就缩小了听众可以展开想象力的范围（与作者的访谈，2010年11月23日）。同样的，切斯特顿强调了《艾伯凡灾难》这一广播节目对听众、社区和他本人的重要性，该节目成功地产生了他所追求的情感和政治影响。然而，这并不意味着该节目在体制内是成功的。制片人和主持人都提到了英国广播公司内部"一些令人目瞪口呆"的反应，因为这期节目被认为并不符合《在乡间》系列的日常风格——浪漫而英式的乡间生活。

也许是带有社会目的的、对于清楚叙事的渴望，决定了后期制作的程度，而这一点在这里是处于危险当中的。对乌里奇来说，这期节目的后期制作与《在乡间》系列的即兴录制风格很不符。对切斯特顿来说，他发现该系列节目对乡村生活和乡村问题的展现是很单薄的，英国广播公司档案资料的价值占据了上风，并开始决定如何将受访者的个人记忆呈现给听众。然而，切斯特顿意识到媒体与个人记忆之间隐隐有种紧张的气氛。对于主持人理查德·乌里奇来说，任务很简单："为什么要妨碍别人的好故事。你只需尽可能巧妙地、不引人注意地提问"（与作者的访谈，2010年11月23日），这与比文的现实广播理论相吻合。然而，对于制作人来说，任务远比这复杂。因为你知道你正在做一些高度操纵性的事情（编辑是高度操纵性的工作），这种操纵会对观众产生影响，你也知道受访者事后会回听这期节目。所有好的制片人都会恰当地处理好这种紧张关系（与作者的访谈，2010年12

第五章 为历史发声：英国广播公司广播 4 台和 1963 年的艾伯凡灾难

月 1 日）。因此在主持人看来，以前《在乡间》节目的有机对话风格被一个"更有结构性的、不那么有机的节目所取代，这可能是非正式的，也可能是另一种不同的处理。然而，最终是由档案材料决定其余东西如何进行组合"（与作者的访谈，2010 年 11 月 23 日）。事实上，切斯特顿强调说这期节目有两个版本：一个是有音乐的长节目（主要内容是合唱团和宗教音乐），另一个是我和我的学生听的没有音乐的短节目。他承认，长版节目对音乐的使用改变了整个节目的基调，是故意想要"增强情感"（与作者的访谈，2010 年 12 月 1 日）。最后，是制作人对如何制作这些关于艾伯凡灾难的记忆的看法占了上风。在许多方面，切斯特顿将过去和现在的媒体内容混合在一起的方法已经成为在空间和时间上展示记忆的标准方法。将这些采访与六年前制作节目时的主持人和制作人进行比较，并将媒体记忆生产看作工业时代下的反思性对话，其迷人之处在于他们对同一生产过程的记忆非常不同。事实上，制片人对这种差异的反思如下：

> 如果从事这项工作（节目）的人甚至不能对同一件事有相同的记忆，那么这就从制作方面告诉了你很多关于媒体和记忆之间关系的道理。有很多事情要做，倾听他人，然后非常非常快速地工作。（与作者的访谈，2010 年 12 月 1 日）

在制作艾伯凡灾难节目的同时，英国广播公司正在开展他们

媒介与记忆

的"威尔士风情"(2001—2007年)项目,即在英国,特别是在威尔士,开发一系列开创性的口述历史、档案项目和数字叙事的工作。这些工作借鉴了加利福尼亚数字叙事中心的媒体与记忆研究(参见 Garde-Hansen 2007;Kidd 2009;Meadows and Kidd 2009)。英国广播公司被视为通过媒体向集体提供记忆的工具,从而希望丰富其与付费用户之间的关系。事实上,在过去的十年里人们已经意识到,作为国家遗产的管理者,英国广播公司拥有资源、技能和技术基础来继续绘制、记录和保存英国的社会和文化历史。因此,在2007年英国广播公司十年一次的公司章程审查临近之际,将广播时间贡献给能够展现记忆对社区(特别是那些迄今为止主流媒体服务不足或其故事以某种方式被遗忘的社区)重要性的个人记忆,是公司章程上的优先事项。

因此,如果"个人记忆和集体记忆都部分地依赖于我们对过去的记录,依赖于我们记忆的技术和实践"(van House and Churchill 2008:295),并且英国广播公司已经制作和保存了这些记录,并代表英国公民对其进行了技术实践,那么广播公司就有责任使其档案尽可能容易被人们访问。但这并不意味着仅仅是为了让人们利用其档案生产更多的内容,再使这些内容进一步归档,而是意味着作为国家档案管理者,英国广播公司的档案资料理应对持证者开放,以满足他们在创造上和教育上的需要。正如范豪斯和丘吉尔所描述的那样,媒介和记忆的技术,构成了过去一百年里创造和传播过去故事的主要方式(参见 Ingrid Volkmer 于 2006 年

第五章 为历史发声：英国广播公司广播 4 台和 1963 年的艾伯凡灾难

出版的《公共记忆中的新闻》）。在国家档案馆将其内容从传统广播媒体移植到新兴媒体的过程中，媒介被作为移植的主要工具。它们的作用是作为莫里斯·哈布瓦赫称之为集体记忆的寄存地。对英国广播公司而言，这些集体可以是艾伯凡社区的成员，也可以是第 4 台《在乡间》系列节目的制作人员或英国听众。

如何从一个国家过去丰富的煤层中开采以及开采什么，对于一个每一天、每一秒、每一分钟、每一小时都在记录和归档个人、地方与国家经历和事件的媒体制作人来说至关重要。1920 年以来，英国广播公司用纳税人的钱记录了大量的内容。这家具有国际地位的公共服务广播公司目前也是英国最重要的档案馆之一，不仅收藏着声音和动态图像档案材料，还包括信件、制作笔记、研究材料、文件、摄影、工艺品、服装、设计材料和采访脚本等隐藏档案。除此之外，英国广播公司还有一个活的记忆档案：广播工作室和管理部门的员工、制片人、布景设计师、摄影技术人员、现场侦察员、临时演员和目击者。其中一些活的记忆档案为英国广播公司所有，一些由电视缴费人员所有，还有一些则属于多年来一起工作、制作内容的制片人和艺术家。

在此我只想说，英国广播公司目前正在努力解决如何向英国听众开放档案，以及如何定价的问题，同时还要考虑到全世界范围内没有付费的听众，这并不奇怪。英国广播公司档案开发的现任负责人是托尼·阿吉（Tony Ageh），他自称是"创意战略家"，在 2008 年至 2010 年期间，他在推特、

媒介与记忆

博客和英国各地的主题演讲中提出并试图回答我总结的以下问题：

· BBC 档案库的未来是什么样的？

· BBC 档案库的最大价值是什么？

· BBC 如何调整与持证方的关系？

· BBC 将允许用户利用档案做什么？（考虑到互联网的全球普及，这里的"用户"也包括非持证者）

· 面对日益猖獗的盗版行为，BBC 将如何保护其档案库免受侵犯？

在撰写本章时，阿吉建议将数字公共空间作为一个答案，作为互联网的第二层，英国广播公司的内容可以免费用于非商业用途。对于学生和研究人员来说，目前可以在英国电影学院（BFI）公开访问英国广播公司输出的电视内容，而大英图书馆声音档案馆也提供了访问英国广播公司电台节目的机会。然而，随着 iPlayer（托尼·阿吉领导的一个项目）的推出，人们有机会观看和收听数十万小时的节目，这样在未来，每天可以提供一百万小时的视频片段（也许只有七天）。不仅如此，这些视频片段还可以由英国广播公司书面档案，对现任和退休工作人员、粉丝、研究人员以及公众的口述历史访谈来补充。如果这些内容可以免费提供给有数字知识的公民，那么这意味着艾伯凡社区的成员将无须等待主流媒体来记录他们的回忆。用档案资料编辑这些回忆录，并在 2004 年播出两次，只有那些希望访问大英图书馆声音档

第五章　为历史发声：英国广播公司广播 4 台和 1963 年的艾伯凡灾难

案的人才可以获得副本。相反，他们将能够利用本杰明·切斯特顿发现的同样的（甚至更多的）档案内容，以他们自己的方式（创造性地和数字化地）记录他们自己的回忆，并将他们自己的节目编辑在一起，在不同的平台上免费、公开播出。这甚至可以以纪念之旅的形式出现，作为去艾伯凡的游客可下载的移动应用程序，也可以上传到 YouTube，以数字化的方式呈现幸存者的故事。目前，个人和集体都可以在音频或音视频媒体平台上为自己的过去发声，这是切切实实存在的机会。在英国，这部分归功于英国广播公司为其受众做出的开拓性工作。

练习

正如第二章和第四章所指出的，媒体收集、储存和归档记忆（私人的和公众的）。然而，如果档案馆里没有你所在社区过去的记录，会怎么样？如果那些管理档案的人忽视了你呢？如果只有那些感觉自己属于一个国家的人的记忆被广播和放大，你会有什么感觉？探索任何媒体形式，例如新闻、广播、电影、电视或互联网，并找出利用媒体来代表本社区的例子。这些社区应该是你迄今对其一无所知的，并且不太可能通过主流表现形式遇到的。

媒介与记忆

深读

Biewen, John and Dilworth, Alexa (eds) (2010), *Reality Radio: Telling True Stories in Sound*. Chapel Hill, NC: University of North Carolina Press.

Crisell, Andrew [(1986) 1994], *Understanding Radio*, 2nd edn. London: Routledge.

Crook, Marie (2009), "Radio Storytelling and Beyond", in John Hartley and Kelly McWilliam (eds) (2009), *Story Circle: Digital Storytelling Around the World*. Oxford: Blackwell, pp. 124–128.

Hilmes, Michele and Loviglio, Jason (eds) (2002), *Radio Reader: Essays in the Cultural History of Radio*. London: Routledge.

Kidd, Jenny (2009), "Digital Storytelling and the Performance of Memory", in Joanne Garde-Hansen, Andrew Hoskins and Anna Reading (eds) *Save As...Digital Memories*. Basingstoke: Palgrave Macmillan, pp. 167–183.

Pease, Edward C. and Dennis, Everette E. (eds) (1995), *Radio: The Forgotten Medium*. Piscataway, NJ: Transaction.

Shingler, Martin and Wieringa, Cindy (1998), *On Air: Methods and Meanings of Radio*. London: Arnold.

Starkey, Guy (2004), *Radio in Context*. Basingstoke: Palgrave Macmillan.

第六章 媒介事件：
YouTube 上被混剪的战争

在过去十年中，发展数字和网络媒体是记忆之媒介呈现发生转变的主要方式之一。

伍尔夫·堪斯坦纳（Wulf Kansteiner）令人信服地认为，在考虑 21 世纪初个人记忆、集体记忆、文化记忆和社会记忆的生产时，我们需要充分拥抱媒体研究的方法和工具，并从提高受众媒介素养的角度来理解这种生产：

> 因此，集体记忆的历史将被重塑为一个复杂的文化生产和消费过程，其承认文化传统的持久性，以及记忆生产者的独创性和记忆消费者的颠覆性利益。（Kansteiner 2002：179）

在写这本书的时候，一种理解媒体和记忆之间关系的新视野正在向我们招手。传播和媒体研究的工具本身已经摆脱了客观批评分析的学术规则。当今的媒体研究人员具有参与性、创造性、富于创新等特质，与此同时也尊重过去传统受众的

媒介与记忆

媒体素养，这些受众积极地参与了知识和信息的消费、生产与传播。这些新媒体公民不仅挑战了专业媒体人士的神圣舞台，而且也是堪斯坦纳所说的巧妙的、颠覆性的记忆创造者。我们不能再把他们称为受众和消费者，而应当把他们称作媒体、文化和社会中积极的、具有批判意识的和富于创造性的公民，他们甚至在最贫穷的情况下也能获得廉价和高效的通信技术（参见 Hopper 2007 关于移动电话在全球迅速普及的论述）。

想想你自己使用屏幕媒体来创造记忆。和你一样，有媒介素养的人们正在自我反思，在同样的实践中生产并整合他们的身份认同。2009 年至 2010 年期间，YouTube 上的"第一支婚礼舞蹈"（"First Wedding Dances"）的爆炸性传播就是一个很好的例子。一方面，这些视频是个人的、自传性质的且感性的，但另一方面，它们是合作的、联系的和富有创造性的。它们也在重新展示主流的、异性恋的和婚姻的霸权话语，证实了文化传统的持续性。这一点堪斯坦纳在上文提到过。因此，本章重点关注个人渴望利用媒体触手可及地表达和消费令人难忘的事件，与批评我们看待这些事件的方式仍然被强大的意识形态影响之间的紧张关系。我们是否只是以新的方式思考旧的意识？我们拥有这些意识是否比拥有这些媒介生产工具更重要？今天的我们用过去的图像、文字、声音和录像做了哪些新的事情？

在这里，我将引用戴扬和卡茨 1992 年出版的《媒介事件：历史的现场直播》（*Media Events: The Live Broadcasting of*

第六章 媒介事件：YouTube 上被混剪的战争

History），杰伊·大卫·博尔特（Jay David Bolterh）和理查德·格鲁辛（Richard Grusin）1999 年出版的《再度媒介呈现：理解新媒体》（*Remediation: Understanding New*），以及安德鲁·霍斯金斯（Andrew Hoskins 2004a）在《从越南到伊拉克的战争转播》（*Televising War from Vietnam to Iraq*）中提出的理论，来理解过去的媒介事件在数字时代是如何被记住和被媒介再现的。无论是戴扬和卡茨（1992）还是安德鲁·霍斯金斯（2004a），他们在发展关于媒介与集体记忆关系的理论时，都无法预见后广播时代给电视直播事件的重新诠释带来的影响。现在，电视和电影档案以切片、拼接、采样的剪辑片段（有些是忠实还原的，有些是创造性的，有的则质量堪忧）的形式存在于 YouTube 上。电视和电影之间的界限已经变得模糊，因为过去的"媒介事件"被业余导演以电影的方式进行再度媒介呈现。学者、政治家、思想家、学生和网民都可以重访 1991 年的海湾战争。例如，在不断缓冲声音和视觉的内存字节中，是合成的美国有线电视新闻网（CNN）镜头和好莱坞电影的各种配乐。

因此，本章分析了 YouTube 通过对档案媒体文本进行创造性编辑，为再度被媒介呈现的历史提供了一个展示平台。这种再度被媒介呈现的历史有些来自广播公司的档案保管员本身，而有些则是以讽刺、游戏和表演的方式对过去进行批评性反思。一些 YouTube 视频博主挪用媒体档案，无视版权，将媒介事件玩弄于股掌之间，用来表达他们发人深省的观点：对历史的媒介呈现一直是（现在也是）少数强势者

媒介与记忆

手中的创造性行为。这就阐释了第四章中谈到的媒体档案的大众化以及第三章中谈到的对媒体机构、形式和实践的利用。媒体公司和有媒介素养的个人一样，都在参与这两个过程。总的来说，它让人注意到迈克尔·罗思伯格（Michael Rothberg）在 2009 年所假设的记忆的多向性，据此我们可以将本章中的例子看作表现"竞争性记忆"（competitive memory）：一个版本的过去被认为是与其另一个版本相矛盾的。我不会对不同版本的媒介化的历史事件（业余的或专业的，事实的或虚构的）做出价值判断，认为哪一个更真实、更准确、更正宗或更有意义。相反，正如罗思伯格极力主张的那样：

> 新比较主义的最大希望在于打开记忆和身份的独立容器，以支持竞争性思维，并意识到比较对象的相互构成和持续转变。（Rothberg 2009：18）

YouTube 所做的是为事件、记忆和身份的独立但相连的容器的生产提供一个平台，并为观众提供作为媒体马赛克（mosaic of media）的集体记忆的持续转变。在战争媒介化的背景之下（Cottle 2002），现在是由用户（和传统媒体时代的观众）来决定真实战争、隐藏战争和虚拟战争的参数。

然而，我们不能忽视 YouTube 背后的社会、文化、政治和企业机构，这些机构允许用户有参与其中的权利，但用户如果违反规则，这些权利就会被剥夺。一方面，互联网的基本准则是以自由信息、开放获取、分享、协作、创造和包容

第六章　媒介事件：YouTube 上被混剪的战争

的意识形态为前提的（见 Charles Leadbeater 2008 和 Clay Shirky 2008）。然而，另一方面，互联网也是世界上管制最严格的媒介空间之一（见 James Boyle 2008）。版权法、数字版权管理、无法访问的数据库和按次付费困扰着用户，并可能使他们陷入在传统媒体中从未遇到的法律困境。当然，对于这些用户来说，保留过去的东西不再是一件昂贵的事情。数字媒体技术提供了廉价的数据存储服务，并在检索以及将数据转变成新的表现形式方面提供了条件以便用户上传视频。数字媒体和移动互联网带来了前所未有的全球可及性和创造（新）记忆的参与感。那么，对侵犯版权的恐惧是否应该阻碍对媒体档案的掠夺以进行创造性使用？那些希望以对自己有意义的方式批判性地表现媒介事件的用户是否应该被禁止这么做，因为他们所消费的镜头事实上并不属于他们？

YouTube 包含了数以百万计的档案媒体录像（其中一些侵犯了版权），是一个丰富的文化生活库。其与传统广播公司不断签署新协议，以便能够利用该网站为怀旧的观众分发档案内容（例如，2009 年与索尼公司的协议，使观众可以在 YouTube 上访问索尼的电影和电视节目）。YouTube 是一种"让一切都在那里"的文化，其以自由表达、日常创新和新媒体素养为特点。然而，它也需要转而支持和维护国家法律框架。内容之所以在 YouTube 上储存和传播，并不是因为它在意识形态上符合本书第四章所说的林恩·斯皮吉尔（Lynn Spigel，2005）有关艺术、商业、行业标准和特殊质

媒介与记忆

量的逻辑,也不是因为它展示了参与式媒体的公共服务价值。相反,一切都在那里,除非它因违反《1998年美国数字千年版权法》(US Digital Millennium Copyright Act 1998)的条款而被通知删除。在那里,从来没有被揭示过的,是用户越来越强烈的讲述和分享民众故事的愿望。正如大卫·林奇的访谈项目(2009—2010)一样,YouTube催生了一种记录日常生活的愿望。因此,通过一系列以媒介事件(如海湾战争)或集体记忆的关键人物(如阿道夫·希特勒)为中心的YouTube视频的关键例子,我将展示替代性的历史版本如何与集体记忆的概念相联系和脱节。关键是堪斯坦纳关于集体记忆的预言是否已经成为现实:

> 叙事能力和历史意识将首次通过完全互动的媒体获得,这将为历史产品的消费者提供一个前所未有的文化代理(cultural agency)。每当我们打开电脑,历史文化就会被彻底改写和重塑。一旦我们跨过这个门槛——我完全期待在这些话发表之前发生——我们的集体记忆将呈现出一种新的虚拟性。(Kansteiner 2007:132)

要理解集体记忆的这种新虚拟性,必须简单考虑两个领域:其一,围绕历史事件(尤其是长期而非单一的战争事件)的媒介呈现或媒介化的背景理论;其二,有关再度媒介呈现的过程的具体理论,即新媒体重新利用旧媒体。

第六章 媒介事件：YouTube 上被混剪的战争

媒介呈现事件

一个国家的成功取决于它促进社会建构和公民投资的叙事，这也许是常识。但这些叙事是如何被制造和记住的呢？媒体和文化档案充满了从战争到足球的胜利故事，在许多社会中被广泛传播和循环利用。特别是世界各地的国家广播媒体，倾向于为本国宣传关于这个国家的一些自吹自擂的故事。当涉及媒介事件时，戴扬和卡茨认为，这些事件打断了正常的日常日程，然后"被动观看变为仪式性参与的角色。反过来，这种参与的深度对大众舆论的形成，对政治、宗教及娱乐机构都具有重要意义。它们还能进一步进入集体的记忆之中"[①]（Dayan and Katz 1992：17）。

我们可以在 1953 年英国女王伊丽莎白二世的加冕仪式上看到这一点。加冕仪式是数百万份电视许可证发行的催化剂，它具有戴扬和卡茨媒介事件理论的所有特征。通过现场传送迄今媒体之外的事件，它垄断性地将日常生活转变为特殊的东西（Dayan and Katz 1992：5）。它超出了普通人的掌握范围，在阶级和文化方面远离大多数人。这也确保了在场的人会记得他们第一次接触电视这种新技术：挂在村里议事所天花板上的小木箱，上面有很小的、几乎看不清的黑白屏

[①] 此处沿用戴扬和卡茨《媒介事件》中译本中的翻译。参见：丹尼尔·戴扬、伊莱休·卡茨著，麻争旗译，《媒介事件：历史的现场直播》，北京：北京广播学院出版社，2000 年，第 17-18 页。——译者注

媒介与记忆

幕。如果你很富有，那么你就可以在自己家里舒适地通过客厅角落的新电视机观看这个活动。因此，电视与记忆有着特殊的关系，斯特肯（Marita Sturken 2002）、米拉·麦克唐纳（Myra Macdonald 2006）、霍斯金斯（Andrew Hoskins 2004a，2004b，2005）和最近的艾米·霍兹沃斯（Amy Holdsworth 2010）都在探讨这个问题。

然而，正如第一章所指出的，在撰写历史的初稿时，电视新闻媒体被认定犯有反历史罪，甚至是技术欺诈罪，如果我们受到关于美国有线电视新闻网(CNN) 在分析海湾战争中的作用的批评评论影响的话。"CNN 效应"（Livingstone 1997）或"CNN 外观"（Bolter and Grusin 1999：189）已经意味着将事件制造成即时的、透明的，并在屏幕上填满了"电视收集事件的力量的可见证据"（Bolter and Grusin 1999：189）。观众对具有历史意义的重大事件的理解和反应是由"处理过的[①]语言和图像所塑造，这些语言和图像提供了一个不那么令人震惊的观点……并产生了一个更容易操控的历史"（Hoskins 2004a：1）。哲学家鲍德里亚声称，我们只是

[①] 原文中，作者使用的是"sanitised"，这也是霍斯金斯和鲍德里亚（英文译本中）常用的一个词。"sanitised"这个词本身的意思是"经过消毒的"或"干净的"。但在此处，作者显然不是这个意思。这里涉及的一个重要学术概念是"sanitization of war"（战争的无害化），简言之是指媒体对战争、对报道素材进行特殊处理从而将战争描述或包装成一种无形的、不流血的、无代价的活动。如此一来，"当代战争及其病态后果被委婉化、非人化和美化"［参见：Eken, E. (2017), Sanitization of war. In P. Joseph (ed.), *The SAGE Encyclopedia of War: Social Science Perspectives* (Vol. 1, pp. 1516–1517). Thousand Oaks：SAGE］。故而，此处将之翻译为更贴合原意的"处理过的"。——译者注

第六章 媒介事件：YouTube 上被混剪的战争

通过高度处理过的电视新闻的媒体－军事综合体看到有针对性的、整齐的、干净的①轰炸。当鲍德里亚在 1995 年的《海湾战争不曾发生》(*The Gulf War Did Not Take Place*) 中这样说时，引起了一场争议风暴。这不是真实的，原因在于他所谓的"CNN 那批人"的"专业和职务上的愚蠢"：那些"扮演着失落影像的冒险家"，"让我们比以前更感到电视的空洞……就这样，每个人都被相继而来、超快步调的伪事件与假言论给赦免了"②（Baudrillard 1995：51）。掩盖战争的现实，忽视在媒体模板和框架之外一直在进行的隐性战争，是"9·11"事件后 21 世纪危机报道的超可见性带来的必然结果。

霍斯金斯在其《从越南到伊拉克的战争转播》(*Televising War from Vietnam to Iraq*, 2004a) 所做的研究中得出结论："由于找到了记录战争和其他灾难的新的和更直接的方法，媒体积累了越来越多的图像，导致了记忆的崩溃。"（Hoskins2004a：135）霍斯金斯批评电视提供的主要是一种"方便的记忆"，因为它掩盖了过去（2004a：135）。然而，摄影理论家苏珊·桑塔格（Susan Sontag）在 2003 年

---

① 鲍德里亚原书中称电视呈现的海湾战争是一种"令对方沦于无助却不摧毁其肉身的'干净'战争"。这里"干净的"（clean）与前文提到的"处理过的"（sanitised）相联系。参见：尚·布希亚著，邱德亮、黄建宏译，《波湾战争不曾发生》，台北：麦田出版社，2003 年，第 47－48 页。——译者注

② 此处沿用《波湾战争不曾发生》中译本之翻译。参见：尚·布希亚著，邱德亮、黄建宏译：《波湾战争不曾发生》，台北：麦田出版社，2003 年，第 61－62 页。——译者注

媒介与记忆

出版的《关于他人的痛苦》（Regarding the Pain of Others）一书中认为，如果一个人要被图像触动，那么"这是一个关于一个人必须看多久，感受多久的问题"（Sontag 2003：122）。我们在拍摄于2001年9月11日双子塔上的那幅名为《坠落的人》的著名照片上停留了多长时间，也是由图像的美学和可复制性决定的。那么，电视这一媒介不允许我们流连忘返吗？传统意义上，雷蒙·威廉斯（Raymond Williams 1975）认为电视是持续流动的，而费斯克（John Fiske 1987）则认为电视是分段的，无论如何，与静止的摄影图像相比，让观众沉浸在电视图像中（无论记录多么方便）的记忆似乎太短暂了。其他形式的媒体是否更适合确保媒介呈现的事件被记住？戴扬和卡茨的电视观众仪式性参与的情况如何，他们不记得参与过吗？如果电视新闻要反驳这样的批评，即它只提供高度风格化的、制造出来的内容，对人类历史上一些最令人难忘的事件进行短暂的、微不足道的报道，那么电视新闻可以做些什么？

战争也许是过去半个世纪以来垄断了媒体播出和消费的媒介事件，或者说它是一系列旷日持久的媒介事件。战争也变得越来越媒介化，且越来越多地被媒体呈现（参见 Cottle 2009）。从越南和柬埔寨的第一场电视战争（1955—1975）到伊拉克和阿富汗的嵌入式记者报道的最新事件，我们发现集体主义是媒介呈现战争的首要原则。正如苏珊·桑塔格在《关于他人的痛苦》中所说，"所谓的集体记忆，并非纪念，而是**规定**：这是重要的，而这是讲述事情经过的事情，还配

第六章 媒介事件：YouTube 上被混剪的战争

合照片把故事嵌入我们脑中"①（Sontag 2003：86）。然而，有多种媒介呈现战争的可能性。在 1968 年臭名昭著的美莱村屠杀中，美国士兵残忍杀害了数百名越南平民，人们通过美国陆军摄影师罗伯特·海伯勒（Robert Haeberle）拍摄的著名的彩色照片直观地记住了这一事件。1969 年 12 月这张来自他个人相机的照片（授权的黑白版本的进攻照片是由他用美国陆军军中相机拍摄的）在全世界的新闻机构发表时产生了重大影响。在这张照片中，妇女和儿童被枪杀，他们残缺不全的尸体堆积起来，散落在两块田地之间的一条乡村小路上：最令人痛心的是那些赤裸的婴儿尸体。海伯勒的照片后来被用于刑事诉讼，作为证明事件发生的证据。媒体充当了证人。

这场发生在世界另一端的"起居室战争"的集体记忆是由以政府和军方为信源的"官方"媒体通过新闻和电视发布的。它把越南平民塑造成缺乏人性的叛乱分子，把参战的士兵塑造成英雄（从 2004 年起，被关押在阿布格莱布监狱和关塔那摩湾拘押中心的囚犯②也有类似的叙述）。来自个人记忆收藏的海伯勒照片为这种叙事提供了反记忆，并对战争的现实进行了媒介化呈现。它标志着对个人记忆进行媒

---

① 此处沿用桑塔格《关于他人的痛苦》中译本之翻译。参见：桑塔格著，黄灿然译：《关于他人的痛苦》，上海：上海译文出版社，2006 年，第 79 页。——译者注

② 阿布格莱布监狱（Abu Ghraib prison）即巴格达中央监狱，它和关塔那摩湾拘押中心（Guantánamo Bay detention camp）均是美国关押伊拉克战俘或恐怖组织成员的军事监狱，在那里都发生了虐囚丑闻。——译者注

媒介与记忆

介呈现的记忆和对集体记忆进行媒介呈现之间的区别。值得注意的是，随着战争的进展，电视在为美国观众提供"战争真实和血腥后果的图像和每日图片"方面发挥了重要作用，这些图像塑造了未来的"军事－媒体关系"（Hoskins 2004a：13-14），尽管通常不像美莱村照片那样生动。一开始，通过电视结构：处理过的图像、编辑、凝练和使用新闻框架，对越南那场成功战役的集体记忆成为可能。然而，这段记忆并没有持续多久（或许是因为这样的官方镜头在信息流中瞬息而逝）。霍斯金斯认为，电视缺乏持久性意味着越南的社会记忆自那以后更多地被海伯勒的图像巩固，也被越南裔美国摄影师黄功吾（Nick Ut）[①]1972年拍摄的摄影作品《越南汽油弹》（*Vietnam Napalm*）作为"记忆的闪烁框架"而巩固（Hoskins 2004a：19）。尽管这些不是当时电视新闻中显示的那种图像（参见广播通信博物馆，"电视上的越南"：http://www.museum.tv），但它们已经覆盖了电视记忆［通过电影，例如1978年的《猎鹿人》（*The Deer Hunter*）和《回家》（*Coming Home*）］。电视（当时还处于起步阶段）被普遍认为是战争失败和人们对越战老兵的负面刻板印象的罪魁祸首。因此，就战争事件的媒介呈现而言，重要的是要理解霍斯金斯所说的"观看的伦理"（ethics of viewing）。那么我们如何才能"从根本上重新配置

[①] 即美联社摄影师、普利策奖和美国国家艺术勋章获得者黄功吾。其摄影作品《越南汽油弹》展现了被凝固汽油弹波及的小女孩裸身逃难的场面，是越南战争中最为知名的照片之一。——译者注

第六章 媒介事件：YouTube 上被混剪的战争

现有的电视记录"（Hoskins 2004a：10）？一种选择是对事件进行再度媒介呈现。

再度媒介呈现的事件

2004 年，安德鲁·霍斯金斯比较了电视和摄影，认为后者在遗忘面前更有力量和抵抗力。他借鉴了苏珊·桑塔格的作品，认为越南战争的"摄影记忆"提供了"今天萦绕在越南媒介记忆中的视觉图像"（Hoskins 2004a：18）。在《纽约客》中，桑塔格写道：

> 说到记忆，照片有令人印象更深刻的力量（has the deeper bite）。记忆是凝固的，它的基本单位是单一的图像。在一个信息超载的时代，照片提供了一种快速理解事物的方式，以及一种凝固的记忆。（Sontag 2002）

由黄功吾拍摄的 9 岁的小女孩潘金福（Kim Phuc）被凝固汽油弹烧伤的照片在 1972 年就实现了这一点。如果在谷歌图片上搜索，仍然可以看到这种令人难忘的图像在我们的网络媒体生态中移动的速度和这种凝固的记忆。可以说，与电视新闻相比，新闻摄影被赋予了更多的严肃性（在文化和美学上）。它似乎"比动态图像具有更大的文化和历史分量"（Hoskins 2004a：19）。它现在还提供了可以无限复制和标记的图像，通过网络媒体进行传播。相比之下，电视不允许人们随心所欲地观看，他们不能回到图像中去，它的内容并不

媒介与记忆

总是值得存档的,因此图像并没有烙印在个人和集体记忆中。

不过,人们可以不同意这样的一般论点:"电视通过流动而生存,它的传播会减少其信息的特殊性以及它们之间的差异,它的接收会耗尽感知的距离和记忆的抵抗力"(Dienst 1994:33)。至少我现在可以不同意,因为我现在有YouTube,它每天都在对越南战争(无论是过去还是现在)进行再度媒介呈现。在这里,电视不是通过流动或分割而生存,而是通过成为一种记忆而存在。利用YouTube的存档能力,它确保我们可以更长时间地停留在观众当时难以理解的媒介事件的动态图像上。这方面的一个很好的例子是"9·11"事件,它对危机报道的核心提出了挑战,因为记者和新闻播报员努力传递准确的信息,然而观众却已经能亲眼看到事件的真相。这一事件的录像(广播的、专业或业余的和法庭证据)已经成熟到可以进行再度媒介呈现、混剪并再混剪,以便以不同的甚至相矛盾的方式讲述或重述这一事件。

博尔特和格鲁辛在十年前写道,从中世纪的手稿到今天的电脑游戏,整个视觉表现都发生了再度媒介化。他们认为,"新媒体所做的正是他们的前辈们所做的:将自己作为其他媒体的改型和改进版来展示……今天没有任何一种媒体,当然也没有任何一个媒介事件似乎是在脱离其他社会和经济力量的情况下完成其文化工作的"(Bolterh and Grusin 1999:14-15)。黄功吾拍摄的凝固汽油弹袭击的照片在网上无处不在,其随后的渲染图以及当代媒体对潘金福作为已

第六章 媒介事件：YouTube 上被混剪的战争

经四十多岁的加拿大公民兼和平活动家的视觉报道展示了过去和现在之间的相互作用。档案中媒介事件作为一个较早的媒介呈现版本被重新利用，即"从一种媒介中获取一种'属性'并重新使用它"（Bolter and Grusin 1999：45）。这种再度媒介呈现，或者说对以前媒介呈现的再利用，经常发生在互联网上，并已成为渴望以新方式吸引受众的媒体公司存在的理由。它也构成了 YouTube 上严肃内容的支柱：

> （对过去媒介内容的）重新使用带来了必要的重新定义，但媒体之间可能没有有意识的相互作用。如果有的话，这种相互作用只发生在碰巧知道两个版本并能对其进行比较的读者或观众身上。（Bolter and Grusin 1999：45）

越来越多的网络媒体提供了这种相互作用。40 年后，俄亥俄州克利夫兰的《老实人报》（*The Plain Dealer*）使用出生于克利夫兰的罗伯特·海伯勒的照片再次呈现了美莱村屠杀的故事，并通过数字化档案记录了自己对该图像的媒体呈现。读者/观众可以将 1969 年报纸的头版扫描的原始图像与最近对海伯勒的采访进行比较。我们有他对大屠杀这一事件参与和拍摄，销毁同行士兵杀戮行为照片，还有他对自己作为有罪的参与者的反思（Theiss 2009）的个人记忆。因此，我们可以在一幅摄影作品上停留更长时间，了解其生产和消费的背景，以及它在一段时间内所体现的创伤。黄功吾 1972 年拍摄的《越南汽油弹》照片也是如此，英国广播公

171

媒介与记忆

司新闻网在 2010 年 5 月 17 日对这张照片进行了再度媒介呈现，展示了潘金福与曾帮助援救她的英国独立电视新闻公司（ITN）记者克里斯托弗·怀恩（Christopher Wain）的重聚。文章介绍了怀恩对这一事件的个人记忆，并为读者/观众展示了潘氏金福伸出双臂尖叫的原始黑白照片，这与她在英国广播公司演播室里微笑着与怀恩握手的图像之间形成相互作用。

有趣的是，因为通过 YouTube 重新利用了电视新闻档案，重新定义越南战争中这种最令人难忘的照片是可行的。在接受英国广播公司采访时，韦恩透露说：

> 我们当时缺少胶卷，已故的伟大摄影师艾伦·唐尼斯（Alan Downes）担心我要求他浪费宝贵的胶卷来拍摄那些惨不忍睹的照片，这些照片太可怕了，无法使用。我的态度是，我们需要展示它是什么样子的，而且为了保持 ITN 长期以来的公信力，ITN 拍摄了这些照片。（Lumb 2010）

与普利策奖获奖照片相比，这段新闻节目对 1972 年观看它的人来说可能并不难忘。然而，现在可以在网上看到的黄功吾的照片和摄影师的录像之间的相互作用重新定义了有关越南战争的文化记忆。当我把这张照片与上传到 YouTube 的英国独立电视新闻公司资源库（ITN Source），与同一事件的档案录像（"越南录像带 2，专题的越南汽油弹，TX 9.6.72：Kim Fuc"，网址是 http://www.itnsource.com）放

[114]

第六章　媒介事件：YouTube 上被混剪的战争

在一起时，照片开始变得不那么有吸引力了。值得注意的是这两种媒介对同一事件的表述之间的差异。

保罗·格兰吉（Grainge 2002：76）指出："黑白照片有一种体现真实性的品质"，黄功吾拍摄的黑白照片表现了 9 岁的潘金福的视觉记忆，她在恐惧中奔跑、皮肤在燃烧的情景被凝固在时间中。就像"9·11"事件中那个从双子塔上坠落的人一样，脆弱无助的潘金福被记录在照片中，观众可以花时间想象这张照片拍摄前后她所遭遇的恐怖画面。众多新闻讨论区都反复指出，这是一张标志性的新闻图片。然而，在 YouTube 上，我可以在电视档案片段上停留，并了解黄功吾图像框架之外的背景信息。我可以仔细研究唐尼斯摄像机中 1 分 32 秒的镜头（因为我在 1972 年还没有出生，所以没有当时的记忆可以与这段镜头匹配）。我可以反复播放它，以揭示事件的背景和发展。这段录像是彩色的，没有新闻叙事，唯一的声音是环境的声音：头顶上的飞机，轰炸，孩子们用越南语喊叫，一个女人在哭泣。奇怪的是，当我第一次看这个片子时，我以为是在演戏。我的文化记忆被黄功吾的黑白照片固化，以至于彩色的电视新闻镜头让我感到太过现代，不可能是真实的。当镜头拉近至道路上的爆炸时，在第 50 秒的时刻，镜头切换到潘金福与其他孩子一起逃跑，军队人员跟在后面。奇怪的是，在那一刻潘金福看起来并不害怕，也许是受到了惊吓，却很平静，并从工作人员那里接受水和其他援助。在 1 分 15 秒处，摄像师拍摄到了最令人不适的镜头。潘金福的祖母抱着奄奄一息的小孙子，他的身

媒介与记忆

体上挂着烧焦的皮肤。镜头展示了皮肤的特写。当她经过时，镜头跟随并记录了她独自啜泣，挣扎着抱起孩子走向路障和围观的人群的场景。

照片和 ITN 录像之间的相互作用更加可能，因为我能够在电脑屏幕上比较这两种表现形式。我暂停并播放电视新闻片段，将照片和新闻相互对比。"新媒体的新意来自它们重新塑造旧媒体的特殊方式，以及旧媒体重新塑造自己以应对新媒体挑战的方式"（Bolter and Grusin 1999：15）。存档的新闻录像通过使用来自新闻广播公司的录像重新教育和重新思考过去的经典瞬间，从而逆向设计了我们对过去的理解。YouTube 为这个再教育的过程提供了平台。虽然黄功吾是作为战争摄影师的"明星证人"（Sontag 2002），但重新利用电视来重复和重演该事件为记忆提供了基石：

> 事实上，电视的重演更接近于记忆不是作为一种稳定的力量而是作为一种不断重写的剧本而运作的流动方式。重述对于记忆来说是至关重要的；事实上，重述是记忆的定义性特征。我们通过复述它们，重新思考它们，来记住事件。（Sturken 2002：200）

那么，今天 YouTube 上的战争是如何被再度媒介呈现的呢？

第六章　媒介事件：YouTube 上被混剪的战争

YouTube 上的混剪战争记忆

在 2008 年的美国总统选举活动中，共和党提名人麦凯恩（John McCain）概括了一个由越南战争定义的国家集体记忆。作为一名海军飞行员，他在 1967 年被击落并被越南民主共和国军队俘获，直到 1973 年之前都是战俘。2007 年，他出席了在南卡罗来纳州举行的退伍军人聚会，并在海滩男孩乐队（Beach Boys）的《芭芭拉·安》（1961）的旋律中向观众唱道"炸弹炸弹，炸弹，轰炸伊朗"。这一事件的视频剪辑可以在新闻网站和 YouTube 上找到。不知不觉中，麦凯恩创造了自己对媒体文本的即兴再利用，向众人开了一个政治玩笑。若是在十年前，代表观众发言的媒体评论员会对麦凯恩在当地或全国范围内的表现进行批评和分析。但在 YouTube 时代，麦凯恩的"轰炸伊朗"笑话成了著名的混剪（mashup）作品。通过将麦凯恩的笑话加入海滩男孩歌曲的旋律，并填入新的歌词，它被观众重新组合，试图进一步制造一个与政治相关的笑话，批判性地反思集体记忆是如何流传和凝聚的。YouTube 用户"letsplaytwister"于 2007 年 4 月 20 日上传了一首名为《轰炸伊朗》的歌曲，这当然来自麦凯恩的笑话，且在麦凯恩的丑闻成为新闻的两天后爆红。该视频提供了这首歌的创意版本、完全版本和讽刺版本。视频显示，一名年轻男子（一个新的 YouTube 新闻主播）弹吉他唱歌，身后的墙上贴着一面匆忙准备的美国国旗：

媒介与记忆

> 哦，轰炸伊朗，还有巴基斯坦。哦，轰炸伊朗，还有巴基斯坦。你让我躲在地堡里，为我的孩子哭泣。轰炸伊朗。我去了伊拉克和共产主义国家。我不喜欢这些地方，所以要轰炸伊朗。（Letplaytwister 2007）

这种混剪视频在 YouTube 上很常见。网站 akjak.com 上有史蒂文·弗莱雷（Steven Frailey）2007 年创作的著名粉丝混剪"维达系列"，（Vader Sessions）混合了美国演员詹姆斯·厄尔·琼斯（James Earl Jones）在其他电影中的声音片段，并将这些声音剪辑到 1977 年《星球大战 4：新希望》关于达斯·维达（Darth Vader）的场景中。它创造了一种对该情节的新解读，作为种族和政治话语的达斯·维达精神崩溃了。肖恩·威尔森（Shaun Wilson 2009：192）认为，维达系列在表面上可能是"在 YouTube 上贡献另一个流行文化主题混剪的有趣尝试"，但它也创立了一个条件。它不是简单地将一个部分添加到另一个部分，以形成一个新的整体；相反，肖恩·威尔森认为，它形成了"一种叙事的断裂，通过用另一个对话的一部分来取代"，同时"原始图像的加权记忆通过其复现被重新定位"（Wilson 2009：192）。这种对原始记忆的重新定位是很重要的，因为我们以一种新的眼光来看待被媒体呈现的过去。虽然这个例子是关于流行文化的，但它代表了简单的、用户自己动手编辑的、创造性的可能，其可以用于任何媒介文本，从深刻的媒体见证到重新利用虚构电影。一个很好的例子是 2004 年由海施贝格

第六章 媒介事件：YouTube 上被混剪的战争

（Hirschbiegel）执导的关于希特勒生前最后时光的一部电影——《帝国的毁灭》（*Downfall*）。YouTube 上对这部电影的模仿引起了争议风暴，因此康斯坦丁电影公司采取行动将其删除。YouTube 用户则以更多的创新方式回应，利用电影中的场景来混剪希特勒的视频。现在，出现了很多模仿《帝国的毁灭》中希特勒咆哮的视频，以至于一个不懂德语的人看了这些模仿作品后，再去看严肃的原作时会讽刺性地想起这些混剪视频。这确实导致了一个重要的问题，即关于一个历史事件或人物的原始媒体表现和新版本的扩散之间的关系：

> 随着记忆需求的减少，混剪文化可能会使我们的许多日常媒体内容最终被多次重塑，可能造成第一次和第二次媒体呈现的历史从我们的记忆中完全消失，留下被彻底改造的人工制品与被遗忘的历史的不可估量的层次。（Wilson 2009：193）

从混合声音、图像、文字和图形的混剪视频制作者的角度来看，似乎所有媒体文本都是平等的。威尔森指出，集体记忆是过去的一个版本，YouTube 上的人工制品也是昔日的版本，然后被捣碎并重新混合成其他东西，创造出更多版本的过往历史（Wilson 2009：186）。这种"剪辑欲望"，用威尔森的话说，"有可能使记忆肤浅化，因为当各种形式的历史都可以通过几次点击来获取时，人们就很少需要参与记忆了"（Wilson 2009：193）。那么，在集体记忆方面，我们可

媒介与记忆

以看到：通过再度媒介呈现和混剪实现的强大的媒体记忆正在发生什么变化？为什么用户自己动手编辑会产生这些创造性的行为？其结果是重要的还是仅仅只是不忠实于历史与原作的复制品？新的版本是如何与原作进行对话的？

过去的电视新闻文本可以被人们自主选择、下载、编辑和混合，以形成对新闻媒体本身的政治修正主义批判。就像 http://www.foxattacks.com 和 http://www.outfoxed.org 两个网站一样，其中包含的福克斯电视台新闻片段被编辑成批评新闻广播员的政治偏见。类似的项目既可以在 http://www.bravenewfilms.com 上找到，也可以在对过去的报道方式进行本地化的描述中找到，例如在《你在生谁的气？巴拉德/CNN 混剪》（"Who Are you Angry At? A Katrina Ballad/CNN Mashup"）。这些例子的有趣之处在于，视频制作者正试图迫使你更多地关注那些原本连贯的电视新闻文本中的切片，并更多地参与到内容中去。

YouTube 上的一个很好的例子是网友"YodadogProductions"于 2008 年 10 月 28 日上传的《CNN 关于的美国骗局。真正的视频证据！我说真的!》，迄今已有超过 94,000 次观看。它试图挑战 CNN 在对 1991 年海湾战争的集体记忆的塑造中的作用，揭露现任福克斯电视 2 台的记者查尔斯·雅科（Charles Jaco）"所谓的"捏造新闻的广播。从本质上讲，这是一个用户自己动手制作和编辑的视频，阐明了鲍德里亚的论点，即海湾战争既是一场虚拟的战争，也是一种技术欺诈，只有美国有线电视新闻网鉴定过海

第六章　媒介事件：YouTube 上被混剪的战争

湾战争的真实性。在视频里，网友"YodadogProductions"在查尔斯·雅科来自"前线"的报道中加入了字幕，以吸引观众关注这个类似于演播室的环境。镜头中的飞毛腿导弹攻击似乎是假的，而雅科的片段似乎是在嘲笑公众相信这段录像。网友"YodadogProductions"很明确地表示：公众被愚弄了，甚至连美国有线电视新闻网记者都要看美国有线电视新闻网才知道发生了什么。无论其有效性和业余的影片结构如何，这段 YouTube 视频都完成了鲍德里亚在批评当时海湾战争媒介的表现时试图实现的目标。它通过重新制造那些媒介事件来揭露媒介事件的制造过程。它让观众更仔细、更深入地观察媒体文本，而这是传统电视节目由于电视画面的连贯性问题而无法做到的。

练习

在 ITN Source 网站（http://www.itnsource.com）的新闻档案中寻找与战争有关的片段。考虑一下你会如何以创造性的方式使用这些新闻片段。你会如何将这些片段与同一事件的其他媒体文本一起编辑，以制造出不同新闻版本的战争？虽然你不能将有版权的视频上传到在线视频平台，但你可以考虑将来如何在项目中使用这些片段，利用网上越来越多的档案材料重新思考过去的战争和它们的新闻表现。

179

媒介与记忆

深读

Bolter, Jay David and Grusin, Richard (1999), *Remediation: Understanding New Media*. Cambridge, MA: MIT Press.

Cottle, Simon (2009), "New Wars and the Global War on Terror: On Vicarious, Visceral Violence", in *Global Crisis Reporting: Journalism in a Global Age*. Maidenhead: Open University Press, pp. 109 – 126.

Dayan, Daniel and Katz, Elihu (1992), *Media Events: The Live Broadcasting of History*. Cambridge, MA: Harvard University Press.

Hoskins, Andrew (2004), *Televising War: From Vietnam to Iraq*. London: Continuum.

Rothberg, Michael (2009), *Multidirectional Memory: Remembering the Holocaust in the Age of Decolonization*. Palo Alto, CA: Stanford University Press.

Snickars, Pelle and Vonderau, Patrick (eds) (2009), *The YouTube Reader*. London: Wallflower Press.

Sontag, Susan (2003), *Regarding the Pain of Others*. New York: Farrar, Strauss & Giroux.

Sturken, Marita (1997), *Tangled Memories: The Vietnam War, the AIDS Epidemic, and the Politics of Remembering*. Berkeley: University of California Press.

Wilson, Shaun (2009), "Remixing Memory in Digital Media", in Joanne Garde-Hansen, Andrew Hoskins and Anna Reading (eds), *Save As... Digital Memories*. Basingstoke: Palgrave Macmillan, pp. 184–197.

第七章　麦当娜档案：
名人、衰老和粉丝的怀旧情结

　　在前面案例研究的章节中，我们借鉴了通过广播和电视媒体以及 YouTube 等后广播媒体平台阐述记忆的特殊例子。重点是在地方、国家、国际事件或人物方面的历史和记忆的媒介呈现（van Dijck 2007）和媒介化（Livingstone 2008）。随着章节的进展，我们也考虑到了观众在不同范围和不同程度上参与构建媒介化记忆。对于任何一本研究媒体和记忆的书来说，仅仅研究如何对文化和政治历史中的具体事件进行媒介呈现与再呈现会非常容易沦为"表征"（representation）。本书第五章讲述了文化产业的生产，但是没有考虑到粉丝和他们的记忆。事实上，伍尔夫·堪斯坦纳（Wulf Kansteiner 2002）在他有关如何研究记忆的评论中认为，记忆研究热潮的危险之处在于忽视"受众"，转而对记忆相关话语、形式和实践的文本、主体或客体进行分析和观察。作为回应，本章关注流行音乐粉丝以及与此密切相关的著名流行音乐歌手麦当娜。

第七章 麦当娜档案：名人、衰老和粉丝的怀旧情结

我至今还记得麦当娜1984年发行专辑《宛如处女》(*Like a Virgin*)时自己的感受。我作为一个信仰天主教的少女，发现这是一首给人以挑衅感的歌曲，当广播中放这首歌的时候，我会觉得歌词很尴尬。然而，当我1984年看到麦当娜在英国广播公司的音乐节目《流行音乐之巅》(*Top of the Pops*)（1964—2006）中戴着粉色假发、穿着黑金色夹克表演时，我为麦当娜的风格和自信所折服。在过去的25年里，这种矛盾心理一直贯穿了我对麦当娜的关注过程。2010年，我发现年轻的英国学生又穿回了那种风格的时装，而我的同龄人也怀念旧日的时尚风格。如今，当我在麦当娜的YouTube官方频道上观看这段3分半钟的视频或从英国广播公司网站上观看留存下来的当时的音乐录影带时，我能重新感觉到当时的复杂心情。我现在再观看这段音乐视频的时候，更多是用学术眼光来理解麦当娜对性的玩弄，以及她如何表现由文化建构的女性气质。然而，我仍然对这首歌曲及其音乐视频感到怀念，我仍然对它们有强烈的记忆，这影响了我对"成为一个女人"可以做什么和能做什么的想法。

值得注意的是，《宛如处女》在YouTube上有640条评论。其中许多评论表达了对这首歌和作为流行音乐天后的麦当娜的喜爱，但一些评论则大呼麦当娜是"妓女"。还有一些显然是来自歌迷的评论，他们对这首歌曲的制作进行了详细的评论。其中有一条评论特别引人注目，它唤起了我自己的怀旧情结，并和我的这份怀旧联系在了一起：

媒介与记忆

　　一个名为"Coursestudent"的网友1周前评论道：

　　对我来说，她将永远是麦当娜。这是我和世界上大多数人一样第一次真正注意到她的时候。我是一个在天主教学校上学的十岁男孩，刚刚开始感受到"女性"的神奇之处，对我来说她代表了所有的女人。

　　MTV采访她的时候问她在拍摄这段视频时，威尼斯的人们对她有什么看法。她笑着说："你认为他们怎么想？'一个妓女！'我的意思是，好吧，一个穿着内衣跳舞的女孩？"有趣的是，有些词是通用的。(http://www.youtube.com/watch? v = s _ _ rX _ WL100, 2010年8月13日发布)

另一条评论回顾性地分析了保存下来的视频，并重点关注其中的生产文化（production cultures）：

　　一个名为"scottp118"的网友5天前评论道：

　　哇……我打了25年的鼓，我十几岁的时候经常听这首歌……现在我才注意到这首歌的鼓声是多么的美妙（我相信一定是东尼·汤普森演奏的）。我会戴上好一点的耳机，感受他在哪里加入底鼓。在歌曲2分55秒的时候，他的踩镲空间感特别好。他和贝斯手营造了很好的氛围。我为麦当娜挑选了这样的人才而点赞。(http://www.youtube.com/watch?v = s _ _ rX _ WL100, 2010年8月14日发布)

第七章 麦当娜档案：名人、衰老和粉丝的怀旧情结

如何看待网上歌迷的互动并从流传下来的音乐中提取片段且对其展开个人记忆工作？这些评论对学术研究有多重要？麦当娜的事业是如何让粉丝参与记忆和档案的生产的？

流行记忆和流行音乐之间的关系很少引起人们的关注。塔拉·布拉巴赞在《革命的启示：X世代、大众记忆与文化研究》中试图回忆"流行文化、政治、地点和时间之间的紧密关系"（Brabazon 2005：2），这些构成了20世纪70年代以来文化研究的特点。她指出：

> 流行文化是与众不同的，它很少被认为是有意义的或重要的。垫肩和口红、雷朋墨镜、无指手套和威猛乐队，这些记忆之普通性和平庸性对博物馆馆长或历史学家来说没什么帮助。这就是大众记忆研究的作用——把过去的流行文化转化成现在的相关资料。（Brabazon 2005：70）

当然，流行文化无法逃避这样的批评，即它充满了商品文化。因此，当唤起流行文化记忆时，它往往是怀旧的。迈克尔·布尔（Michael Bull）在书中这样写道：怀旧"经常被当作一种结构性的当代疾病，作为文化产业所提倡的一种套路，它不仅要从消费者那里偷走现在，还要偷走过去"（Bull 2009：91）。那么，2010年来自麦当娜官方网站的麦当娜图片项目（Madonna Picture Project）在照片分享网站Flickr上展示了数千张歌迷的磁带/CD/激光唱片/DVD等收藏品、纪念品、宣传品以及照片、贴纸、音乐会门票和复古

媒介与记忆

物品的图片。它是在偷取消费者的过去吗，还是说行业在这里充当了一次流行文化的策展人，为了那些未来研究世纪之交流行音乐的人？这是在流行音乐偶像还活着的时候就建立了他们的遗产产业了吗？

卡林·拜斯特菲尔德（Karin Bijsterveld）和何塞·范·迪克（José van Dijck）在他们的 2009 年出版的著作集《声音纪念品：听觉技术、记忆和文化实践》中将怀旧感当作声音和记忆的重要组成部分，"它们彼此密不可分，互相交织在一起。不仅会通过重复熟悉的曲调和商业上利用怀旧的老歌电台，而且通过原始录音和录音设备交换有价值的歌曲，以及通过收集、归档和上市等文化实践交织在一起"（Bijsterveld and van Dijck 2009：11 - 12）。

因此，一直没有人分析，像麦当娜这样因重塑和创新而受到赞誉的长盛不衰的艺人如何通过粉丝的记忆不断地对他们过往的流行音乐作品进行再解释。问题是不是在于，因为学术研究无法跟上新技术的发展，所以这些新技术被歌迷用来将他们的收藏品数字化给全世界看时会造成过载呢？如果像布拉巴赞所说的那样，"大众记忆是流动的（和有趣的）媒介的混合体"，并且"时间的流逝是不稳定的、脆弱的和充满激情的，而不是客观的、可预测的和线性的"（2005：70），那么就难怪学术界在研究时会避开网上麦当娜粉丝的回忆。本章证明，探索麦当娜的歌迷在网络上对麦当娜的回忆，为研究人们在自己的生活、身份、共享的历史和大众消费文化之间所产生的关联提供了宝贵的数据。

第七章　麦当娜档案：名人、衰老和粉丝的怀旧情结

首先，我们必须留意消费、流行音乐和粉丝领域的关键理论。可以肯定地说，麦当娜的形象是在旧的媒体经济中被制造和重塑的：在流行音乐文化产业中，唱片公司、艺术家和生产文化占据着至高无上的地位，粉丝只是纯粹的消费者。显然，照片分享网站 Flickr 上超过 2000 张麦当娜照片的图片项目是歌迷购买和拥有这些可消费物品的确凿证据，其中巡演门票、杂志封面、CD 单曲和海报类的图片最多（http://www.flickr.com/photos/madonnaphotos/set/）。在定义这样的文化产业时，戴维·冈特利特（David Gauntlett）借鉴了法兰克福学派的理论，特别是西奥多·阿多诺（Theodor Adorno）的著作。

> 阿多诺认为那些作为粉丝（例如匪帮说唱的粉丝）的青少年"叛逆者"只是消费者：买一张 CD 唱片不是叛逆，他只不过就是买了一张 CD 唱片而已。硬汉在家里大音量地播放着刚买的愤怒说唱的新 CD 唱片，他可能会想："是啊！去你的消费社会！"但就阿多诺而言，他也许会说："谢谢你，消费社会，给了我一个可以购买的新产品。这个产品还不错。我之后想购买类似的产品。"（Gauntlett 2002：21）

在这里，受众被归类，被推销，被社会控制。然而，从事媒体研究的学生阅读约翰·费斯克（John Fiske）的《理解大众文化》（*Understanding Popular Culture* 1989a）和《阅读流行》（*Reading the Popular* 1989b）就会知道，当受

媒介与记忆

众在消费时，他们同时也在创造个人的意义（和记忆）；这些意义可能是以集体的形式表达的，但对他们来说却是独一无二的。

通过亨利·詹金斯（Henry Jenkisn 1992，2006a）和马特·希尔斯（Matt Hills 2002）关于粉丝集体性（fan collectivity）闻名遐迩的著作以及安迪·鲁道克（Andy Ruddock 2001）不那么受人关注的研究可以得知，粉丝行为的受众研究中存在集体记忆和个人记忆的概念。在最近的一篇博文中，亨利·詹金斯这位在粉丝文化和参与式数字媒体领域最重要的学者声称费斯克启发了自己的研究。他"致力于让我们更仔细地观察普通人的生活，以及他们如何通过自己与大规模生产的文化的关系来努力维护自己的需求和欲望"（Jenkins 2010）。

费斯克退休后在佛蒙特州当古董商人，他在 2010 年威斯康星大学麦迪逊分校举行的"费斯克问题研讨会"（Fiske Matters Conference）上发表了最后一次演讲。他在演讲中表示，"古董是实体化的提示物，提醒（我们）过去的人曾以不同的方式思考和生活，而且他们经常把这些事情做得有意义并且令人满意……除了当前文化和权力结构，总是有其他的可能性"（Jenkins 2010）。考虑到费斯克的观点，我想说，重点在于理解麦当娜的粉丝如何通过三种关键模式来建构她的档案：记忆、衰老和怀旧。正是通过这些方式，麦当娜的粉丝和观众可以在流行文化中用有意义的方式通过实物或者虚拟物品提醒自己。有时，这些提醒甚至会挑战麦当娜自己

第七章 麦当娜档案：名人、衰老和粉丝的怀旧情结

生产的文化和权力结构。

学术界大多会从女性主义、同性恋理论、多元文化主义和后现代主义的角度来分析麦当娜的作品，其中凯茜·施威滕伯格（Cathy Schwichtenberg 1993）、菲斯与瓦瑟林（Faith and Wasserlein 1997）的研究提供了一些基本的例子。在后者的研究中，瓦瑟林发现歌迷只收集和归档麦当娜的一些特定资料，这些资料里包括大量的唱片和它们的不同版本，但是忽略了麦当娜在生产文化上的成果（1997：186-187）。"在这种情况下"，马特·希尔斯在《粉丝文化》（*Fan Cultures*）中这样写道，"粉丝对相关性或不相关性的分类再现了信息流，这种信息流是麦当娜作为流行偶像商品化的特征"，因此"网络上的粉丝，比如当时的粉丝……实与商品文本的串通一气"（Hills 2002：141）。因此，麦当娜和她的粉丝对她的情感投资之间存在着一种亲密又牢固的关系，这种关系已经存在了几十年。然而，在席尔斯这种开创性发现的八年之后，我们仍然可以在网络粉丝文化中找到详细的记忆并进行归档。正如本章开头引用的 YouTube 帖子所说，粉丝们根本没有忽视文化性质的生产。我们还可以找到麦当娜所在公司主办的数字策展，正如麦当娜图片项目中粉丝文化的存档所证明的那样。

福斯-赫尔南德斯和查尔曼-伊文斯（Fouz-Hernandez and Jarman-Ivens）在 2004 年写道，麦当娜"近年来一直在流行音乐和热舞排行榜上保持着强大的影响力"（2004：xvi）。六年之后，麦当娜依旧不断以新形象示人，但无法像

媒介与记忆

125 福斯-赫尔南德斯与查尔曼-伊文斯所说的那样避免"自我放纵的怀旧情绪"（2004：xvi）。

从2004年的名为"重生之旅"（"Reinvention Tour"）的世界巡回演唱会开始，麦当娜的成功就有着非常明确的策略。随着女性流行音乐名人的年龄增长，这些策略能帮助我们理解媒介和记忆之间的关系。录制混音视频、引用她过去发行的音乐、重新利用20世纪80年代的时尚和文化、对老歌进行重新编曲和演绎、在她的视频中使用档案媒体、音乐理念和政治主题的重复出现、在她的工作和私人生活中都加入美国和英国的历史特色，以及保持年轻的自我——这些都唤起了媒体和记忆，而且随着音乐视频和粉丝网站的增加，粉丝可以观看她过去很多活动的影像记录。值得注意的是，歌迷和非歌迷对麦当娜事业的情感和记忆的投资是至关重要的。亨利·詹金斯在1992年出版的《文本盗猎者：电视粉丝与参与式文化》（*Textual Poachers：Television Fans and Participatory Culture*）中从爱的角度看待这个问题，并用"天鹅绒兔子"①的寓言故事描述了阿多诺关于文化如何被商品化和通过爱的记忆使文化变得有意义的粉丝之间的复杂张力。

从玩具制造商的角度来看，他希望保留毛绒玩具的原貌，天鹅绒兔子松动的关节和缺失的眼睛代表着蓄意

---

① "天鹅绒兔子"是美国经典童话故事，故事讲述只要真心去爱天鹅绒兔子，它就会成真。——译者注

第七章 麦当娜档案：名人、衰老和粉丝的怀旧情结

> 破坏……然而对男孩来说，这些都是饱含深情的记忆的痕迹，是他把玩具抱得特别紧并且经常抚摸它的证据。总之，这是天鹅绒兔子受到喜爱并经常使用的标志。（Jenkins 1992：51）

商业化的麦当娜档案投资项目（比如麦当娜的图片项目）标志着对普通人的点滴奉献及其投身于策划流行文化的愿望之认可。因此，在接下来的章节中，我想仔细研究粉丝们是如何对名人产生印象的，并探索麦当娜是如何被记住的。

模式1：名人与记忆

谷歌趋势（Google Trends）[①] 会记录下互联网的内容，麦当娜登上趋势的频率一般比较稳定，只有在她职业生涯中的关键时刻会获得更多的关注。如2005年年底发布专辑《舞池告白》（*Confessions on a Dancefloor and Rolling Stone*），加上其2003年的电音专辑《美国生活》（*American Life*）反响不佳后，被《滚石》杂志讽刺"她是如何找回感觉的"（2005年12月1日）。2008年年中，谷歌趋势列出了麦当娜的六个关键时刻，从外遇到离婚，再到收养马拉维的孤儿。有趣的是，"流行天后"一词于2006年年初麦当娜"重生

[①] 谷歌趋势是谷歌公司的一款网络搜索数据分析工具，可显示搜索话题的热门程度。——译者注

媒介与记忆

之旅"巡回演唱会之后在谷歌趋势上出现了一个强烈的峰值。2009 年，尽管新一代女艺人的竞争越来越激烈，但麦当娜仍然保有这个称号。

在日新月异的媒体环境中，受众的分类更细，娱乐产业依据长尾理论做到了量身定制。在这种情况下，对某个集体产生认同感是更为合适的做法。卡洛琳·卡洛维－托马斯（Carolyn Calloway-Thomas 2010：130）将以名人为中心的粉丝社群定义为"集中的存在"（centred existences），确保名人被过去的集体愿景锚定在时间之上。了解麦当娜早期一些创举不仅可以使粉丝的身份合法化，还能让他们在很长一段时间内作为追随者的身份合法化。从 17 世纪约翰·洛克的著作到今天，了解一个人过去的能力对于理解这个人至关重要："我就是我记得的那样。"（Misztal 2003：133）因此，网络上的许多粉丝网站和讨论板块都围绕着麦当娜合法化，认为这对铭记和庆祝很重要。YouTube 上充斥着发帖人之间的争论，他们讨论哪首歌曲最好，麦当娜与 Lady GaGa、碧昂丝或布兰妮相比如何，麦当娜的标志性形象是什么，以及她作品的哪些部分（音乐、电影、书籍）应该为人所熟知。随着麦当娜年龄的增长，粉丝在媒体上对她表达了纪念，并确保她早期的作品被记住，即使她以一个 50 多岁的流行音乐偶像的新形象示人。

麦当娜的 YouTube 官方频道（华纳兄弟唱片公司，1982—2009）为这位流行天后搭建了一个平台，上传了她最令人难忘的一些音乐视频、舞台表演和访谈片段。该频道创

第七章　麦当娜档案：名人、衰老和粉丝的怀旧情结

建于2005年10月31日，在撰写本章之际该频道的浏览量已超过600万，上传视频的总浏览量则超过5,600万。这个频道上共有47个视频，其中观看次数最多的视频是《欢庆会》（1,100多万次播放）、《给YouTube的消息》（600万次）、《交给我》（500多万次）、《变得愚蠢》（100多万次）和《风尚》（100多万次）。2009年发行的最新专辑《欢庆会》（*Celebration*）是麦当娜的第三张精选专辑，也是她在华纳兄弟唱片公司厂牌下发行的最后一张专辑。它包含了她以前发行过的许多歌曲，但它也是一个令歌迷难忘的媒介文本档案。在本章其余部分更深入地分析专辑《欢庆会》的反响之前，必须先说说名人与记忆的模式是如何在最近的学术研究中出现的。

当2010年迈克尔·杰克逊的死讯传出时，《名人研究》（*Celebrity Studies*）期刊恰好在这一时期崭露头角。其第1卷第2期的《名人论坛》（"Celebrity Forum"）栏目专门刊登了八篇文章，从名人、记忆、哀悼、媒介事件、相似性、怀旧和遗忘等方面关注堪称流行音乐之王的迈克尔·杰克逊。加尔德－汉森将戴安娜王妃（1997年）和杰克逊（2009年）的死讯进行对比，从全球记忆的角度探讨了名人的问题。在杰克逊猝然辞世的那一天，网友对"迈克尔·杰克逊"这个名字的搜索量激增以致谷歌崩溃。谷歌是控制着网络上75%的可搜索内容的搜索引擎，用户搜索迈克尔·杰克逊的次数在其图表上展现出了压倒性的高峰。加尔德－汉森对互联网上粉丝和非粉丝的讨论帖子进行了详细的分

媒介与记忆

析，结果表明，通过网络媒体纪念名人的行为已经发生了深刻变化。"那时还不流行在社交媒体上发布新闻，公众的成千上万的帖子……是创造性的、批判性的、争论性的，很多时候与民众对名人离世新闻的普遍反应完全相反"（Garde-Hansen 2010：233）。作为一个名人，全球情感在数字媒体中变得可以衡量，他的档案以联系或不被联系的方式为人们铭记和哀悼。

麦当娜根本没有死，甚至距逝世还有很长的年限，然而对她的记录、纪念和缅怀已然开始。对于《欢庆会》这张专辑，《休斯敦纪事报》（*Houston Chronicle*）的乔伊·格拉（Joey Guerra）称，"《欢庆会》中的每首歌都定义了一个时间点，跟唱电台播放的歌曲，在宇宙球灯下旋转。这些活生生的例子都证明了麦当娜在流行音乐上的实力经常被忽视。《欢庆会》也标志着一个时代的结束：这是 1982 年以来麦当娜在华纳兄弟公司发行的最后一张唱片"（Guerra 2009）。事实上，正如安娜·卡洛斯基·耐勒（Anna Kaloski Naylor）在 2010 年发表的《迈克尔·杰克逊的后自我》（"Michael Jackson's Post-Self"）一文中所论述的那样，名人在世时产生的后自我（post-self）决定了他们在去世时将如何被媒体铭记。杰克逊试图用他的视频（1982 年的《战栗》和 1992 年的《铭记那一刻》）和在公共场合躲在面具后面的行为来确保一个发光和永恒的后自我（Naylor 2010：251），麦当娜则通过自己和她的粉丝创造性地使用她的档案来实现这一目标。

在明星和她的粉丝共同创造关于麦当娜的档案的过程

第七章 麦当娜档案：名人、衰老和粉丝的怀旧情结

中，一个很好的例子就是（粉丝）会模仿、复制或像麦当娜一样表演。关于粉丝对猫王的模仿，马特·希尔斯指出：

> 它是一个项目，代表了对档案的依赖（猫王在舞台上穿的连体服和服装的精确编号、猫王的形象、他的舞台表演节目单和常规化的细节），并求助于一套强大的记忆，即那些粉丝**作为粉丝**的生活经验。(Hills 2002：128)

同样，林肯·格拉蒂（Lincoln Geraghty）在 2007 年的《与星际迷航同在：美国文化与星际迷航宇宙》(*Living with Star Trek: American Culture and the Star Trek Universe*) 中写道："记忆也是粉丝与《星际迷航》进行文本互动的一个重要功能：他们写下了这个系列在过去帮助他们克服困难的时刻，或者他们记得他们第一次看到《星际迷航》的确切时间（2007：171）。"这就是兰兹伯格所说的"假肢记忆"的概念（如第一章所述），在这里我们看到"记忆的生产和传播与一个人生活的过去没有直接联系，但对主体性的生产和表达至关重要"（Landsberg 2004：20）。

因此，模仿麦当娜、致敬麦当娜、专业的麦当娜造型、穿着麦当娜职业生涯关键时刻的服饰（"金发雄心"巡回演唱会上穿过的高缇耶牌锥形胸罩是化装舞会上最具代表性的服装之一）以及对麦当娜的认同，这些都是将粉丝（男性或女性）与流行明星在情感上、身体上和记忆上联系起来的令人愉悦的体验。这些都是"由大众媒介描述的经历产生的感性记忆"（Landsberg 2004：20）。认识到名人和记忆

媒介与记忆

之间的联系是真实的这件事，可以帮助我们在某些时候——如本章开头引用阿多诺的观点的背景下——认清什么更重要，对我们在纯粹的集体中思考记忆时也起到一定作用。"商品化是大众文化特征的核心，它让生活在不同地方，有着不同背景、种族和阶级的人都能轻松运用图像和文字描述"，这在情感上和政治上都很重要（Landsberg 2004：21）。兰兹伯格认为，尽管这种"假肢记忆"是基于麦当娜和媒体对她的描述形成的文化，但它"产生了移情"并"与过去感性接触"（Landsberg 2004：21）。网上有很多例子，复古音乐论坛的讨论区、一般的流行音乐粉丝网站、麦当娜粉丝网站，如 madonnalicious.com 和 madonnatribe.com，脸书和 MySpace 上的社交网络资料和团体，当然还有歌迷的个人博客，下面是一个典型的例子：

> 我一直是麦当娜的粉丝。当《宛如处女》发布的时候，我就成了忠实的歌迷。我有她所有的专辑和电影。她是狮子座的。我们有相同的上升星座，处女座。我们很爱吹毛求疵，爱挑剔，担心健康，努力工作。而且我们看起来比实际年龄小。她看起来不是 52 岁。她看起来才 35 岁。向天后致敬！（2010 年 8 月 24 日，下午 12 点 55 分，http://prince.org/msg/8/342161?jump=15&pg=1）

粉丝和麦当娜之间建立的情感和记忆的联系不仅对粉丝的主体性很重要，对名人构建持久的身份也很重要。这意味

第七章 麦当娜档案：名人、衰老和粉丝的怀旧情结

着名人在与粉丝的互动中不断地对自身的后自我做出贡献。如果明星的价值可以用社会学中定义的"象征性不朽"（symbolic immortality）来衡量（见维吉伦特和威廉姆森对罗伯特·利夫顿的基础概念的评价，Vigilant and Williamson 2003），那么麦当娜和她的粉丝通过粉丝/名人的记忆工作则在当下不断产生她的身后价值，就像在迈克尔·杰克逊和猫王身上发生过的事情一样，主要表现在以下方面：

- 麦当娜追求保持青春和不老［"她是否已经从女歌手过渡到女神了？"西蒙·杜南（Simon Doonan）于2008年在法国时尚杂志《她》中问道］。
- 通过她的母亲身份和慈善工作（她亲生的和收养的孩子）。
- 通过她的创造力（音乐、电影、出版）。
- 通过精神和宗教图像［卡巴拉（Kabbalah）］。
- 通过超越（她明显掌握了资历、音乐产业、性和年轻男性）。

让我们来看看最后一点——超越，并从她的过往经历中找到相关经历。这一点在她2005年后的视频中体现得最为明显。在这些视频中，麦当娜用紧身衣、热裤和高筒靴强调了她性感、曼妙和年轻的身体。例如，在《欢庆会》这首歌曲的视频中，摄像机被放在地板上，歌手在观众视角上方律动。麦当娜呈现出强大的女性姿态，她的装扮和20世纪80年代

媒介与记忆

的有氧舞蹈①一如她过去的迪斯科风的视频,这些都有助于创造新的青年市场和勾起粉丝的怀旧情绪。在《W》杂志(2009年3月)中,她在照片里像一头富有掠夺性的美洲狮,她的欲望对象是23岁的吉瑟斯·鲁兹(Jesus Luz)②,在这两个例子中,她都被认为是在控制时间(和男人)。那么,麦当娜看似超越衰老的表现与粉丝们如何记住她之间有什么联系呢?

模式2:衰老

戴维·冈特利特在《麦当娜的女儿:女孩的力量和被赋予权力的女孩——流行音乐的突破》("Madonna's Daughters: Girl Power and the Empowered Girl-Pop Breakthrough")一文中写道:从布兰妮·斯皮尔斯到P!nk③,可以说"今天的女明星都要感谢麦当娜"(Gauntlett 2004:161)。

她们听着麦当娜的歌长大,她们自己实际上是在对麦当娜的表演、风格、时尚、音乐主题、视频、图像和档案进行修改并再利用。高特莱特的论文标题将麦当娜与母性、精神上和物质上的遗产联系在一起,通过传递知识敞开了使年轻

---

① 即一种节奏快、有力量感的舞蹈。——译者注
② 鲁兹是巴西男模特,以在时尚杂志《W》上与麦当娜热辣的封面图片而闻名。——译者注
③ 布兰妮·斯皮尔斯,即美国流行歌手"小甜甜布兰妮"。P!nk,即美国创作歌手艾蕾莎·摩尔(Alecia Moore)。——译者注

第七章 麦当娜档案：名人、衰老和粉丝的怀旧情结

女性艺术家获得成功的大门。这方面的一个很好的例子就是布兰妮 2003 年的歌曲《被音乐主宰的我》("Me Against the Music")。这首歌的音乐录影带致敬了麦当娜，麦当娜作为导师出现又消失，萦绕于年轻的布兰妮的表演。[①] 因此，麦当娜的衰老是了解观众如何参与她的档案的关键途径。一方面，电视剧《疯狂电视秀》(*MadTV*) 对布兰妮的曲目进行了夸张的喜剧性模仿，模仿作品名为《被麦当娜主宰的我》("Me Against Madonna")，讽刺这位年长的导师是跟踪狂吸血鬼，吸走了年轻女艺人的青春。另一方面，英国《每日快报》（2010 年 8 月 16 日）写道："寿星麦当娜在伦敦沟案小屋举行 52 岁生日派对，她看上去只有实际年龄的一半。"这篇报纸文章翻出了她的经历并加以引用：

> 那个女孩是谁？迷人的麦当娜在 52 岁时看起来格外惊艳：在她的 52 岁生日派对上，麦当娜证明了年龄并不重要，她就像在年轻时的庆祝活动中一样炫耀着自己。原先的"拜金女郎"身穿一条曲线毕露的银色连衣裙，身材好到二十多岁的人如果有她那样的身材都会忍不住自豪的地步……流行音乐天后的脖子上还佩戴着

[①] 音乐录影带开始时，布兰妮走进一家夜店，麦当娜的档案影像则出现在这家夜店墙上挂着的几台电视机上。随后，画面出现了布兰妮与麦当娜热辣的斗舞场面。最后当布兰妮试图亲吻麦当娜时，麦当娜消失了。显然这个音乐录影带表现出当时一位新一代流行音乐天后（布兰妮）对另一位曾经万众瞩目的流行音乐巨星（麦当娜）的致敬。这也是为何本书作者会在描述这段音乐录影带时使用"萦绕于年轻的布兰妮的表演"这种表述。——译者注

199

媒介与记忆

标志性的十字架。

"流行天后"(Queen of Pop)标志着一种威严和随年龄增长的女性气质,这种气质近来在名人中存在较为普遍。例如,海伦·米伦(Helen Mirren)和朱迪·丹奇(Judi Dench)都被"归类"为"贵族人士"或英国上流社会人士。[1] 麦当娜在纪录片中把自己描述为"女王",还有粉丝网站http://www.queenmadonna.com,许多 YouTube 上的音乐混搭作品都以"麦当娜:流行音乐女王""迪斯科""世纪"或"重塑"为题。这种优越的地位对于粉丝对她形象的依恋很重要,因为她形象的持久性取决于她文化价值的个人和集体记忆。在构建不朽的象征方面,2010 年麦当娜通过她导演的关于 1936 年国王爱德华八世退位的电影《W. E.》进一步巩固了自己的"王室"地位。像女王伊丽莎白二世一样,如果她要维持她的人气,那么令人怀念、留下精神上的遗产、走复古风和搜罗过往档案记录是必不可少的。

在她的大部分宣传照片、音乐录影带以及为奢侈品牌杜嘉班纳(Dolce & Gabbana)和时尚杂志《W》拍摄的照片

---

[1] 1945 年出生的英国著名女演员、奥斯卡影后海伦·米伦曾多次扮演英国女王、丹麦女王,她甚至在科幻片《胡桃夹子与四个王国》中扮演了虚构的姜母女王。1934 年出生的英国著名女演员、奥斯卡影后朱迪·丹奇则以扮演众多历史片中的英国王室成员或贵族而闻名。她也是一位扮演女王的"专业户",如在《布朗夫人》和《维多利亚与阿卜杜勒》中扮演维多利亚女王,在《莎翁情史》中扮演伊丽莎白女王。她自己甚至在现实生活中被英国女王授予勋位。无怪乎本书作者认为二人均被归类为贵族人士或英国上流社会人士。——译者注

第七章　麦当娜档案：名人、衰老和粉丝的怀旧情结

中，麦当娜展现出为保持青春而锻炼身体的成果，同时也不断受到批评。她对自己的时尚和过往音乐的再利用让那些听着她的歌长大的人们怀念自己在20世纪80年代的年轻身体和经历。这是通过精心的照明、摄影、发型、妆容和时尚来实现的，这些都是对过去风格（见 Bolter and Grusin 1999）的（对她自己和其他人的）补救。麦当娜小心翼翼地在她自己年岁渐长的身体和面容上创造着并表演着关于她自己和她过去形象的记忆。这与格雷森·库克（Grayson Cooke 2009）最近在《化妆的面容：与时间斗争的技术和档案》（"The Cosmeceutical Face: Time-Fighting Technologies and the Archive"）中的论述相吻合。在这篇文章中，库克指出"在美容行业和社会对性别、年轻和美丽有所期望的背景下，容貌也会被记录下来"。我们希望麦当娜的皮肤、脸庞和身体能够与时间抗争，忘记衰老，保存在过去的影像中，让我们回忆起自己年轻时候。有趣的是库克对注射肉毒杆菌（流行在名人群体中的一种常见外科美容术）的想法，即通过冻结面部肌肉将脸部保存下来，和麦当娜毫无岁月痕迹的面容一对比就显得重要起来。

131

> 打了肉毒杆菌的面容的未来，也是保存容貌的未来，如此一来，有关容貌的档案记录就显得没什么用处了；通过冻结面部肌肉和减少面部的表达能力，过去的档案记录被擦拭干净的同时，容貌的未来也被清空了……肉毒杆菌在这里是对实时记录和消除的一种主动

媒介与记忆

遗忘。(Cooke 2009)

因此，如果麦当娜老了，我们也就老了，因此我们经常意识到自己的死亡，或者像珍·莫尔（Jan Moir）2008 年在英国《电讯报》上所说的那样："麦当娜今年快 50 岁，她为女性设定了一个可怕的新的身体基准……她已经成了超级抗衰老的样板，而这种卓越的抗衰效果只有最好的诊所才能提供。"（Moir 2008）一个很好的例子是，2009 年年初不知名网站 ATRL 上麦当娜未经修饰的图片揭露也记录了大众对衰老的恐惧和对充满活力的流行文化的回忆。正如维克托·迈尔－舍恩伯格（Viktor Mayer-Schönberger）在 2009 年的著作《删除：数字时代遗忘的美德》（*Delete：The Virtue of Forgetting in the Digital Age*）中警告的那样，"对过去行为的完美回忆"的"全面的数字记忆"现在可以被"像谷歌这样的信息处理器"访问、存储和检索，"整个人暴露在陌生且不宽容的公众面前"（Mayer-Schönberger 2009：197）。[①] 粉丝和非粉丝对年迈的麦当娜图片的反应很残忍，以至于她在许多粉丝网站和讨论区被粉丝"黑"为麦奶奶（Oldonna）和恐龙（Vadgesaurus）。维克托·迈尔－舍恩伯格认为这种数字记忆破坏了遗忘的重要作用，对麦当娜的事业产生了反作用。粉丝们想记住旧媒体经济时代的麦当娜——那时她年轻、充满性能量并且商业化。

[①] 此书有中译本，参见：迈尔－舍恩伯格著，袁杰译，《删除：大数据取舍之道》，杭州：浙江人民出版社，2013 年。——译者注

第七章 麦当娜档案：名人、衰老和粉丝的怀旧情结

那是一些令人讨厌的狗屎。说真的，我是她的一个超级粉丝，但麦当娜已经失去了那些让她成为超级明星的东西。她显然认为胯部镜头和裸体照片仍然很酷，但说真的，谁想看这个？？我希望她的表现和她的年龄相符，同时专注于制作一张好专辑。（发表于2009年1月18日的第15号帖子，"麦当娜巡回演唱会刊物中的裸照啊啊啊啊啊啊！", http://atrl.net/）

在这里，粉丝们要求他们喜欢的名人展现出如教科书一般的年轻，使粉丝可以从他们身上获得快乐，回避衰老和死亡的现实。

模式 3：粉丝的怀旧情结

在《融合文化：新媒体与旧媒体的冲突地带》(Convergence Culture: Where Old and New Media Collide) 一书中，亨利·詹金斯从商品文化的角度探讨了情感和记忆。他从2003年可口可乐公司的营销活动中吸取了"至爱品牌"（lovemarks）[①] 和情感资本（emotional capital）的概念，这种活动寻求新的联系受众的方法（Jenkins 2006b：68）。情

[①] 广告学中的"爱标"理论由凯文·罗伯茨（Kevin Roberts）提出，认为少数被人们尊敬和爱戴的品牌已经成为"爱的标记"，人们与之产生了深刻的情感联系。在翻译过程中，译者沿用《融合文化》商务印书馆中译本的译法，将"爱标"对译为"至爱品牌"——译者注

媒介与记忆

感影响、体验式营销和强化感情使"娱乐内容——还有品牌信息——打破'噪音干扰'而令消费者难以忘记"①（Jenkins 2006b：69）。詹金斯引用了可口可乐公司总裁和萨奇广告公司全球 CEO 的话，他们都对情感资本提出了同样的观点："市场营销人员"需要"开展多种感觉并用（以及多媒体并用）的体验，以创造出更鲜活的印象，开发故事情节的力量以塑造消费者的认知"②（2006b：70）。像可口可乐这样的品牌显然已经从名人/粉丝的相互关系中学到了一些东西。像麦当娜这样的明星是创造和促进与粉丝"核心情感关系"的品牌，对名人遗产的投资和对产品的深度参与，上述所有都有赖于个人和集体记忆的参与（Jenkins 2006b：71）。

关于"怀旧"，斯维特兰娜·博伊姆（Svetlana Boym）写道，"（这个词由 nostos 即'回家'和 algia 即'渴望'组成）是对一个不再存在或从未存在过的'家'的渴望。怀旧是一种失落和流离失所的情绪，但是它也是一种自我幻想的浪漫"（Boym 2001：xiii）。可口可乐公司知道这一点，因此他们制作了一个遗产项目，利用怀旧来讲述可口可乐的故事（http://www.thecoca-colacompany.com/heritage/stories/）。

---

① 此处沿用《融合文化》商务印书馆中译本的译法。参见：亨利·詹金斯著，杜永明译，《融合文化：新媒体和旧媒体的冲突地带》，北京：商务印书馆，2012年，第121页。——译者注

② 此处沿用《融合文化》商务印书馆中译本的译法。参见：亨利·詹金斯著，杜永明译，《融合文化：新媒体和旧媒体的冲突地带》，北京：商务印书馆，2012年，第122页。——译者注

第七章 麦当娜档案：名人、衰老和粉丝的怀旧情结

在这里他们重新讲述了童年的记忆、与家人的回忆、对家的记忆、与朋友在一起的时光和许多浪漫的故事，这些都展示了产品是如何影响人们的生活的。博伊姆在 2001 年出版的《怀旧的未来》(The Future of Nostalgia) 一书中认为，怀旧"是全球文化的一个特征"，"娱乐业推销的怀旧物品过多，其中大部分是甜蜜的现成品，这种行为反映了他们渴望驯服时间，并且对时间无法商品化感到恐惧"（2001：xvii）。那么，歌迷是如何渴望和向往麦当娜的？麦当娜代表的产业又是如何满足他们对甜美的现成品的渴望的呢？

在 20 世纪第一个十年的末尾，我们可以在近来 20 世纪 80 年代时尚的再次流行和对 80 年代媒介的回收利用中找到很好的例子。这无疑增加了麦当娜 50 岁以后事业的价值，因为青少年（包括她自己的十几岁的女儿罗德丝）和年轻人适应了麦当娜自己通过《宛如处女》(1984) 和电影《神秘约会》(1985) 等带到舞台上的时尚。在这里，我们看到粉丝的怀旧情结表现在风格上。保罗·格兰吉 (Paul Grainge) 在 2002 年出版的《单色记忆：复古美国的怀旧和风格》(Monochrome Memories: Nostalgia and Style in Retro America) 一书里提醒人们注意，"不断增长的媒体文化把其自身创造出来的东西作为食物，还有在电影、时尚、建筑设计和遗产行业中记忆的广泛商品化"促成了 20 世纪 70 年代以来的怀旧文化（Grainge 2002：20）。借鉴格兰吉（2002）将怀旧作为一种可消费模式或集体情绪的研究成果，我们可以将麦当娜视为"遗产行业"的一部分。她现在已经 50 多

媒介与记忆

岁了,也正好为集体和个人的怀旧、社区回忆、粉丝对个人记忆和衰老的表述以及关于她的流行音乐作品中什么应该是可消费内容的公众辩论提供一个中介空间。

麦当娜的第三张精选专辑《欢庆会》(2009年)的封面就体现了这种将名人纳入遗产行业的想法。当名人还活着的时候,他们的身份、经历和生活就会被人在网络上深入挖掘。麦当娜和她的粉丝正在生产遗产性的产品。

通过街头艺术家"洗脑先生"[①]的视觉混搭,《欢庆会》以20世纪80年代媒体的街头风格把麦当娜与沃霍尔创作的"玛丽莲·梦露"进行混搭。[②]它将观众固定在过去,并将麦当娜还原到现在。正如皮克林和凯特利将怀旧定义为"不仅是在过去寻找本体的安全,还是在前路未定时为未来确定方向的一种手段"(Pickering and Keightley 2006:921)。因此,专辑《硬糖》(Hard Candy)中的《交给我》(2008年)和最近的《欢庆会》(2009年)的音乐录影带从叙事和视觉上都表明过去的经历成为麦当娜的助力。她为自己数量巨大的歌曲制作了目录,并且不断重塑自己的性活跃度。因此,正如博伊姆所认为的,流行音乐和怀旧创造了一个强大的市场组合,唤起了人们的青春记忆。

[①] 即法国艺术家泰瑞·基塔(Thierry Guetta),他的作品常将街头艺术、波普艺术与当代偶像结合。——译者注

[②] "玛丽莲·梦露"是波普艺术家安迪·沃霍尔(Andy Warhol)的作品。——译者注

第七章 麦当娜档案：名人、衰老和粉丝的怀旧情结

> 乍一看怀旧是对某个地方的渴望，但实际上它是对不同时间的渴望——我们的童年时代，我们梦想中的缓慢节奏。在更广泛的意义上讲，怀旧是对现代时间观念、历史和进步的反叛。怀旧者渴望抹去历史，把它变成私人或集体的神话，让时间如同空间一样可以重访，拒绝向时间的不可逆转性投降，这种时间的不可逆转性长期困扰人类。（Boym 2001：xv）

在撰写本章之际，YouTube 的用户无论何时何地都可以重温麦当娜的音乐录影带，技术提供了解决方案并建立了桥梁，节省了想要怀旧的人在查找时浪费的时间（Boym 2001：346）。我们不再需要哀悼时间和空间之间的距离，因为唱片公司和歌迷为观众提供了内容，使我们能够在追溯中重建麦当娜和我们自己生活之间的对应关系。因此，"怀旧是关于个人传记与集体或国家的传记之间的关系，是个人和集体记忆之间的关系"（Boym 2001：xvi），而我想补充的是，怀旧也是粉丝和名人之间的关系。

练习

回忆青少年时期你自己在流行音乐上的消费，或者如果你是青少年，可以考虑采访一位年长的家庭成员，了解他们在成长过程中对音乐的消费。思考一下个人或家庭成员有记录的手工作品和纪念品。这些人工制品提供了什么记忆？同

媒介与记忆

时，你可以在网上查到大量有记录的流行音乐视频。搜索你记得的视频并观看，批判性地反思你第一次体验时的想法和感受，以及你现在如何看待它们。这些流行音乐记忆对你、你的家庭之社会和文化的历史有多重要？

建议观看

为什么不登录一下麦当娜的 YouTube 官方频道，将早期的音乐视频如《宛如处女》和《风尚》与近期的视频如《欢庆会》和《交给我》进行比较呢？在麦当娜最近的作品中，你能否看到她在外观、歌词和舞蹈方面对她过去作品的参考？她是如何唤起记忆、令人怀旧和保持状态的？

深读

Bijsterveld, Karin and van Dijck, José (eds) (2009), *Sound Souvenirs: Audio Technologies, Memory and Cultural Practices*. Amsterdam: Amsterdam University Press.

Brabazon, Tara (2005), *From Revolution to Revelation: Generation X, Popular Memory and Cultural Studies*. Aldershot: Ashgate.

Frith, Simon (2007), *Taking Popular Music Seriously: Selected Essays*. Aldershot: Ashgate.

Kaloski Naylor, Anna (2010), "Michael Jackson's Post-Self", *Celebrity Studies*, 1 (2): 251–253.

Pickering, Michael and Keightley, Emily (2006), "The Modalities of Nostalgia", *Current Sociology*, 54 (6): 919 - 941.

Snyder, Bob (2000), *Music and Memory: An Introduction*. Cambridge, MA: MIT Press.

第八章　迈向互联记忆的概念：相册①变得可移动

我的脸书页面上充斥着一些不起眼的日常图片：婴儿、婚礼、心爱的宠物、海滩上的孩子、家庭滑雪、聚会、夜生活、音乐会、花园、家庭装修和业余爱好，绝大多数的照片里都没有我。其中一些是我不得不添加的，但大多数照片是由互联网上的一群人制作的，这些人可能会相互联系，也可能不会，而且很可能在现实世界中已经有相当长的一段时间没有与我联系了。正如霍斯金斯所描述的，它们是"休眠的记忆"（Hoskins 2010）。这种日常的记录源源不断，我对来自不同背景、不同关系网中重复出现的难忘经历感到惊讶，其中许多人都互不相识。

我没有注意到的是，安妮特·库恩（Annette Kuhn

---

① 虽然本章将"photo album"翻译为"相册"，但对有着 20 世纪 80 年代至 90 年代生活经历的读者而言，"影集"似乎是一个更为贴合本章意图的概念。当阅读本章时，读者不妨找找小学或更早时期的影集（如果它们在身边的话），以获得对本章探讨之话题更强烈的代入感。——译者注

2002）分析她童年在影棚中拍摄的肖像和家庭相册时所感受到的"失落"和"归属感"不见了。库恩问道："如果不是因为它会消逝，那为什么要记录这一时刻呢？"（Kuhn 2002：49）然而，手机和数码相机拍摄和储存的照片无处不在，可以通过多种形式出现在我的电脑屏幕上，并且可以标记和共享，根本不意味着消逝。摄影也不再像以前那样只有一次机会去捕捉一个瞬间。对于库恩来说，过去的这些做法包括仔细地从昂贵的摄影设备中精心挑选并冲洗出照片，再以高超的技巧将其放置和保存在精美的相册或相框中以供展示。现在，家庭相册被装在我们的口袋里，随时随地都可以查阅。但这是一本家庭相册吗？甚至可以问它是一本相册吗？我们需要审视手机用户为什么以及如何制作和消费他们的相册。这是否就是库恩所说的"记忆工作"（memory work）？库恩认为，"记忆工作"能够使探索"公共性的"历史事件、情感结构、家庭场景、阶级关系、民族身份和性别以及"个人化的"记忆之间的联系成为可能（Kuhn 2002：4）。这个私人手机相册是否与公共记忆文本以及"记忆活动的集体性"（Kuhn 2002：4）有关？"集体"这个词是否仍适用于借助手机摄影图像而进行的记忆工作？

我们究竟用可拍照的移动电话做什么呢？卡茨和奥克许斯（Katz and Aakhus 2002）写道，手机文化是一种"永久的联系"，而斯里瓦斯塔瓦（Srivastava 2005）则重申这种"接触"对于个体感受到"联系在一起"是必要的，这不是因为人们单纯地能够提供和接收信息，而是因为这个过程让

媒介与记忆

人们感受到世界的存在。为此，最新的理论已经开始真正关注手机的位置（位于人体附近，几乎成为使用者的个人随身物品）以及它的可移动性（Richardson 2005）。因此，需要从那些从小就拥有移动拍照手机的人的角度出发，来探讨基于手机对日常生活做视觉记录的记忆功能，人们实际上用手机做了什么以及能够做什么。

对于 2009 年 15 至 18 岁的年龄组来说，可移动性（mobility）可能更有限，场所、位置和社区都非常重要。与我自己在这个年龄段对于摄影的记忆不同，这一代人没有用过 35 毫米胶片相机拍照，把一卷 24 张或 36 张底片的胶卷放在塑料容器里，然后放进袋子交给显影师，几个小时或几天后再去取照片，他们没有这样的个人或集体记忆。这一代人没有收藏照片的概念，他们走在街上时急切而谨慎地筛选它们，发现其中许多照片是浪费拍照机会，甚至是令人不悦的。可能有一张被保留下来，但其余的会被认为是对日常生活的无用记录，然后被扔到一边。2009 年的青少年与家庭相册的关系跟以往截然不同。如同 20 世纪 50 年代安妮特·库恩的母亲一样，他们对自己拍摄和分享的照片仍具有高度的选择性，但这种选择性不是一蹴而成的，而是一个持续的印象管理过程。他们是否意识到了自己作为生活顾问和个人信息管理者的新角色？他们是否认识到，在家庭范围中，充满爱意地选择最好的照片并把它们贴在相册里的整个文化及其家庭行为现在正在消失？

有趣的是，安娜·雷丁（Anna Reading）2006 年的研究

第八章 迈向互联记忆的概念：相册变得可移动

项目中的参与者认为手机中的家庭相册是一个临时的和偶然的相册，这些照片要么不值得被保留（比如保存到其他地方或被打印出来），要么由于短期电话合同的商业需要而难以保留。然而，稍老一辈（比如截至2009年时年龄在20至30岁区间的人）拍摄的手机照片在如今（数字化的）青少年群体中并不存在贬值的现象。三年后，我对英国青少年进行研究时发现，他们的媒介素养和创造力水平要求行业考虑到用户以固定的、有情感和有意义的方式联系的需求和愿望。通过研究英国青少年如何使用手机制造和分享记忆，我思考了媒介作为一种功能性的工具，一种他们父母在成长过程中所没有的、用来创造性地记录和分享他们的日常经历的工具，是如何被纳入年轻人的生活世界的。与库恩不同，这些年轻人负责创造他们自己对家庭、社会和学校生活的记忆。

138

雷丁一直热衷于通过她所说的手机的"假肢记忆"功能来强调"家庭画廊"（family gallery）和它的可穿戴性（Reading 2008：356）。然而，手机的可穿戴性不应该被误读为不固定。任何年龄段的手机用户都与群体相连，并使用他们的手机进行在线和离线的联系。具体来说，他们通过在咖啡馆、公共房间、火车站、机场和厨房的桌子上共同放映手机相册来建立、展现和维护身份，这说明被定位是关键。地点、被定位和在正确的时间出现在正确的地点，是手机文化及其实践功能的组成部分（我们当中有多少人知道，手机在移动性最强的时候，像乘坐汽车或火车时，会成为接收

媒介与记忆

信息的"黑洞"?)。我们不应该让设备的技术移动性凌驾于我们自己需要被准确定位的个人活动和行为之上。当一个手机接听者坐在火车车厢里说"我在火车上"时，我们当中有多少人会意地笑了？甚至像推特这样的社交媒体网站和脸书这样的社交网站都时刻想知道你在哪里，在做什么。因此，手机的摄像头是用户个人范围内最私密的物品（如钥匙、钱包等）的视觉延伸（Srivastava 2005：113），手机摄像头将其所有者所在的特定位置（如视觉锚点）中的人和地点的亲密关系可视化了。手机应用程序的增加就是这种亲密感和位置感的证明。

雷丁在 2006 年进行的研究侧重于妇女在家庭领域中对手机的使用，妇女通过视觉图像比如在照看者中相互分享孩子的照片成为日常生活中的交流者（Reading 2008）。然而，与卢宾斯坦和露莎（Rubinstein and Sluis 2008）一样，她指出了拍照的短暂性（能够立即删除）和拍摄的照片的平庸（同样是由于手机具有删除照片功能）。因此，这些二三十岁的女性将手机当作便携式"家庭相册"（Reading 2008：361）并以视觉化的形式将其嵌入她们的日常生活，还将这些视觉记忆带在身边，于共同在场的情况下向他人展示。仅仅两年后，这些参与者就会对他们如何使用手机讲述出一个不同的故事。归功于 3G 技术，手机所拍摄图像的可移动性增强了，这意味着这些家庭照片正在沿着网络路径传播。

因此，雷丁最新的"纪念物"概念借鉴了数字和移动记忆领域的最新研究成果（Gade-Hansen et al. 2009）。"移

第八章 迈向互联记忆的概念：相册变得可移动

动数字手机记忆或纪念物是可穿戴的、可共享的对于事件或通信的多媒体数据记录……它们是个性化的，但通过与互联网的全球记忆画面相联系会立刻成为集体的。"（Reading 2009：81-82）这反过来又是她早期理论的发展。雷丁早期认为移动数字记忆是一个性别化的移动画廊，通过相机的可穿戴性，它与摄影和日常生活（尤其是家庭生活）建立了全新的关系。和雷丁一样，卢宾斯坦和露莎认为，从模拟摄像机到数字摄影手机的技术转变，最重要的特征就是生产和分配的手段更加个性化（Rubinstein and Sluis 2008：12）。在一眨眼的时间里（最好如此，但取决于手机摄像头的质量），一个人所拍摄的对象会立刻显示在手机屏幕上。在对图像进行批判性思考的这段时间内，可以按下按钮来删除，也可以存档或发送到另一个手机或网站。

特别是年轻人，他们在成长过程中把手机当作亲密的朋友、命脉和生活世界，他们对可拍照的手机的感受将是特别有意义的。青少年在资本主义经济中扮演生产性角色之前，就能以有价值的方式记录和保存他们的经历。20世纪90年代以后出生的人是正在兴起的"创造文化"的一部分，在这种文化中，手工艺和创造力不再被视为过时的、与商业需要或社群的核心利益背道而驰的东西。他们比他们之前的几代人更加清楚，手机不再是简单的语音和文字交流工具，而实际上是"临时的或专门的联结好玩的东西和叙事的控制台，以及作为创意和数字艺术的新兴节点"（Richardson 2005）。在一个被媒介呈现的世界里，创造对这些年轻人的

媒介与记忆

生存来说变得更加重要。因此，本章提出，相对于库恩的从个人记忆到集体记忆的持续的结构化流程（Kuhn 2002：4）而言，"互联记忆"（以及"互联记忆的研究"）这个概念在青少年的日常生活中会更有共鸣。

首先需要明确的是，对于那些在手机的伴随下长大的青少年来说，记忆是有形的、客观存在的，并且能在空间中被定位：他们能捕捉记忆、存档记忆、保存记忆，也能随身携带它、玩耍它、联结它、展示它。如果他们的手机中没有足够的记忆，那么这就是联结和断联的区别。与强调可移动性（Reading，2009）和巡回性（Richardson 2005）不同，我在对正在成长的、具备媒介素养的一代如何使用手机摄像进行研究时发现，苏塞克斯技术小组（Sussex Technology Group）于1996年确定的关键指标明显加强了："手机在我们分开的时候把我们联系在一起……手机是一个重要的物品，它是和现代性错位的社会联系的保证。"（Sussex Technology Group 2001：205）对青少年来说，与他们的父母、朋友和媒体文化在时间和地点上保持联系并且感受到这种联系是至关重要的。卡茨和杉山关注美国和日本的年轻人如何将手机视为他们个人身份的延伸（Katz and Sugiyama 2006），而尼古拉·格林则认为，手机加强了亲密联系（Nicola Green，2002）。对年轻人来说，手机将一个人与世界其他地方联系起来，但更重要的是手机将他们在场的朋友、父母、同事或同伴联系起来。对于媒体研究来说最有趣的是，虽然用手机拍摄照片的方式超越了所有传统的媒体和通信形式，这些形式在二十

第八章 迈向互联记忆的概念：相册变得可移动

年前才刚能实现这种程度的联结，但年轻人更专注于拍摄和保存他们生活的一切。事实上，尽管21世纪初的青少年可以前所未有地接触到个人、集体、公共、文化、社会和历史记忆的生产手段，但他们使用手机的主要重点是"个人"和"联结"。

赫普等人（Hepp at al. 2008）认为，连通性、网络和流动性是定义21世纪媒体和通信的三个关键主题。这些主题可能看起来有些矛盾，因为，一方面它们承认诸如手机这样的通信系统允许越来越多的私人的或具有公共价值的事件在各地进行小范围传播；另一方面，至少在11岁就拥有了自己手机的普通青少年在2009年就知道这种技术是一种可穿戴的、私人的朋友，这个朋友可以表明他们的身份、与当地的联系、他们的地方感和安全感。

本章着重于一项受众/用户研究，研究对象是100多名来自不同背景的15至18岁的年轻人，他们在英国不同的学校和学院上学（大部分在西南地区）。在2009年至2010年的一年时间里，他们参与了焦点小组并完成了关于手机相机使用情况的问卷调查。因此，它对100多名年轻人的个人思考进行了实证研究，讨论的关键是他们使用手机拍照时如何与媒体、记忆、存档的问题相联系。这些问题包括：他们拍了什么照片？如何处理这些照片？在哪里以及如何展示这些照片？向谁展示？如何删除这些照片？何时、如何、在哪里下载这些照片？本章特别关注的是两个关键功能：删除功能和联结/共享功能。

媒介与记忆

在 2009 年 6 月至 11 月进行的五次 15 至 18 岁的焦点小组调查中（总共有 90 名受访者，男女比例为 5∶5），受访者完成了一份关于手机和使用手机拍照的调查问卷，以便在以后集中讨论他们如何使用这一工具来交流记忆。需要认识到的是，研究这个年龄段的参与者要采取和研究年龄较大的参与者不同的方法。深度访谈和小组工作是不合适的。因此，这个小组的规模从 10 人到 25 人不等，并有一名教师或家长代表在场。一份简单而容易填写的问卷构成了讨论的基础，当参与者讨论他们的答案时，问卷在他们中间传阅。在一小时的过程中，参与者将他们的手机放在桌子上，探索它们，发现新的功能，交换并向同伴展示手机，然后完成调查问卷。问卷包括四个部分："你""沟通：你的手机""媒体：拍照""文化：分享照片"。完成后，参与者将他们的回答反馈给彼此和研究小组，研究小组则对讨论进行记录。

研究中的手机（34% 的索尼爱立信，20% 的 LG，19% 的三星，14% 的诺基亚，2% 的苹果，2% 的摩托罗拉和 9% 的其他品牌）都有拍照、录视频、游戏和音乐功能，有些还有网络套餐。就在几年前，第三代互联网（3G）手机还未普及的时候，不可能对这样一群"装备精良"的青少年进行焦点小组访谈。[①] 更令人惊讶的是，没有一位受访者使用的是父母传下来的手机，更进一步说，是父母传下来的老式手机。相反，与只会使用一两种手机功能的父母相比，他

[①] 本书原著出版于 2011 年。——编者注

第八章 迈向互联记忆的概念：相册变得可移动

们更有可能拥有更先进、更昂贵的手机。因此，这个年龄段的人正在经历手机各种应用和手机技术可能性的快速发展，并学习以技术含量更高的方式来使用它们。这一点从对"你最常使用手机的哪项功能"这一问题的不同回答中可以得到证明。他们提供了自己的答案，答案从音乐、短信、照片和电话到游戏、视频、闹钟、互联网、录音机、日历和计算器不等。在研究过程中，他们对应用程序的认识越来越深入。意料之中的是，比起其他功能，这个年龄段的人更喜欢使用短信功能（61%），因为这是一种廉价、简单的沟通方式；在尚未进入工作环境的年轻人中，赠送数字礼物非常普遍。

受访者被要求按照偏好的顺序从 24 个最能描述手机对他们个人意义的关键词中选择 3 个（见图 8.1）。在男性的回答中，反复出现的描述性词汇是：娱乐（49%）、小工具（36%）、联结的（23%）和放松（21%），而女性则把联结的（53%）、命脉（45%）、照片（36%）和朋友（23%）作为她们最常引用的描述语。我们在这里可以清楚地看到一种性别化的反应，即与技术相关的男性气质被定义为毫不费力、好玩和男孩气，而女性气质则被定义为社会关系、依赖性和视觉化。两种性别都把"联结的"作为一个关键词，但女性更喜欢这个描述词。随着年龄的增长，人们对手机的重视程度也在不断提高，小组的年轻成员坦然承认，他们更多使用娱乐功能（特别是音乐，面向内部的使用），而对年长的成员而言，社交（面向外部的使用）则更为重要。

219

媒介与记忆

143

| 酷…联结的…复杂的速度…档案…创造性的 |
| 可穿戴的…命脉…小工具…照片…青春…提示器 |
| 小的…简单的…我…保护…追踪…娱乐 |
| 有趣…分心…讲故事…组织…记录…朋友 |

图 8.1 用一个词描述以下问题的答案："您如何最恰当地描述手机对您意味着什么？"

小组讨论和问卷调查的一个重要焦点是照片的拍摄、储存和传送，这使得我们对这个年龄段参与者的手机与记忆之间的关系有了一些重要的认识。小组中年龄较大的成员（18 岁）的手机里有 200 多张照片，这些照片是随着时间的推移逐步积累的，而不是像以前度假时使用 35 毫米胶片相机那样在短时间内密集地使用手机相机拍摄照片。但小组成员仍有一种观念，像度假或婚礼这样的特殊场合需要独立数码相机的稳定性，而独立的数码相机也显得更正统（对此父母说了算），而手机的用途是让他们拍摄朋友和日常生活，或者是他们称之为"外出活动"的照片。令人惊讶的是，在问及他们当时手机上存有多少张照片时，答案从 5 张到 757 张不等（即 9 名女性、18 名男性有 20 张以下；19 名女性、12 名男性有 20～100 张；10 名女性、9 名男性有 100～200 张；8 名女性、4 名男性有 200 张以上）。显然，在手机上拍照并保存的偏好是性别化的，小组中的女性不仅更有可能将手机描述为"朋友"或"命脉"，而且也更有可能拍摄照片并保存在手机中。

无论性别如何，当被问及哪个词最能描述大多数照片的内容时，回答分布如下："我"（5%），"朋友"（43%），"家庭"（12%）和"日常生活"（40%）。有趣的是，与雷丁的研究结果（Reading 2008）相反，老一代人在拍摄手机照片时更倾向于强调个性和家庭，而青少年的照片则围绕着朋友和日常生活，甚至给出了详细回答：朋友（friends）、家庭（family）和有趣的事情（funny ones），我将其称为"3f"。令人惊讶的是，在五个焦点小组中，大多数受访者都以同样的方式描述他们的照片内容："回忆""美好时光""我的朋友""有趣的人"或"有意义的事"。94名受访者认为以"面对面""手机对手机"和"手机对互联网"的方式分享照片的效果都相差无几，但对最后一种方式稍有偏爱。

关于删除照片的原因有很多讨论。在任何情况下，手机的内存容量问题是促使手机用户重新评估如何处理其库存照片的首要决定因素。就像邮件服务器通常只为电子邮件提供有限的邮箱容量，这迫使我们中的许多人重新评估如何利用我们的收件箱，并在后来后悔删除邮件一样，记忆也被当作信息来管理。雷丁说得相当直白：

> 移动档案馆不是在布满尘土的橱柜中承载着记忆的个人相册或存放照片的鞋盒，而是表明，即使就个人记忆而言，个人现在也扮演着公共图书管理员或训练有素的档案管理员的角色，整理和维护与过去有关的文件，以及其在现实世界公共领域中的地位、权威和位置。

媒介与记忆

(Reading, 2008：362)

雷丁(2008)、卢宾斯坦和露莎(2008)也提到了删除功能的重要性，认为它是拍摄的日常生活照片变化的关键。尽管我对青少年的研究证实了雷丁在老年群体中的一些发现，但我想把更多的注意力集中在手机的存档能力和手机用户在个人记忆的存储、维护和传输的过程中对照片的管理上。青少年在多大程度上将他们的手机视为数字藏品储存器是至关重要的，因为这些用户可能是最具创造力的数字化一代，他们将为互联网创造内容。

问卷和讨论专门针对删除照片这个问题，因为我很想了解青少年如何决定何时删除照片以及删除哪些照片。对于"你是否删除过照片"这个问题：67%的人说删除过照片，33%的人说没有。就后者的回答而言，不删除任何照片的绝大多数原因与记忆有关："保留记忆并回顾它们""美好的回忆""我喜欢回忆"和"我不想失去回忆"——他们如是写道。有趣的是，其他原因与存储卡的大小或空间有关，他们认为存储卡足够大，因此不需要删除照片。对大多数人来说，删除照片是一种常见和必要的行为。事实上，为了重新思考约翰·伯格(John Berge)早期关于照片拍摄方法的观念，这些青少年有时间随意地将他们的日常生活抓拍成机械化的记录。他们并不是伯格所说的那种"从无数其他可能的场景中选择那个场景"(Berge 1972：10)的摄影师。他们的手机似乎包含了无数的光景，当他们对删除照片经过了

第八章 迈向互联记忆的概念：相册变得可移动

一系列有时很快但又深思熟虑的考量后，他们可以自由地选 145
择这些光景。我将其描述为删除记忆的四种驱动因素。

四种删减照片的动因

不是我的记忆

这种情况可能表现为许多形式，并且随时都有可能发生。大多数情况下，这与手机用户不想拥有不好的图像有关：失焦、延迟曝光太久（有些手机迟钝地让人沮丧）、构图不好、意外拍摄（经常发生在手机随身携带的情况下）或他人未经许可拍摄的照片（这种行为在这个年龄组相当普遍，这对雷丁关于老年受访者认为他人手机是"隐私"的调查结果提出了挑战）。这些照片通常在拍摄后不久就被删除，有时是批量删除。在某些情况下，参与者说他们在拍摄了一段时间后才删除图片，因为他们在反思后完全忘记了图片是什么，或者他们不再需要它了。在其他情况下，他们当时认为照片很无聊、不重要，或者在更有趣的和最近拍摄的照片的对比下变得如此："照片需要更新。"因此，随着手机内的照片记忆档案建立起来，人们很快就会对照片的质量、完整性、真实性和个人所有权做出复杂而精细的判断。用户不会像他们的父母那样，小心翼翼地为他们的手机相册挑选照片并随身携带，然后把"无用"的照片放在看不见

媒介与记忆

的地方。相反，参与者通常会立即删除不符合他们标准的照片，鲜明地表现出他们希望创建可供回忆的高质量的图像的意愿，这些图像在回忆时被认为很重要。

未来的记忆

这导致了第二个删除照片的原因，它塑造了参与者管理他们档案的方式，使得参与者更加自觉、更加考虑到未来的自己对当下的看法。在这种情况下，关于影像主体性的旧观念占主导地位（见罗兰·巴特1993年出版的《明室》），而记忆是如何被媒介呈现的新观念（见何塞·范·迪克2007年出版的《被媒介呈现的记忆》）也开始发挥作用。与"删除的不是我的记忆"操作类似，删除未来的记忆是一个有媒体素养的图片制作者的行为，他希望保留住特定的或能唤起特定记忆的照片以供未来观看。然而，与过去从一堆印刷品（一张印刷品通常描绘一个场景）中挑选影集照片的方法不同，"未来的记忆"是通过删除许多张与之相关的照片来实现的，因此"选定"的照片就会变得令人难忘。在最坏的情况下，一张照片逃脱了被删除的厄运，但它作为未来记忆的地位只是暂时的，当有更好的照片被拍摄出来，这时它就会被删除。它顶多会因为以最好的光线呈现出生活的景象而被特意挑选出来以供回忆。有时这些"被选择"的照片会被认为是意外之喜的图像。带摄像功能的移动手机的速度和功能使这样的照片得以出现。有趣的是，一位参与者指

第八章　迈向互联记忆的概念：相册变得可移动

出，这种情况经常出现在他的一部旧的移动手机上，这部旧手机对点击按钮的反应特别迟钝：当他试图"选择"要拍摄的地点、事件、时刻时，照相手机却选择了下一个时刻，从而歪打正着，产生了一些令人难忘的照片。

值得注意的是，这些是访谈参与者最有可能上传到社交媒体网站的照片，这一行为使得照片从私下观赏的个人记忆领域跨越到网络观看的集体记忆领域。正是在这一点上，我们可以认同卢宾斯坦和露莎的论断，即这些所谓普通的网络和流媒体照片成为一种逃避批评的霸权主义伪装（Rubinstein and Sluis 2008：23）。但是，我们需要在创意和文化回路中的正确时刻提出正确的问题。如果我们关注不同的删除照片的原因，我们会清晰地发现人们在自我营销时会做出个性化的、政治性的和意识形态性的决策。"我看起来很丑""这很尴尬"或者"我在朋友的要求下删除它们"。这些删除照片的决定往往是通过共同观看手机相册做出的，一群朋友共同决定在对方眼中什么是值得纪念的，然后在网络上联结这些记忆。

节省内存

这第三个删除照片动因似乎是最困扰这个年龄组的。在这种情况下，他们用完了存储卡中的空间，并且迫切需要拍摄更多的照片，这意味着他们时常需要通过管理手机内存来创造更多的空间。"内存空间小""内存满了""我的内存很

媒介与记忆

少""当内存满了"和"如果我需要内存"是频繁出现的对这种经常发生的情况的描述。这时,手机的内存容量完全决定了记录和记忆的需要。对于这个年龄段的人来说,记忆正在成为一种可感知的、技术性的东西。虽然他们的手机都有充足的内存,但他们中的许多人只是拍了太多照片,却没做到有条理地上传照片,因此他们不得不以特别的方式管理他们的相册。他们根据技术产品的储存能力调适自己的行为。如果像伯格(Berger)在20世纪70年代所说的那样,摄影代表了**一种看见的方式**,那么手机存储卡通过理查森(Richardson 2005)所称的移动媒体的"技术-躯体"体验表征了一种记忆的方式,这也与遗忘有关。如果我们认为青少年正在进行一种技术身体和技术记忆的行为,他们在行为和思想上倾向于选择可拍照的移动手机,那么,需要手机内存来创造记忆的问题就变得重要,并推动了媒介化记忆的产生。它也迫使媒体行业确保从人类记忆到数字记忆再到人类记忆的反馈回路不被打断。

因此,通过删除照片来保存记忆不仅仅是一种隐喻,更是一种必要的实践,删除实际是一种收获,而不是损失。在讨论为保存记忆而进行的删除时,我感到惊讶的是,大多数青少年在被迫删除手机中可能已经存在了相当长一段时间的照片时并不感到沮丧。保罗·康纳顿(Paul Connerton)对更广泛的历史社会环境做出的解释也同样适用于做出删除照片选择的青少年:

这里强调的不是无法保留某些东西所产生的损失，而是发生在那些知道如何抛弃在管理个人当前身份和未完成的目标方面没有实际作用的记忆的人身上的收益。遗忘于是成为构建新的记忆之过程的一部分，因为一组新的记忆默契地伴随着另一组记忆的消逝。（Connerton，2008：63）

转移记忆

第四种删除照片的动因有两种情况，要么是存储卡已满，要么是照片中的图像被认为非常重要，不应该简单地存档在一个小的、脆弱的随身携带的盒子里，而且这个脆弱的小手机有可能被盗、丢失或者损坏。与远离电脑时发生的第三种原因不同，一旦照片被转移到更安全的静态设备上，或者被上传到社交网站、数字保险库或照片共享网站上，这种删除的行为就会发生。理查森等人在对青少年和手机的研究中发现，"用手机发博客和推文、创造性和社群正在成为年轻人媒体素养的重要组成部分，这些年轻人很好地适应了正在兴起的微媒体的新转变……这些微媒体的特点是信息互联、小规模的数字内容创作和点对点的文件共享"（Richardson et al. 2007：73）。

让我们更详细地讨论一下在线分享照片这一行为。访谈参与者中有37%认为这是分享图片的最佳方式（相比之下，

媒介与记忆

32%的参与者选择了手机对手机是最好的分享方式，31%选择了面对面）。那些说出他们上传照片的网站的受访者都表示脸书是他们通常会选择的网站。根据脸书2009年发布的新闻，其拥有超过三亿的活跃用户（其中50%的用户每天都会登录）。平均每个用户在该网站上有130个朋友。在使用的应用程序中，上传照片的功能的使用频率远高过其他功能，每月有20亿张照片被上传到该网站，相比之下，在该社交网站上传的视频只有1,400万个，创建的活动只有300万场。可移动性是一个关键的增长领域，有6,500万活跃用户通过他们的移动设备访问该网站，这些用户在脸书上的活跃度几乎比非移动用户高出50%。事实上，脸书公司表示，"有60个国家的180多个移动运营商正在努力部署和推广脸书公司的移动产品"（Facebook Press Room 2009）。

每月上传的20亿张照片中，绝大多数都是为了维护现有的人际关系网络，并允许用户以一种联结、共享和情感回馈的方式来管理他们的关系。正如坎贝尔和罗索在其关于移动电话的社会接受度的研究结论中所强调的那样：

> 人与技术之间的关系是互惠的。正如新技术影响人们的生活方式一样，人们的生活方式也影响他们对技术的思考和使用方式。对新通信技术进行社会科学研究应谨慎，不要以牺牲后者为代价来强调前者。（Campbell and Russo，2003：334）

第八章 迈向互联记忆的概念：相册变得可移动

因此，用手机拍照通常是为了上传到社交媒体网站，这是一种关于参与、分享和巩固关系的创造性行为。对于青少年来说，这关系到他们的社会和情感资本，关系到能够以视觉化的方式呈现他们在现实世界中关于成长的记忆，而不是像库恩的工作室肖像画那样，被装裱后装在壁炉上。

通过创造力加强联系是关键。在新媒体环境中分享日常生活照片和生活中重要的事情具有特别重要的功能。它们能非常迅速地传递联系，使关系得以维持，并使用户能够管理这些关系。它们还为脸书数据团队提供了宝贵的"切入点"，帮助他们了解社会网络在网络实践中是如何消退和加强的。这种脸书体验的核心是当照片被上传并出现在对方的消息推送中时产生的联系。这种联系随着记忆的创建和共享而扩展和收缩。因此，如果记忆被认为是个人和集体之间相互作用的方式，并且现在被理解为是被媒介呈现的、网络化的和数字化的，那么我们需要创造什么样的隐喻来理解社交网络时代的记忆呢？也许是一个与记忆有关的概念。在什么情况下，我们会希望我们的媒介停止记忆我们并断开联结？诺尔·帕卡德（Noel Packard）认为，每天对着数码相机（手机）摆姿势的活动、超长上网时间和廉价的便携技术意味着：

> 人们从出生到死亡的整个数字化历程可以被"生成"文件的人（主机）以外的实体所编辑和使用。但与生成电子文件的人（主机）不同的是，这些文件永远存

媒介与记忆

在，而主机的躯体则会死亡。（Packard，2009：16-17）

练习

想一想你的手机以及你如何使用它。然后思考一下从记忆角度研究手机的多种方式：

1. 作为私人记忆设备。例如闹钟、时钟、计时器、日历、约会提醒、备忘录。如果手机没有这些功能，也不会围绕这些功能构建你的日常生活，你怎么办？

2. 作为个人的媒体档案系统。例如相册、短信、音乐存档、喜爱的游戏、过去的播客。如果没有这种存档功能来帮助你触发记忆、情绪和引发回味，你会失去多少经历？

3. 作为一个互联通信系统。例如电话、短信和移动社交网络。在无法重新体验家庭关系、回忆朋友网络和组织集体活动的情况下，你觉得与你的生活和你周围的人有多大的脱节？

4. 作为一个记录设备。例如记录声音、语音、噪音、图像、视频，如果在我们的手机上没有G20峰会期间的手机录像或我们喜欢的录音，我们怎么会知道这些事情曾经发生过或经历过？

5. 作为一个亲近的老朋友。例如翻开屏幕，摁下按键，晚上走在街上时把听筒放在耳边，珍藏的铃声，个性化的外壳，以及对我们抽屉里无法使用的旧手机的怀旧之情，如果

第八章　迈向互联记忆的概念：相册变得可移动

我们失去了手机，我们会有什么感觉？

6. 作为标志着技术进步的助记物品。手机的大小、设计和风格代表了它在历史上的时间和地位，并意味着它从穿着笔挺西装的商人的专利转变为无论年轻人、老人、富人和穷人都普遍拥有的物品。你的手机或你父母的手机意味着什么？

7. 作为文化、媒介历史和记忆的载体和传送者。例如铃声可以被定制为复调音乐，从亲人的笑声到《女武神骑行》(Ride of the Valkyries)[①] 的录音，它能将私人和公共的声音结合在一起并循环播放。我们可以把铃声作为文化记忆的载体来分析吗？

深读

Connerton, Paul (2008), "Seven Types of Forgetting", *Memory Studies*, 1 (1): 59 - 71.

Garde-Hansen, Joanne, Hoskins, Andrew and Reading, Anna (2009), *Save As... Digital Memories*. Basingstoke: Palgrave Macmillan.

Rubinstein, Daniel and Sluis, Katrina (2008), "A Life More Photographic: Mapping the Networked Image", *Photographies*, 1

---

① 《女武神骑行》是德国作曲家威廉·瓦格纳创作的歌剧《女武神》中的选段。许多电影中都用过这首音乐的旋律。——译者注

(1): 9-28.

Srivastava, L. (2005), "Mobile Phones and the Evolution of Social Behaviour", *Behaviour and Information Technology*, 24 (2): 111-129.

van Dijck, J. (2007), "From Shoebox to Digital Memory Machine", in *Mediated Memories in the Digital Age*. Stanford, CA: Stanford University Press, pp. 148-169.

参考文献

Abbott, Daisy (2008) *JISC Final Report-Digital Repositories and Archives Inventory Project* (HATII, University of Glasgow). Online:http://www.jisc.ac.uk.

Adams, William (1988) "Still Shooting After All These Years", *Mother Jones Magazine*, pp. 47 – 49.

Anderson, Steven (2001) "History TV and Popular Memory", in Gary R. Edgerton and Peter C. Rollins (eds), *Television Histories: Shaping Collective Memory in the Media Age*. Lexington, KY: University Press of Kentucky, pp. 19 – 36.

Assmann, Jan (1988) "Kollektives Gedächtnis und kulturelle Identität", in Jan Assmann and T. Hölscher (eds), *Kultur und Gedächtnis*. Frankfurt am Main: Suhrkamp, pp. 9 – 19.

Assmann, Jan (1992) *Das kulturelle Gedächtnis: Schrift, Erinnerung und politische Identität in frühen Hochkulturen*. München: Beck.

Assmann, Jan (1995) "Collective Memory and Cultural

媒介与记忆

Identity", *New German Critique*, 65: 125 – 133.

Assmann, Jan (2006) *Religion and Cultural Memory: Ten Studies*, trans. Rodney Livingstone. Palo Alto, CA: Stanford University Press.

Baddeley, Alan D. (1999) *Essentials of Human Memory*. Hove: Psychology Press.

Barthes, Roland (1993) *Camera Lucida: Reflections on Photography*. London: Vintage.

Baudrillard, Jean ([1991] 1995) *The Gulf War Did Not Take Place*, trans. Paul Patton. Sydney: Power Publications.

Bell, E. and Gray, A. (2007) "History on Television: Charisma, Narrative and Knowledge", *European Journal of Cultural Studies*, 10: 113 – 133.

Benjamin, Walter (1974) *On the Concept of History*. Frankfurt am Main: Suhrkamp Verlag.

Bennett, Jill and Kennedy, Rosanne (eds) (2003) *World Memory: Personal Trajectories in Global Time*. Basingstoke: Palgrave Macmillan.

Berger, John (1972) *Ways of Seeing*. London: Penguin.

Bergson, Henri ([1896] 1991) *Matter and Memory*, trans. N. M. Paul and W. S. Palmer. New York: Zone Books.

Biewen, John and Dilworth, Alexa (eds) (2010) *Reality Radio: Telling True Stories in Sound*. Chapel Hill, NC: University of North Carolina Press.

参考文献

Bijsterveld, Karin and van Dijck, José (eds) (2009) *Sound Souvenirs: Audio Technologies, Memory and Cultural Practices*. Amsterdam: Amsterdam University Press.

Blair, Carole (2006) "Communication as Collective Memory", in Gregory J. Shepherd, Jeffrey St John and Theodore G. Striphas (eds), *Communication as... : Perspectives on Theory*. Thousand Oaks, CA: Sage, pp. 51 – 59.

Blumler, Jay G. (1993) "Meshing Money with Mission: Purity versus Pragmatism in Public Broadcasting", *European Journal of Communication*, 8 (4): 403 – 424.

Bodnar, John (1992) *Remaking America: Public Memory, Commemoration and Patriotism in the Twentieth Century*. Princeton: Princeton University Press.

Bolter, Jay David and Grusin, Richard (1999) *Remediation: Understanding New Media*. Cambridge, MA: MIT Press.

Bommes, Michael and Wright, Patrick (1982) "The Charms of Residence: The Public and the Past", in Richard Johnson, Gregor McLennan, Bill Schwarz and David Sutton (eds), *Making Histories*. London: Anchor.

Boyle, James (2008) *The Public Domain: Enclosing the Commons of the Mind*. Online: http://www.thepublicdomain.org/download/.

Boym, Svetlana (2001) *The Future of Nostalgia*. New York: Basic Books Press.

媒介与记忆

Brabazon, Tara (2005) *From Revolution to Revelation: Generation X, Popular Memory and Cultural Studies*. Aldershot: Ashgate.

Brown, R. and Kulik, J. (1977) "Flashbulb memories", *Cognition*, 5: 73-99.

Brown, Steven D. (2008) "The Quotation Marks Have a Certain Importance: Prospects for a 'Memory Studies'", *Memory Studies*, 1 (3): 261-271.

Bull, Michael (2009) "The Auditory Nostalgia of iPod Culture", in Karin Bijsterveld and José van Dijck (eds), *Sound Souvenirs: Audio Technologies, Memory and Cultural Practices*. Amsterdam: Amsterdam University Press, pp. 83-93.

Burton, James (2008) "Bergson's Non-Archival Theory of Memory", *Memory Studies*, 1 (3): 321-339.

Calloway-Thomas, Carolyn (2010) *Empathy in the Global World: An Intercultural Perspective*. London: Sage.

Cameron, Fiona and Kenderine, Sarah (eds) (2007) *Theorizing Digital Cultural Heritage: A Critical Discourse*. Cambridge, MA: MIT Press.

Campbell, Sue (2003) *Relational Remembering: Rethinking the Memory Wars*. Lanham, MD: Rowman & Littlefield.

Campbell, S. W. and Russo, T. C. (2003) "The Social Construction of Mobile Telephony: An Application of the Social Influence Model to Perceptions and Uses of Mobile phones within Personal Communication Networks ", *Communication Monographs*, 70 (4): 317 -334.

Cannadine, David (ed.) (2004) *History and the Media*. Basingstoke: Palgrave Macmillan.

Carey, James W. ([1992] 2009) *Communication as Culture: Essays on Media and Society*. London: Routledge.

Carruthers, Mary (2008) *The Book of Memory: A Study of Memory in Medieval Culture*, 2nd edn. Cambridge: Cambridge University Press.

Caruth, Cathy (ed.) (1995) *Trauma: Explorations in Memory*. Baltimore: Johns Hopkins University Press.

Cohen, Daniel and Rosenzweig, Roy (2005) *Digital History: A Guide to Presenting, Preserving, or Gathering the Past on the Web*. Online: http://chnm.gmu.edu/digitalhistory/.

Cohen, Gillian and Conway, Martin A. (2008) *Memory in the Real World*, 3rd edn. Hove: Psychology Press.

Connerton, Paul (1989) *How Societies Remember*. Cambridge: Cambridge University Press.

Connerton, Paul (2008) "Seven Types of Forgetting", *Memory Studies*, 1 (1): 59 -71.

Cooke, G. (2009) " The cosmeceutical face: time-fighting technologies and the archive", *Transformations*, 17. Online: http://www.transformationsjournal.org/journal/issue_ 17/ article_ 03. shtml (accessed 18 August 2010).

媒介与记忆

Coombes, Annie (2003) *History After Apartheid: Visual Culture and Public Memory in a Democratic South Africa*. Durham, NC: Duke University Press.

Cottle, Simon (2009) "New Wars and the Global War on Terror: On Vicarious, Visceral Violence", in *Global Crisis Reporting: Journalism in a Global Age*. Maidenhead: Open University Press, pp. 109 – 126.

Crisell, Andrew ([1986] 1994) *Understanding Radio*, 2nd edn. London: Routledge.

Crownshaw, Richard (2000) "Performing Memory in Holocaust Museums", *Performance Research*, 5 (3): 18 – 27.

Crownshaw, Richard, Rowland, Anthony and Kilby, Jane (eds) (2010) *The Future of Memory*. Oxford: Berghahn Books.

Custen, George F. (2001) "Making History", in Marcia Landy (ed.), *The Historical Film: History and Memory in Media*. Piscataway, NJ: Rutgers University Press, pp. 67 – 97.

Dayan, Daniel and Katz, Elihu (1992) *Media Events: The Live Broadcasting of History*. Cambridge, MA: Harvard University Press.

De Groot, Jerome (2006) "Empathy and Enfranchisement: Popular Histories", *Rethinking History*, 10 (3): 291 – 413.

De Groot, Jerome (2009) *Consuming History: Historians and Heritage in Contemporary Popular Culture*. London: Routledge.

参考文献

Derrida, Jacques (1994) *Spectres of Marx: The State of the Debt, the Work of Mourning and the New International*, trans. Peggy Kamuf. London: Routledge.

Derrida, Jacques (1996) *Archive Fever: A Freudian Impression*, trans. E. Prenowitz. Chicago: University of Chicago Press.

Dienst, Richard (1994) *Still Life in Real Time: Theory After Television*. Durham, NC: Duke University Press.

Doonan, Simon (2008) "Forces of Nature: Simon Doonan Sits Down with Madonna to Talk Style and Substance", *Elle*, 31 March. Online: http://www.elle.com/Pop-Culture/Cover-Shoots/Force-Of-Nature (accessed 20 July 2010).

Draaisma, Douwe (2000) *Metaphors of Memory: A History of Ideas about the Mind*. Cambridge: Cambridge University Press.

Dyer, Richard (1992) *Only Entertainment*. London: Routledge.

Eley, Geoff (1995) "*Distant Voices, Still Lives*, The Family is a Dangerous Place: Memory, Gender, and the Image of the Working Class", in Robert A. Rosenstone (ed.), *Revisioning History: Film and the Construction of a New Past*. Princeton: Princeton University Press, pp. 17 – 43.

Elsaesser, Thomas (2003) "Where Were You When...? Or, 'IPhone, Therefore I Am'", *PMLA*, 118 (1): 120 – 122.

Engel, Susan (2000) *Context is Everything: The Nature of Memory*. New York: W. H. Freeman.

媒介与记忆

Erll, Astrid (2008) "Literature, Film, and the Mediality of Cultural Memory", in Astrid Erll and Ansgar Nünning (eds), *Cultural Memory Studies: An International and Interdisciplinary Handbook*. Berlin: Walter de Gruyter, pp. 389 - 398.

Erll, Astrid (2010) *Travelling Memory: Remediation Across Time, Space and Cultures*. Keynote Speech, Transcultural Memory Conference, Institute of Germanic and Romance Studies, University of London, 4 - 6 February. Online: http://www.igrs.sas.ac.uk/research/transculturalmemory.htm (accessed 5 May 2010).

Erll, Astrid and Nünning, Ansgar (eds) (2008) *Cultural Memory Studies: An International and Interdisciplinary Handbook*. Berlin: Walter de Gruyter.

Facebook Press Room (2009): "Statistics". Online: http://www.facebook.com/press/info.php? statistics (accessed 11 November 2009).

Faith, Karlene and Wasserlein, Frances (1997) *Madonna: Bawdy and Soul*. Toronto: University of Toronto Press.

Fentress, James and Wickham, C. J. (1992) *Social Memory: New Perspectives on the Past*. Oxford: Wiley-Blackwell.

Finkelstein, Norman G. (2000) *The Holocaust Industry: Reflections on the Exploitation of Jewish Suffering*. London: Verso.

Fisk, Robert (2005) *The Great War for Civilisation: The*

参考文献

Conquest of the Middle East. New York: Knopf.

Fiske, John (1987) *Television Culture*. London: Methuen.

Fiske, John (1989a) *Understanding Popular Culture*. London: Routledge.

Fiske, John (1989b) *Reading the Popular*. London: Unwin Hyman.

Foot, John (2009) *Italy's Divided Memory*. Basingstoke: Palgrave Macmillan.

Foster, Hal (1996) "The Archive without Museums", *October*, 77: 97-119.

Foucault, Michel (1977) "Film and Popular Memory", *Edinburgh Magazine*, 2: 22.

Foucault, Michel (1978) *The History of Sexuality, Volume 1: An Introduction*, trans. Robert Hurley. New York: Pantheon.

Fouz-Hernandez, Santiago and Jarman-Ivens, Freya (eds) (2004) *Madonna's Drowned Worlds: New Approaches to Her Cultural Transformations 1983 - 2003*. Aldershot: Ashgate.

Frosh, Paul and Pinchevski, Amit (2009) *Media Witnessing: Testimony in the Age of Mass Communication*. Basingstoke: Palgrave Macmillan.

Fukuyama, Francis ([1989] 1992) *The End of History and the Last Man*. New York: Avon Books/Free Press.

Garde-Hansen, Joanne (2007) "It's not About the Technology: Shifting Perceptions of History and Technology in the BBC's

Digital Storytelling Project", *International Digital Media and Arts Journal*, 4 (1): 41-45.

Garde-Hansen, Joanne (2009) "My Memories? Personal Digital Archive Fever and Facebook", in Joanne Garde-Hansen, Andrew Hoskins and Anna Reading (eds), *Save As... Digital Memories*. Basingstoke: Palgrave Macmillan, pp. 135-150.

Garde-Hansen, Joanne (2010) "Measuring Mourning with Online Media: Michael Jackson and Real-Time Memories", *Celebrity Studies*, 1 (2): 233-235.

Garde-Hansen, Joanne, Hoskins, Andrew and Reading, Anna (2009) *Save As... Digital Memories*. Basingstoke: Palgrave Macmillan.

Gauntlett, David (2002) *Media, Gender and Identity: An Introduction*. London: Routledge.

Gauntlett, David (2005) *Moving Experiences: Media Effects and Beyond*, 2nd edn. London: John Libbey.

Gehl, Robert (2009) "YouTube as Archive: Who Will Curate This Digital Wunderkammer?", *International Journal of Cultural Studies*, 12 (1): 43-60.

Geraghty, L. (2007) *Living with Star Trek: American Culture and the Star Trek Universe*. London: I. B. Tauris.

Gibson, William (1993) *Virtual Light*. London: Penguin.

Graham, Mark (2009) "Mapping the Geographies of Wikipedia Content". Blog posting, 12 November 2009. Online:

http://zerogeography.blogspot.com/2009/11/mapping-geographies-of-wikipedia.html (accessed 13 August 2010).

Grainge, Paul (2002) *Monochrome Memories: Nostalgia and Style in Retro America*. Westport, CT: Praeger.

Grainge, Paul (2003) *Memory and Popular Film*. Manchester: Manchester University Press.

Grusin, Richard (2010) *Premediation: Affect and Mediality After9/11*. Basingstoke: Palgrave Macmillan.

Guerra, Joey (2009) "Madonna's Celebration is Impressive", *Houston Chronicle* (Hearst Corporation), 28 September. Online: http://www.chron.com/disp/story.mpl/ent/music/cdreviews/6641754.html (accessed 29 October 2009).

Hacking, Ian (1995) *Rewriting the Soul: Multiple Personality and the Science of Memory*. Princeton: Princeton University Press.

Halbwachs, Maurice (1980) *The Collective Memory*, trans. Francis J. Ditter Jr and Vida Yazdi. New York: Harper Colophon.

Halbwachs, Maurice ([1952] 1992) *On Collective Memory*, trans. Lewis A. Coser. Chicago: University of Chicago Press.

Hall, Stuart (1997) *Representation: Cultural Representations and Signifying Practices*. Maidenhead: Open University Press.

Hansen, Mark B. (2004) *New Philosophy for New Media*. Cambridge, MA: MIT Press.

媒介与记忆

Hansen, Miriam Bratu (1996) "*Schindler's List* is not *Shoah*: The Second Commandment, Popular Modernism and Public Memory", *Critical Inquiry*, 22 (2): 292 - 312.

Hartley, John and McWilliam, Kelly (eds) (2009) *Story Circle: Digital Storytelling Around the World*. Oxford: Blackwell.

Haug, Frigga et al. (eds) (1987) *Female Sexualization: A Collective Work of Memory*. London: Verso.

Hebdige, Dick (1979) *Subculture: The Meaning of Style*. London: Methuen.

Hepp, Andreas, Krotz, Friedrich, Moores, Shaun and Winter, Carsten (eds) (2008) *Connectivity, Networks and Flows: Conceptualizing Contemporary Communications*. New York: Hampton Press.

Hewison, Robert (1987) *The Heritage Industry: Britain in a Climate of Decline*. London: Methuen.

Higson, Andrew (2003) *English Heritage, English Cinema*. Oxford: Oxford University Press.

Hills, Matt (2002) *Fan Cultures*. London: Routledge.

Hilmes, Michele and Loviglio, Jason (eds) (2002) *Radio Reader: Essays in the Cultural History of Radio*. London: Routledge.

Hirsch, Marianne (1997) *Family Frames: Photography, Narrative and Postmemory*. Cambridge, MA: Harvard University Press.

Hirsch, Marianne and Smith, Valerie (eds) (2002) "Gender and Cultural Memory", Special Issue of the journal *Signs*, 28 (1).

Hodgkin, Katharine and Radstone, Susannah (eds) (2005) *The Politics of Memory: Contested Pasts*. Piscataway, NJ: Transaction Publishers; previously published as *Contested Pasts: The Politics of Memory*, Routledge Studies in Memory and Narrative. London: Routledge.

Hodgkin, Katharine and Radstone, Susannah (eds) (2006) *Memory, History, Nation: Contested Pasts*. New Brunswick, NJ: Transaction Publishers.

Hoggart, Richard (1957) *The Uses of Literacy: Changing Patterns in English Mass Culture*. Fair Lawn, NJ: Essential Books.

Hoggart, Richard (2004) *Mass Media and Mass Society: Myths and Realities*. London: Continuum.

Holdsworth, Amy (2010) "Who Do You Think You Are? Family History and Memory on British Television", in Erin Bell and Ann Gray (eds), *Televising History: Mediating the Past in Postwar Europe*. Basingstoke: Palgrave, pp. 234 – 247.

Holland, Patricia (1957) *The Uses of Literacy*. London: Penguin.

Holland, Patricia (1991) "Introduction: History, Memory and

媒介与记忆

the Family Album", in Jo Spence and Patricia Holland (eds), *Family Snaps: The Meanings of Domestic Photography*. London: Virago Press.

Hopper, Paul (2007) *Understanding Cultural Globalisation*. London: Polity.

Hoskins, Andrew (2001) "New Memory: Mediating History", *Historical Journal of Film, Radio and Television*, 21: 333 - 346.

Hoskins, Andrew (2003) "Signs of the Holocaust: Exhibiting Memory in a Mediated Age", *Media, Culture and Society*, 25 (1): 7 - 22.

Hoskins, Andrew (2004a) *Televising War: From Vietnam to Iraq*. London: Continuum.

Hoskins, Andrew (2004b) "Television and the Collapse of Memory", *Time and Society*, 13 (1): 109 - 127.

Hoskins, Andrew (2005) "Constructing History in TV News from Clinton to 9/11: Flashframes of History-American Visual Memories", in D. Holloway and J. Beck (eds), *American Visual Cultures*. London: Continuum, pp. 299 - 307.

Hoskins, Andrew (2010) "The Diffusion of Media/Memory: The New Complexity", in *Warwick Books*. Online: http://www2.warwick.ac.uk/news - andevents/warwickbooks/complexity/andrew_ hoskins/ (accessed 31 March 2010).

Huyssen, Andreas (1995) *Twilight Memories: Marking Time in a Culture of Amnesia*. London: Routledge.

Huyssen, Andreas (2003a) *Present Pasts: Urban Palimpsests and the Politics of Memory*. Palo Alto, CA: Stanford University Press.

Huyssen, Andreas (2003b) "Trauma and Memory: A New Imaginary of Temporality", in Jill Bennett and Rosanne Kennedy (eds), *World Memory: Personal Trajectories in Global Time*. Basingstoke: Palgrave Macmillan, pp. 16 – 29.

Ingram, Matthew (2008) "Twitter: The First Draft of History?" Blog post, 12 May 2008. Online: http://www.mathewingram.com/work/2008/05/12/twitter-the-first-draft-of-history/ (accessed 29 July 2009).

Irwin-Zarecka, Iwona (1994) *Frames of Remembrance: The Dynamics of Collective Memory*. New Brunswick, NJ: Transaction Books.

Ishizuka, Karen L. and Zimmermann, Patricia R. (eds) (2007) *Mining the Home Movie: Excavations in Histories and Memories*. Berkeley: University of California Press.

Jenkins, Henry (1992) *Textual Poachers: Television Fans and Participatory Culture*. New York: Routledge.

Jenkins, Henry (2001) "Interview with Henry Jenkins and Matt Hills at the Console-ing Passions Conference, University of Bristol, July 7th", *Intensities*, 2. Online: http://intensities.org.

媒介与记忆

Jenkins, Henry (2006a) *Fans, Bloggers and Gamers: Exploring Participatory Culture*. New York: New York University Press.

Jenkins, Henry (2006b) *Convergence Culture: Where Old and New Media Collide*. New York: New York University Press.

Jenkins, Henry (2010) "John Fiske: Now and the Future", *Confessions of an ACA-Fan: The Official Weblog of Henry Jenkins*. Blog posting, 16 June. Online: http://henryjenkins.org/2010/06/john_fiske_now_and_the_future.html (accessed 12 August 2010).

Jenkins, Keith, Morgan, Sue and Munslow, Alun (eds) (2007) *Manifestos for History*. Oxford: Routledge.

Johnson, Richard, McLennan, Gregor, Schwarz, Bill and Sutton, David (eds) (1982) *Making Histories*. London: Anchor.

Kaloski Naylor, Anna (2010) "Michael Jackson's Post-Self", *Celebrity Studies*, 1 (2): 251–253.

Kansteiner, Wulf (2002) "Finding Meaning in Memory: A Methodological Critique of Collective Memory Studies", *History and Theory*, 41: 179–197.

Kansteiner, Wulf (2007) "Alternate Worlds and Invented Communities: History and Historical Consciousness in the Age of Interactive Media", in Keith Jenkins, Sue Morgan, Alun Munslow (eds), *Manifestos for History*. Oxford: Routledge, pp. 131–148.

参考文献

Katz, James E. and Aakhus, Mark (2002) *Perpetual Contact: Mobile Communication, Private Talk, Public Communication*. Cambridge: Cambridge University Press.

Katz, James E. and Sugiyama, Satomi (2006) "Mobile Phones as Fashion Statements: Evidence from Student Surveys in the US and Japan", *New Media Society*, 8 (2): 321-337.

Kear, Adrian and Steinberg, Deborah Lynn (1999) *Mourning Diana: Nation, Culture and the Performance of Grief*. London: Routledge.

Kellner, Douglas (1995) *Media Culture: Cultural Studies, Identity, and Politics Between the Modern and the Postmodern*. London: Routledge.

Kelly, Kevin (2010) "The Shirky Principle", *The Technium*. Online: http://www.kk.org/thetechnium/archives/2010/04/the_ shirky_ prin. php (accessed 3 June 2010).

Keneally, Thomas (1982) *Schindler's Ark*. London: Hodder & Stoughton.

Kidd, Jenny (2009) "Digital Storytelling and the Performance of Memory", in Joanne Garde-Hansen, Andrew Hoskins and Anna Reading (eds), *Save As... Digital Memories*. Basingstoke: Palgrave Macmillan, pp. 167-183.

Kitch, Carolyn (2003) "Mourning in America: Ritual, Redemption, and Recovery in News Narrative After September 11", *Journalism Studies*, 4 (2): 213-224.

媒介与记忆

Kitch, Carolyn (2005) *Pages from the Past: History and Memory in American Magazines*. Chapel Hill, NC: University of North Carolina Press.

Kitch, Carolyn (2008) "Placing Journalism Inside Memory – and Memory Studies", *Memory Studies*, 1 (3): 311 – 320.

Kitch, Carolyn and Hume, Janice (2008) *Journalism in a Culture of Grief*. London: Routledge.

Klaebe, Helen G. and Foth, Marcus (2006) *Capturing Community Memory with Oral History and New Media: The Sharing Stories Project*. In 3rd International Conference of the Community Informatics Research Network (CIRN), Prato, Italy, 9 – 11 October.

Klein, Kerwin Lee (2000) "On the Emergence of Memory in Historical Discourse", *Representations*, 69: 127 – 150.

Kuhn, Annette (1995) *Family Secrets: Acts of Memory and Imagination*. London: Verso.

Kuhn, Annette (2000) "A Journey Through Memory", in Susannah Radstone (ed.), *Memory and Methodology*. Oxford: Berg, pp. 179 – 196.

Kuhn, Annette (2002) *An Everyday Magic: Cinema and Cultural Memory*. London: I. B. Tauris.

Kuhn, Annette and McAllister, Kirsten Emiko (eds) (2006) *Locating Memory: Photographic Acts*. Oxford: Berghahn Books.

Lambert, Joe ([1997] 2009) "Where It All Started: The Center for Digital Storytelling in California", in John Hartley and Kelly McWilliam (eds), *Story Circle: Digital Storytelling Around the World*. Oxford: Blackwell, pp. 79 – 90.

Landsberg, Alison (2004) *Prosthetic Memory: The Transformation of American Remembrance in the Age of Mass Culture*. New York: Columbia University Press.

Landy, Marcia (ed.) (2001) *The Historical Film: History and Memory in Media*. Piscataway, NJ: Rutgers University Press.

Le Goff, Jacques (1992) *History and Memory*, trans. Steven Rendall and Elizabeth Claman. New York: Columbia University Press.

Leadbeater, Charles (2008) *We-think: Mass Innovation, Not Mass Production: The Power of Mass Creativity*. London: Profile Books.

Lemon, Alaina (2000) *Between Two Fires: Gypsy Performance and Romani Memory from Pushkin to Postcolonialism*. Durham, NC: Duke University Press.

Lessig, Lawrence (2007) "Larry Lessig on Laws that Choke Creativity", *TED Talks*. Online: http://www.ted.com/talks/larry_lessig_says_the_law_is_strangling_creativity.html (accessed 7 June 2010).

Levy, Daniel and Sznaider, Natan (2005) *The Holocaust and*

媒介与记忆

Memory in the Global Age. Philadelphia: Temple University Press.

Lipsitz, George (1990) *Time Passages: Collective Memory and American Popular Culture*. Minneapolis: University of Minnesota Press.

Livingstone, Sonia (2008) *On the Mediation of Everything*. Presidential Address to the International Communication Association. Online: http://www.icahdq.org/conferences/presaddress.asp#_ftnref2 (accessed 8 July 2009).

Livingstone, Steven (1997) *Clarifying the CNN Effect: An Examination of Media Effects According to Type of Military Intervention*, Research Paper R-17, Joan Shorenstein Center on the Press, Politics and Public Policy, Harvard University. Online: http://www.hks.harvard.edu/presspol/publications/papers/research_papers/r18_livingston.pdf (accessed 7 July 2009).

Loshitzky, Yosefa (ed.) (1997) *Spielberg's Holocaust: Critical Perspectives on Schindler's List*. Bloomington: Indiana University Press.

Lowenthal, David (1985) *The Past Is a Foreign Country*. Cambridge: Cambridge University Press.

Lowenthal, David (1996) *Possessed by the Past: The Heritage Crusade and the Spoils of History*. New York: Free Press.

Lumb, Rebecca (2010) "Reunited with the Vietnamese 'girl in the picture'", *BBC News*, 17 May. Online: http: //news. bbc. co. uk/1/hi/world/asia-pacific/8678478. stm (accessed 20 August 2010).

Lundby, Knut (ed.) (2008) *Digital Storytelling, Mediatized Stories: Self-representations in New Media*. New York: Peter Lang.

Lundby, Knut (ed.) (2009) *Mediatization: Concept, Changes, Consequences*. Oxford: Peter Lang.

Lyons, James and Plunkett, John (eds) (2007) *Multimedia Histories: From the Magic Lantern to the Internet*. Exeter: University of Exeter Press.

Lyotard, Jean-François ([1979] 2001) *The Postmodern Condition: A Report on Knowledge*, trans. Geoff Bennington and Brian Massumi. Manchester: Manchester University Press.

McArthur, Colin (1978) *Television and History*, BFI Television Monograph. London: BFI Educational Advisory Service.

McChesney, Robert and Nichols, John (2002) *Our Media, Not Theirs: The Democratic Struggle Against Corporate Media*. New York: Seven Stories Press.

Macdonald, Myra (2006) "Performing Memory on Television: Documentary and the 1960s", *Screen*, 47 (3): 327–345.

McLean, Iain and Johnes, Martin (1999) *The Aberfan Distaster* (website 1997–2001). Online: http: //www. nuffield. ox. ac. uk/politics/aberfan/home. htm.

媒介与记忆

McLuhan, Marshall ([1964] 1994) *Understanding Media: The Extensions of Man.* Cambridge, MA: MIT Press.

McLuhan, Marshall (1967) *The Medium is the Massage: An Inventory of Effects*, with Quentin Fiore. London: Penguin.

Maj, Anna and Riha, Daniel (2009) *Digital Memories: Exploring Critical Issues* (e-book). Online at Inter-Disciplinary. net: http://www.inter-disciplinary.net/wp-content/uploads/2009/12/DigMem-1.3d.pdf (accessed 28 June 2010).

Maltby, Sarah and Keeble, Richard (eds) (2007) *Communicating War: Memory, Media and Military.* Bury St Edmonds: Arima Publishing.

Manovich, Lev (2002) *The Language of New Media.* Cambridge, MA: MIT Press.

Margalit, Avashi (2002) *The Ethics of Memory.* Cambridge, MA: Harvard University Press.

Mayer-Schönberger, Viktor (2009) *Delete: The Virtue of Forgetting in the Digital Age.* Princeton: Princeton University Press.

Meadows, Daniel and Kidd, Jenny (2009) "'Capture Wales': The BBC Digital Storytelling Project", in John Hartley and Kelly McWilliam (eds), *Story Circle: Digital Storytelling Around the World.* Oxford: Blackwell, pp. 91-117.

Merrin, William (2008) *Media Studies* 2.0. Online: http://

mediastudies2point0. blogspot. com/ date (accessed 5 May 2010).

Miller, Alisa (2008) "Alisa Miller shares the news about the news". Online: http: //www. ted. com/index. php/ talks/alisa_ miller_ shares_ the_ news_ about_ the_ news. html (accessed 20 November 2010).

Miller, Toby (2002) *Television Studies.* London: British Film Institute.

Miller, Toby (2007) *Cultural Citizenship: Cosmopolitanism, Consumerism and Television in a Neoliberal Age.* Philadelphia: Temple University Press.

Misztal, Barbara (2003) *Theories of Social Remembering.* Maidenhead: Open University Press.

Moir, Jan (2008) "Madonna Sups Deep at the Fountain of Youth", 26 March. Online: http: //www. telegraph. co. uk/comment/ columnists/janmoir/3556572/Madonna-sups-deep-at-the-fountain-of-youth. html.

Mooney, Michael M. (1972) *Who Destroyed the Hindenberg.* New York: Dodd, Media & Co.

Morris-Suzuki, Tessa (2005) *The Past Within Us: Media, Memory, History.* London: Verso.

Negroponte, Nicholas (1995) *Being Digital.* London: Vintage.

Nguyen, Nathalie Huynh Chau (2009) *Memory Is Another Country: Women of the Vietnamese Diaspora.* New York: Praeger.

媒介与记忆

Nora, Pierre (1996 – 1998) *Realms of Memory: Rethinking the French Past*, ed. Lawrence D. Kritzman, trans. Arthur Goldhammer, 3 vols. New York: Columbia University Press.

Nora, Pierre (2002) "Reasons for the Current Upsurge in Memory", *Eurozine*, 9 April 2002; first published in German in *Transit*, 22 (2002). Online: http://www.eurozine.com/journals/transit/issue/2002 – 06 – 01. html (accessed 8 October 2009).

Novick, Peter (1999) *The Holocaust in American Life*. Boston: Houghton Mifflin.

Nussbaum, Martha C. (2001) *Upheavals of Thought: The Intelligence of Emotions*. Cambridge: Cambridge University Press.

Olick, Jeffrey K. (1984) *Les Lieux de Mémoire (Realms of Memory)*. Paris: Gallimard.

Olick, Jeffrey K. (1999) "Collective Memory: The Two Cultures", *Sociological Theory*, 17 (3): 333 – 348.

Olick, Jeffrey (2008) "From Collective Memory to the Sociology of Mnemonic Practices and Products", in Astrid Erll and Ansgar Nünning (eds), *Cultural Memory Studies: An International and Interdisciplinary Handbook*. Berlin: Walter de Gruyter, pp. 151 – 162.

Olick, Jeffrey K. and Coughlin, Brenda (2003) "The Politics of Regret: Analytical Frames", in John Torpey (ed.), *The

Politics of the Past: On Repairing Historical Injustices. Lanham, MD: Rowman & Littlefield, pp. 37-62.

Olick, Jeffrey K. and Levy, Daniel (1997) "Collective Memory and Cultural Constraint: Holocaust Myth and Rationality in German Politics", *American Sociological Review*, 62 (2): 921-936.

Olick, Jeffrey K., Vinitsky Seroussi, Vered and Levy, Daniel (2010) *The Collective Memory Reader*. Oxford: Oxford University Press.

Olick, Jeffrey K., Vinitsky Seroussi, Vered and Levy, Daniel (2011) *The Collective Memory Reader*. Oxford: Oxford University Press.

Packard, Noel (ed.) (2009) *Sociology of Memory: Papers from the Spectrum*. Newcastle: Cambridge Scholars Publishing.

Papoulias, Constantina (2005) "From the Agora to the Junkyard: Social Memory and Psychic Materialities", in Susannah Radstone and Katharine Hodgkin (eds), *Memory Cultures: Memory, Subjectivity and Recognition*. Piscataway, NJ: Transaction Books, pp. 114-130.

Parry, Ross (2006) *Recoding the Museum: Digital Heritage and the Technologies of Change*. London: Routledge.

Pease, Edward C. and Dennis, Everette E. (eds) (1995) *Radio: The Forgotten Medium*. Piscataway, NJ: Transaction Publishers.

媒介与记忆

Pentzold, Christian (2009) "Fixing the Floating Gap: The Online Encyclopaedia Wikipedia as a Global Memory Place", *Memory Studies*, 2 (2): 255-272.

Peters, Isabella (2009) *Folksonomies: Indexing and Retrieval in Web 2.0*. Berlin: Walter de Gruyter.

Pickering, Michael and Keightley, Emily (2006) "The Modalities of Nostalgia", *Current Sociology*, 54 (6): 919-941.

Pilkington, Doris (1996) *Follow the Rabbit-Proof Fence*. Brisbane: University of Queensland Press.

Popular Memory Group (1982) "Popular Memory: Theory, Politics, Method", in Richard Johnson et al. (eds), *Making Histories*. London: Hutchinson, pp. 205-252.

Postman, Neil (1986) *Amusing Ourselves to Death: Public Discourse in the Age of Show Business*. London: Penguin.

Postman, Neil (1992) *Technopoly: The Surrender of Culture to Technology*. New York: Vintage.

Prelinger, Rick (2009) "The Appearance of Archives", in Pelle Snickers and Patrick Vondrau (eds), *The YouTube Reader*. London: Wallflower Press, pp. 268-274.

Puttnam, David (2004) "Has Hollywood Stolen Our History?", in David Cannadine (ed.), *History and the Media*. Basingstoke: Palgrave Macmillan, pp. 160-166.

Radstone, Susannah (2007) *The Sexual Politics of Time*:

Confession, *Nostalgia*, *Memory*. London: Routledge.

Radstone, Susannah and Katharine Hodgkin (eds) (2005) *Memory Cultures: Memory, Subjectivity and Recognition*, Piscataway, NJ: Transaction Books; previously published in 2003 as *Regimes of Memory*, Routledge Studies in Memory and Narrative. London: Routledge.

Raphael, Frederic (1980) "The Language of Television", in Leonard Michaels and Christopher B. Ricks (eds), *The State of the Language*. Berkeley: University of California Press, pp. 304-312.

Reading, Anna (2002) *The Social Inheritance of the Holocaust: Gender, Culture and Memory*. Basingstoke: Palgrave Macmillan.

Reading, Anna (2003) "Digital Interactivity in Public Memory Institutions: The Uses of New Technologies in Holocaust Museums", *Media, Culture and Society*, 25 (1): 67-86.

Reading, Anna (2008) "The Mobile Family Gallery? Gender, Memory and the Cameraphone", *Trames: Journal of the Humanities and Social Sciences*, 12 (62/57) (3): 355-365.

Reading, Anna (2009) *Towards a Philosophy of the Globital Memory Field*. LANDMARKS 2 Conference: Communication and Memory, Institute of Germanic and Romance Studies, SAS, University of London, 9-11 December.

Reading, Anna (2010) *Mobile and Static Memories in Gypsy*,

媒介与记忆

Roma and Traveller Communities. Media, Memory and Gypsy, Roma and Traveller (GRT) Communities Symposium, Research Centre for Media, Memory and Community, University of Gloucestershire, 22 June. Online: http://www. glos. ac. uk/research/mac/mmc/Pages/default. aspx.

Reynolds, Gillian (2008) "The Week in Radio", *The Telegraph*, 2 December.

Richardson, Ingrid (2005) " Mobile Technosoma: Some Phenomenological Reflections on Itinerant Media Devices", *Fibreculture: Internet Theory, Criticism and Research*, 6. Online: http://journal. fibreculture. org/issue6/issue6_richardson. html (accessed 9 November 2009).

Richardson, Kathleen and Hessey, Sue (2009) "Archiving the Self? Facebook as Biography of Social and Relational Memory", *Journal of Information, Communication and Ethics in Society*, 7 (1): 25 – 38.

Richardson, Ingrid, Third, Amanda and MacColl, Ian (2007) "Moblogging and Belonging: New Mobile Phone Practices and Young People's Sense of Social Inclusion", *ACM International Conference Proceedings*, 274: 73 – 78.

Ricœur, Paul (1984) *Time and Narrative*, Vol. 1. Chicago: University of Chicago Press.

Ricœur, Paul (2004) *Memory, History and Forgetting*, trans. Kathleen Blamey and David Pellauer. Chicago: University of

Chicago Press.

Roediger, H. L., Dudai, Y. and Fitzpatrick, S. M. (eds) (2007) *Science of Memory: Concepts*. Oxford: Oxford University Press.

Rosenfeld, Gavriel D. (2009) "A Looming Crash or a Soft Landing? Forecasting the Future of the Memory 'Industry'", *Journal of Modern History*, 81: 122 – 158.

Rosenstone, Robert A. (2001) "The Historical Film: Looking at the Past in a Postliterate Age", in Marcia Landy (ed.), *The Historical Film: History and Memory in Media*. Piscataway, NJ: Rutgers University Press, pp. 50 – 66.

Rosenzweig, Roy and Thelen, David (1998) *The Presence of the Past: Popular Uses of History in American Life*. New York: Columbia University Press.

Rossington, Michael and Whitehead, Anne (eds) (2007) *Theories of Memory: A Reader*. Edinburgh: Edinburgh University Press.

Roth, Michael S. (1995) "*Hiroshima Mon Amour*: You Must Remember This", in Robert A. Rosenstone (ed.), *Revisioning History: Film and the Construction of a New Past*. Princeton: Princeton University Press, pp. 91 – 101.

Rothberg, Michael (2009) *Multidirectional Memory: Remembering the Holocaust in the Age of Decolonization*. Palo Alto, CA: Stanford University Press.

Rubinstein, Daniel and Sluis, Katrina (2008) "A Life More

Photographic: Mapping the Networked Image", *Photographies*, 1 (1): 9 – 28.

Ruddock, Andy (2001) *Understanding Audiences: Theory and Method*. London: Sage.

Samuel, Raphael (1996) *Theatres of Memory: Past and Present in Contemporary Culture*, Vol. 1. London: Verso.

Schama, Simon (2004) "Television and the Trouble with History", in David Cannadine (ed.), *History and the Media*. Basingstoke: Palgrave Macmillan, pp. 20 – 33.

Schröter, Jens (2009) "On the Logic of the Digital Archive", in Pelle Snickars and Patrick Vonderau (eds), *The YouTube Reader*. London: Wallflower Press, pp. 330 – 346.

Schwarz, Barry (1982) "The Social Context of Commemoration: A Study in Collective Memory", *Social Forces*, 61 (2): 367 – 377.

Schwichtenberg, Cathy (1993) *The Madonna Connection: Representational Politics, Subcultural Identities and Cultural Theory*. Boulder, CO: Westview Press.

Shandler, Jeffrey (1999) *While America Watches: Televising the Holocaust*. Oxford: Oxford University Press.

Shingler, Martin and Wieringa, Cindy (1998) *On Air: Methods and Meanings of Radio*. London: Arnold.

Shirky, Clay (2008) *Here Comes Everybody: The Power of Organizing Without Organizations*. London: Penguin.

Shirky, Clay (2009) "Clay Shirky: How Social Media Make History", *TED Talks*, June. Online: http://www.ted.com/talks/lang/eng/clay_ shirky_ how_ cellphones_ twitter_ facebook_ can_ make_ history. html (accessed 30 June 2010).

Shirky, Clay (2010a) *Cognitive Surplus: Creativity and Generosity in a Connected Age*. London: Allen Lane.

Shirky, Clay (2010b) "The Collapse of Complex Business Models", *Clay Shirky Weblog*. Online: http://www.shirky.com/weblog/2010/04/the-collapse-of-complex-business- models/ (accessed 3 June 2010).

Smither, Roger (2004) "Why Is So Much Television History About War?", in David Cannadine (ed.), *History and the Media*. Basingstoke: Palgrave, pp. 51–66.

Snickars, Pelle (2009) "The Archival Cloud", in Pelle Snickars and Patrick Vonderau (eds), *The YouTube Reader*. London: Wallflower Press, pp. 292–313.

Snickars, Pelle and Vonderau, Patrick (eds) (2009) *The YouTube Reader*. London: Wallflower Press.

Snyder, Bob (2000) *Music and Memory: An Introduction*. Cambridge, MA: MIT Press.

Sontag, Susan (2002) "Looking at War: Photography's View of Devastation and Death", *The New Yorker*, 9 December. Online: http://www.newyorker.com/archive/2002/12/09/021209crat_ atlarge? currentPage = all#ixzz0yJ0aII9I.

媒介与记忆

Sontag, Susan (2003) *Regarding the Pain of Others*. New York: Farrar, Strauss & Giroux.

Spigel, Lynn (1995) "From the Dark Ages to the Golden Age: Women's Memories and Television Reruns", *Screen*, 36 (1): 16 – 33.

Spigel, Lynn (2005) "Our TV Heritage: Television, the Archive and the Reasons for Preservation", in Janet Wasko (ed.), *A Companion to Television*. Oxford: Blackwell, pp. 67 – 100.

Srivastava, L. (2005) "Mobile Phones and the Evolution of Social Behaviour", *Behaviour and Information Technology*, 2 (2): 111 – 129.

Starkey, Guy (2004) *Radio in Context*. Basingstoke: Palgrave Macmillan.

Stiegler, Bernard (2003) "Our Ailing Educational Institutions", *Culture Machine*, 5. Online: http://www.culturemachine.net/index.php/cm/issue/view/13.

Sturken, Marita (1997) *Tangled Memories: The Vietnam War, the AIDS Epidemic, and the Politics of Remembering*. Berkeley: University of California Press.

Sturken, Marita (2002) "Television Vectors and the Making of a Media Event: The Helicopter, the Freeway Chase and National Memory", in James Friedman (ed.), *Reality Squared: Televisual Discourses on the Real*. New Brunswick, NJ:

Rutgers University Press, pp. 185 – 202.

Sturken, Marita (2007) *Tourists of History: Memory, Kitsch, and Consumerism from Oklahoma City to Ground Zero*. Durham, NC: Duke University Press.

Sturken, Marita (2008) "Memory, Consumerism and Media: Reflections on the Emergence of the Field", *Memory Studies*, 1 (1): 73 – 78.

Sussex Technology Group (2001) "In the Company of Strangers: Mobile Phones and the Conception of Space", in Sally Munt (ed.), *Technospaces: Inside the New Media*. London: Continuum, pp. 205 – 223.

Sutton, John (2007) *Philosophy and Memory Traces: Descartes to Connectionism*. Cambridge: Cambridge University Press.

Taylor, Diana (2003) *The Archive and the Repertoire: Performing Cultural Memory in the Americas*. Durham, NC: Duke University Press.

Theiss, Evelyn (2009) "My Lai Photographer Ron Haeberle Exposed a Vietnam Massacre 40 Years Ago Today in *The Plain Dealer*", 20 November. Online: http://www.cleveland.com/living/index.ssf/2009/11/plain_ dealer_ published_ first_ i.html (accessed 1 September 2010).

Thelen, David (ed.) (1990) *Memory and American History*. Bloomington: Indiana University Press.

Thelwall, Mike and Vaughan, Liwen (2004) "A Fair History of

the Web? Examining Country Balance in the Internet Archive", *Library and Information Science Research*, 26 (2): 162 – 176.

Tulving, E. (2007) "Are There 256 Different Kinds of Memory?", in J. S. Nairne (ed.), *The Foundations of Remembering: Essays in Honor of Henry L. Roedinger, III*. New York: Psychology Press, pp. 39 – 52.

Turner, Graeme and Tay, Jinna (eds) (2009) *Television Studies After TV: Understanding Television in the Post-Broadcast Era*. London: Routledge.

Uricchio, William (2009) "The Future of a Medium Once Known as Television", in Pelle Snickars and Patrick Vonderau (eds), *The YouTube Reader*. London: Wallflower Press, pp. 24 – 39.

van Dijck, José (2007) *Mediated Memories in the Digital Age*. Palo Alto, CA: Stanford University Press.

van Dyke, Ruth M. and Alcock, Susan E. (eds) (2003) *Archaeologies of Memory*. Oxford: Blackwell.

van House, Nancy and Churchill, Elizabeth F. (2008) "Technologies of Memory: Key Issues and Critical Perspectives", *Memory Studies*, 1 (3): 295 – 310.

Vigilant, Lee Garth and Williamson, John B. (2003) "Symbolic Immortality and Social Theory: The Relevance of an Underutilized Concept", in Clifton D. Bryant (ed.), *Handbook of Death and Dying Volume* 1. London: Sage, pp. 173 – 182.

Vincendeau, Ginette (2001) *Film/Literature/Heritage*. London: BFI.

Volkmer, Ingrid (ed.) (2006) *News in Public Memory: An International Study of Media Memories across Generations*. New York: Peter Lang.

Waldman, Diane and Walker, Janet (1999) *Feminism and Documentary*, Minneapolis: University of Minnesota Press.

Walker, Janet (2005) *Trauma Cinema: Documenting Incest and the Holocaust*. Berkeley: University of California Press.

Walter, Tony (1999) *The Mourning for Diana*. Oxford: Berg.

Weiss, Allen S. (ed.) (2001) *Experimental Sound and Radio*, A TDR Book. Cambridge, MA: MIT Press.

Wertsch, James (2002) *Voices of Collective Remembering*. Cambridge: Cambridge University Press.

Wesch, Mike (2008) *An Anthropological Introduction to YouTube*. Presentation to the Library of Congress. Online: http://www.youtube.com/watch?v = TPAOlZ4_hU&feature = player_embedded#! (accessed 12 August 2010).

Williams, Helen, Conway, Martin and Cohen, Gillian (2008) "Autobio-graphical Memory", in Gillian Cohen and Martin A. Conway (eds), *Memory in the Real World*, 3rd edn. Hove: Psychology Press/Taylor & Francis, pp. 21 – 90.

Williams, Raymond (1975) *Television: Technology and Cultural*

Form. Berlin: Schocken Books.

Wilson, Shaun (2009) "Remixing Memory in Digital Media", in Joanne Garde-Hansen, Andrew Hoskins and Anna Reading (eds), *Save As... Digital Memories*. Basingstoke: Palgrave Macmillan, pp. 184 – 197.

Winter, Jay and Sivan, Emmanuel (eds) (2000) *War and Remembrance in the Twentieth Century*. Cambridge: Cambridge University Press.

Wright, Patrick (2009) *Living in an Old Country: The National Past in Contemporary Britain*. Oxford: Oxford University Press.

Young, Greg (2004) "From Broadcasting to Narrowcasting to 'Mycasting': a Newfound Celebrity in Queer Internet Communities", *Continuum: Journal of Media and Cultural Studies*, 18 (1): 43 – 62.

Young, James E. (1993) *The Texture of Memory: Holocaust Memorials and Meaning*. London: Yale University Press.

Zelizer, Barbie (1992) *Covering the Body: The Kennedy Assassination, the Media, and the Shaping of Collective Memory*. Chicago: University of Chicago Press.

Zelizer, Barbie (1995) "Reading the Past Against the Grain: The Shape of Memory Studies", *Critical Studies in Mass Communication*, 12 (2): 215 – 239.

Zelizer, Barbie (1997) "Every Once in a While: *Schindler's*

List and the Shaping of History", in Yosefa Loshitzky (ed.) , *Spielberg's Holocaust: Critical Perspectives on Schindler's List*. Bloomington: Indiana University Press, pp. 18 - 40.

Zelizer, Barbie (1998) *Remembering to Forget: Holocaust Memory Through the Camera's Eye*. Chicago: University of Chicago Press.

Zelizer, Barbie (2002) "Photography, Journalism, and Trauma", in *Journalism after September 11* . New York: Routledge, pp. 48 - 68.

Zelizer, Barbie (2010) *About to Die: How News Images Move the Public*. Chicago: University of Chicago Press.

Zelizer, Barbie and Stuart Allan (eds) (2002) *Journalism after September 11* . New York: Routledge.

Zerubavel, Yael (1997) *Recovered Roots : Collective Memory and the Making of Israeli National Tradition*. Chicago: University of Chicago Press.

Žižek, Slavoj (1996) "I Hear You with My Eye's", in Renata Salaci and Slavoj Žižek (eds), *Gaze and Voice as Love Objects*. Durham, NC: Duke University Press.

Zuckerman, Ethan (2010) "Listening to Global Voices", *TED Talks*. TEDGlobal Conference, Oxford. Online: http: //www. ted. com/talks/ ethan_ zuckerman. html.

媒介与记忆

音视频参考文献

Hiroshima Mon Amour(1959, dir. Alan Resnais)

The Hindenberg(1975 dir. Robert Wise)

Star Wars Episode IV : A New Hope(1977, dir. George Lucas)

The Deer Hunter(1978, dir. Michael Cimino)

Coming Home(1978, dir. Hal Ashby)

Shoah(1985, dir. Claude Lanzmann)

Desperately Seeking Susan(1985, dir. Susan Seidelman)

Platoon(1986, dir. Oliver Stone)

First Person Plural(1988, dir. Lynn Hershmann Leeson)

Seeing is Believing(1991, dir. Lynn Hershmann Leeson)

Cold Lazarus(1993, Dennis Potter)

Schindler's List(1993, dir. Steven Spielberg)

Blue(1993, dir. Derek Jarman)

Strange Days(1995, dir. Kathryn Bigelow)

Star Trek : First Contact(1996, dir. Jonathan Frakes)

The Matrix(1999, dir. Wachowski Brothers)

High Fidelity(2000, dir. Stephen Frears)

90 Miles(2001, dir. Juan Carlos Zaldivar)

Rabbit Proof Fence(2002, dir. Philip Noyce)

9/11 (2002, dir. Naudet Brothers)

My Big Fat Greek Wedding(2002, dir. Joel Zwick)

Country of My Skull(2004,dir. John Boorman)
Downfall(2004,dir. Oliver Hirschbiegel)
The Final Cut(2004,dir. Omar Naim)
World Trade Center(2006,dir. Oliver Stone)
The Boy in the Striped Pyjamas(2008,dir. Mark Herman)
Enemies of the People(2009,dir. Rob Lemkin and Thet Sambath)
The Interview Project(2009 - 2010,dir. David Lynch)
Who Do You Think You Are?(BBC,2010)
My Big Fat Gypsy Wedding(Channel 4,2010)
JFK-A Presidency Revealed(History Channel,2003)
Top of the Pops (BBC,1964 - 2006)
Grand Theft Auto(Rockstar Games,1997 - 2009)
Twin Towers :A Memorial in Sound(BBC Radio 4,2002)

索　引

（*索引页码均为英文原著页码，即本书边码*）

- A -

Aakhus, Mark, 马克·奥克许斯 137

Abbott, Daisy, 戴茜·阿博特 82

Aberfan Disaster, 艾伯凡灾难

　　archives, 艾伯凡灾难之档案 94 - 95, 103

　　BBC *Open Country* programme, BBC《在乡间》栏目对艾伯凡灾难之呈现 94 - 101, 102, 104

　　community interviews, 艾伯凡灾难之社区访谈 95, 97 - 98

Abu Ghraib prison, 阿布格莱布监狱（巴格达中央监狱）111

Academy of Television Arts and Sciences, 电视艺术与科学学会 75

Adams, William, 威廉·亚当斯 52, 53, 61

Adorno, Theodor, 西奥多·阿多诺 123, 125, 128

aesthetics 美学

索 引

　　of 11 September 2001 attack，"9·11"恐怖袭击 110

　　of Holocaust，犹太人大屠杀 57，58-59，72-73

　　of memory，记忆美学 66

　　photography，摄影美学 48

affective domain，情感领域 34，36，39

Afghanistan conflict，阿富汗冲突 110

Ageh，Tony，托尼·阿吉 79，103

ageing，衰老 129-132

AIDS films，艾滋病电影 55

Allan，Stuart，斯图亚特·艾伦 1，58

American Civil War，南北战争 77，84

American Library Association，美国图书馆协会 86（本书第 112 页脚注①）

American Memory archive，美国记忆档案馆 77

Anderson，Steven，史蒂文·安德森 55

Archival Sound Recordings，British Library，英国档案声音记录图书馆 76

archives，档案（历史）1，7-8

　　access to，接触 75，79

　　BBC，英国广播公司档案 50，103

　　control of，档案的控制 71-72

　　creativity in，档案的创造性 81，83-86

　　democratisation，档案的大众化 73，76，78-79，80，81，

媒介与记忆

106 – 107

 digital media，数字媒体档案 72 – 76

 digital memory systems，数字记忆系统 71

 Internet，互联网档案 1，71，74

 modern memory，现代记忆 22

Aristotle，亚里士多德 13

Arts Council：Digital Treasures，英国艺术委员会：数字宝藏 79

Assmann, Jan，扬·阿斯曼 26，28

audience 受众

 active/passive，积极的或消极（被动）的 73，84，123

 celebrity emotion，名人情绪 32

 ceremonies，纪念日 110

 collective memory，集体记忆 65

 consumption，消费 123

 cultural heritage，文化遗产 52

 cultural memory，文化记忆 27

 indirect intimacy，间接的移情 32

 involvement，卷入（参与）120

 making meaning，制造意义 73

 manipulated，操纵性的 101

 media literacy，媒介素养 105

 news，新闻 57

 nostalgia，怀旧 39，70，71，108，131，133

索 引

prosthetic memory, 假肢记忆 63

witnessing, 见证 3, 27

see also fan culture, 也见 "粉丝文化"

audio-visual media, 视听媒介 34

Australian Aboriginal children, 澳大利亚原住民儿童 55

autobiography, 自传 36

- B -

Baddeley, Alan D., 艾伦·巴德利 60

Barthes, Roland: *Camera Lucida*, 34, 145 罗兰·巴特:《明室》

Baudrillard, Jean, 让·鲍德里亚 1

The Gulf War Did Not Take Place, 鲍德里亚的《海湾战争不曾发生》4, 109-110, 118

BBC, 英国广播公司 52

archives, 英国广播公司档案（史料）50, 103

Capture Wales, 威尔士风情 36, 72, 101-102

and Channel 英国广播公司第 4 台 4, 21

I ⓒ 1970s, BBC 的《我爱 70 年代》39

as living archive, 英国广播公司作为活的档案馆 102-103

national heritage, 文化遗产 101-102

radio, 广播 93-94

BBC News Online, 英国广播公司新闻网 113-114

BBC Written Archives, BBC 文字档案 103

275

媒介与记忆

Beach Boys，沙滩男孩乐队 115-116

Benjamin, Walter，瓦尔特·本雅明 13

Bennett, Jill，吉尔·贝内特 55-56

Berger, John，约翰·伯格 144, 147

Bergson, Henri，亨利·柏格森 13, 21

    Matter and Memory，亨利·柏格森的《物质与记忆》18, 20-21

Biewen, John，约翰·比文 96, 97, 100-111

Bigelow, Kathryn，凯瑟琳·毕格罗 21

Bijsterveld, Karin，卡林·拜斯特菲尔德 63-64, 122

biopic，传记片 43

Blair, Carole，卡萝尔·布莱尔 40

Blair, Tony，托尼·布莱尔 95

blogosphere，博客圈 81-82

Blue，电影《蓝》55

Blumler, Jay G.，杰·布鲁姆勒 51-52

Bodnar, John，约翰·博德纳 23

Bolter, Jay David 杰伊·大卫·博尔特

    on CNN，博尔特对 CNN 电视网的论述 109

    remediation，再度媒介呈现 47, 67, 113, 131

    Remediation: Understanding New Media，《再度媒介呈现：理解新媒体》106

    television news footage，电视新闻片段 115

索 引

Bommes, Michael, 迈克尔·博梅斯 54

Bosnia, 波斯尼亚 59

The Boy in the Striped Pyjamas, 电影《穿条纹睡衣的男孩》55

Boym, Svetlana, 斯维特兰娜·博伊姆 71, 132-133, 134

Brabazon, Tara, 塔拉·布拉巴赞 39, 64, 122-123

 From Revolution to Revelation, 布拉巴赞的《革命的启示》54-5, 121-122

British Film Institute, 英国电影学院 76, 79, 103

British Library, 大英图书馆 72, 76-77

British Library Sound Archive, 大英图书馆声音档案 52, 103

Broderick, Matthew, 马修·布罗德里克 34

Brown, Steven D., 史蒂文·D. 布朗 29n3（本书第 25 页脚注①）

Bull, Michael, 迈克尔·布尔 122

Burton, James, 詹姆斯·伯顿 20-21

- C -

Calloway-Thomas, Carolyn, 卡洛琳·卡洛维-托马斯 126

Cambodia, 柬埔寨 59, 110

Cameron, Fiona, 菲奥娜·卡梅伦 72, 73, 78, 85

Campbell, S. W., S. W. 坎贝尔 148

Campbell, Sue, 苏·坎贝尔 27

Cannadine, David, 大卫·坎纳丁 1, 2

媒介与记忆

History and the Media,《历史与媒体》60

capitalism, 资本主义 51, 139

Capture Wales, BBC, 英国广播公司的"威尔士风情"项目 36, 72, 101–102

Carruthers, Mary, 玛丽·卡拉瑟斯 14, 26

Caruth, Cathy, 凯西·卡鲁思 56

celebrity, 名人

    audience, 受众 32

    global memory, 全球记忆 127

    identity, 身份认同 39

    memorialisation, 记忆化 127

    and memory, 名人与记忆 125–1299

    self-image, 自我形象 129

    see also fandom, 也见"粉丝"

celebrity death phenomenon, 名人死亡现象 32, 33, 38

Celebrity Studies journal,《名人研究》期刊 126–127

Center of Digital Storytelling, California, 加利福尼亚数字叙事中心 36, 66, 101–102

ceremonial participation, 仪式性参与 32–33, 109, 110

Challenger Shuttle disaster, 挑战者号航天飞机空难 44

Channel 4/BBC, 英国广播公司第 4 台 21

Charter of the Preservation of Digital Heritage (UNESCO), 联合国教科文组织《保护数字遗产宪章》82

索 引

Chesterton, Benjamin, 本杰明·切斯特顿 94, 95 – 96, 97, 100 – 101

Chinese earthquake, 中国汶川地震 4

Churchill, Elizabeth F., 伊丽莎白·丘吉尔 44, 74, 84, 102

cinema, 电影 26, 27 – 28, 41, 53, 55 – 56, 61, 62

cinema of the brain, 大脑的电影院 74

City of Memory project, 记忆之城项目 62

Civil War Photographs, Library of Congress, 美国国会图书馆南北战争影像 77

cloud computing, 云计算 74

CNN effect, CNN 效应 4, 109 – 110

CNN's hoax on America, CNN 关于美国的骗局 117 – 118

Coca-Cola, 可口可乐 132, 133

cognitive modes of memory, 记忆的认知模式 31, 32

cognitive surplus concept, 认知盈余概念 67

Cohen, Daniel, 丹尼尔·科恩 77, 78, 82, 84

Cohen, Gillian, 吉利莲·科恩 15 – 16

Cold Lazarus, 《寒冷的拉扎勒斯》21

Coming Home, 《回家》111

commercialisation, 商业化 27

commodification of memories, 记忆商品化 65 – 66, 128

commodity culture, 商品文化 122, 132

connectivity, 联结 140 – 141, 149

媒介与记忆

Connerton, Paul, 保罗·康纳顿 147

    How Societies Remember, 康纳顿的《社会如何记忆》23, 31

    Seven Types of Forgetting, 康纳顿的《遗忘的七种类型》86 – 87

Constantin Films, 康斯坦丁电影公司 117

consumption, 消费 123

Conway, Martina, 马提娜·康韦 15 – 16

Cooke, Grayson, 格雷森·库克 131

cosmopolitanism, imaginary, "幻想的世界主义" 83

counter-memory, 反记忆 111

Country of My Skull, 电影《头骨国度》55

Creativity, 创造性

    in archiving, 存档的创造性 81, 83 – 86

    connectivity, 联结 149

    digital, 数字化 70, 72

    mass, 大众的 53 – 54

    memory, 记忆 14, 21

    mobile camera phones, 可拍照的移动电话 138, 139 – 140

    of users, 用户的创造性 84, 138, 149

Crisell, Andrew, 安德鲁·克里赛尔 93

Crownshaw, Richard, 理查德·克朗肖 25

cultural construction, 文化建构 22, 35, 121, 128

cultural heritage，文化遗产 51-52，65，71，78，81，83-86

cultural studies，文化研究 54-55

culture industry，文化产业 37，71

Custen，George F.，乔治·库斯顿 43

- **D** -

Daily Express，《每日快报》130

Dayan，Daniel，丹尼尔·戴扬 32，38，109，110

   Media Events，《媒介事件》106

De Groot，Jerome，杰罗姆·德·格鲁特 2，34，39

Declaration Concerning the Intentional Destruction of Cultural Heritage (UNESCO)，联合国教科文组织《关于蓄意破坏文化遗产问题的宣言》51

The Deer Hunter，《猎鹿人》111

Deleuze，Gilles，吉尔·德勒兹 55-66

Delicious，"美食"的 81

democratisation 大众化

   archives，档案的大众化 73，76，78-79，80，81，106-107

   and control，大众化与控制 70

   memory-making，记忆生产 51

Dench，Judi，朱迪·丹奇 130

Derrida，Jacques，雅克·德里达 2，19-20，71-72

媒介与记忆

Desperately Seeking Susan,《神秘约会》133

Diana, Princess, 黛安娜王妃 31, 32, 33, 47, 127

Dienst, Richard, 理查德·迪恩斯特 61, 112

Digg. com, Digg 网站 81

digital culture 数字文化

 collaborative management of, 数字文化协作管理 82

 fans, 粉丝（迷）124

 past, 过往的历史 79

 remembering/forgetting, 记忆/遗忘 70, 82

digital culture heritage, 数字文化遗产 73, 78, 82, 83, 84, 86

Digital Lives Project, British Library, 大英图书馆"数字生活研究项目" 72, 76-77

digital media, 数字媒体 70-71

 archive production, 档案生产 72-76

 as archiving tool, 作为存档工具 76-80

 as creative archive, 作为创意性档案馆 83-86

 technologies, 技术 78, 107

digital memory systems, 数字记忆系统 21, 71, 74

Digital Millennium Copyright Act (US),《1998年美国数字千年版权法》108

Digital Public Space, 数字公共空间 103

Digital Repositories and Archives Inventory Project, 数字资料库和档案清点项目 82

索引

digital sound，数字声音 63-64

digital storytelling，数字叙事 66

Digital Treasures，Arts Council，英国艺术委员会：数字宝藏 79

Dilworth，Alexa，爱丽夏·迪尔沃斯 96

documentary，纪录片 39-340

 Gypsies, Roma and Travellers，吉卜赛人、罗姆人、游居者 51

 Holocaust，对犹太人的大屠杀 58

 9/11，《"9·11"事件》91-92

 personal media，个人媒体 37

 radio，广播 96

Dolce & Gabbana adverts，杜嘉班纳广告 130-131

Doonan，Simon，西蒙·杜南 129

Downes，Alan，艾伦·唐尼斯 114

Downfall，电影《帝国的毁灭》116-117

Draaisma，Douwe，杜威·德拉埃斯马 61-62

 Metaphors of Memory，德拉埃斯马的《记忆的隐喻》64

Durkheim，Émile，埃米尔·涂尔干 13，18-19

-E-

Edward Ⅷ，爱德华八世 130

11 September 2001 attack "9·11"恐怖袭击

aesthetic，美学 110

aftermath，之后 59，110

Falling Man photograph，照片《坠落的人》47，91-92，110，114

films，电影 55，91-92

institutionalised templates of，"9·11"事件的制度化模板 57-58

memorial ceremonies，纪念仪式 36

memorial websites，纪念网站 53，72

memories，记忆 5

real-time television news，电视新闻直播 44-45，47

sounds，声音 92

trauma，创伤 35

visual images，视觉图像 57-58，91-92

on YouTube，视频网站 Youtube 上的"9·11"事件 112-113

Elizabeth II，伊丽莎白二世 109

Elle magazine，法国《她》时尚杂志 129

Elsaesser, Thomas，托马斯·埃尔塞瑟 74

emotion 情感

　authentic，真实情感 86

　celebrities，名人 32

　commodity culture，商品文化 132

connectivity，联结 148

cultural heritage，文化遗产 52

everyday，日常 15

false memory，虚假记忆 27 – 28

fans，粉丝（迷）124，125，128，129

global，全球的 127

marketing，市场 132

and memory，情感与记忆 5，14，19，33 – 34，41

music，音乐 101

past，往事 53，60，63

sound，声音 92

empathy，移情 3，5，39，128

English costume drama，英国古装剧 43

Erll，Astrid，阿斯特莉特·埃尔 46，47

ethics of viewing，观看的伦理 112

everyday life，日常生活 15，33，35

experiential memories，经验记忆 16

eyewitness memories，见证记忆 16

– F –

Facebook，脸书 84，85，87，128，136，148

Facebook Data Team，脸书数据团队 149

Facebook Press Room，脸书发布室 148

Faith，Karlene，卡林·菲斯 124

媒介与记忆

Falling Man photograph, 照片《坠落的人》47, 91 – 92, 110, 114

family album, 家庭相册（影集）34 – 35, 36, 137 – 1378, 139

family history programming, 家庭历史节目 47n1（本书第 52 页脚注②）

family history research, 私家历史研究 34

fandom, 粉丝圈 123 – 124

fans of Madonna 麦当娜的粉丝（歌迷）
　archive-making, 档案生产 124, 126, 127 – 128, 129
　celebrity memory, 名人记忆 125
　emotion, 情感 124, 125, 128, 129
　nostalgia, 怀旧 124, 132 – 134
　souvenirs, 纪念品 122, 123
　YouTube comments, 视频网站 Youtube 上的留言 121

female academic studies, 女性学术研究 26

femininity, 女性 121, 142

feminist films, 女性主义电影 37

The Final Cut,《最终剪辑》21

Finkelstein, Norman, 诺曼·芬克尔斯坦 24, 73

First Person Plural, 电影《第一人称复数》37

First Wedding Dances, YouTube, 视频网站 Youtube 上的"第一支婚礼舞蹈" 105 – 106

索　引

Fisk, Robert, 罗伯特·菲斯克 3
Fiske, John, 约翰·费斯克 110, 124
　　Reading the Popular, 费斯克的《阅读流行》123
　　Understanding Popular Culture, 费斯克的《理解大众文化》123
Fiske Matters Conference, 费斯克问题研讨会 124
flashbulb memories, 闪光灯记忆 16, 44
flashframes of memory, 记忆的闪烁框架 111
Flickr, 社交媒体 Flickr 网站 76, 85, 123
forgetting, 遗忘 24, 25, 70, 147
forgiveness, 原谅 24
40th Anniversary website, History Channel, 历史频道 40 周年纪念网站 56
Foster, Hal, 哈尔·福斯特 80
Foucault, Michel 米歇尔·福柯
　　media studies, 福柯的媒体研究 19-20
　　popular memory/history, 流行记忆/历史 2, 55, 61
　　power, 权力 24, 56
Fouz-Hernandez, Santiago, 圣地亚哥·福斯-赫尔南德斯 124-125
Fox news footage, 福克斯电视台新闻片段 117
Frailey, Steven, 史蒂文·弗莱雷 116
Frankfurt School, 法兰克福学派 123
French national identity, 法国民族形象之形成 21, 29n2（本

287

媒介与记忆

书第 25 页脚注③)

Freud, Sigmund, 西格蒙德·弗洛伊德 13

Frosh, Paul, 保罗·弗洛施 3, 40, 44-45

Fukuyama, Francis, 弗朗西斯·福山 2

-G-

Garde-Hansen, Joanne archives of self, 乔安妮·加尔德-汉森关于自我的档案 74

 celebrity/global memory, 名人或全球记忆 127

 collective memory, 集体记忆 63-64

 digital media, 数字媒体 70-71

 digital memory, 数字记忆 46

 mobile phone study, 移动手机研究 138, 141-149

Gauntlett, David, 戴维·冈特利特 73, 123, 129-130

Gehl, Robert, 罗伯特·吉尔 80-81

gender, 性别

 beauty industry, 美容行业 131

 cultural memory, 文化记忆 25

 cultural studies, 性别的文化研究 37

 family photographs, 家庭照片(相册)35, 136

 mobile phone use, 手机的使用 138, 139, 142, 143

Geraghty, Lincoln, 林肯·格拉蒂 128

German Prisoners of War, 德国战俘 58

Getty Images Archive, 盖蒂图片档案馆 75
global memory, 全球记忆 81, 127
globital memory, 全球数字化记忆 46
Gonetoosoon. org, 网站 Gonetoosoon 47, 94-95
Goody, Jade, 杰德·古蒂 33
Google, 谷歌网站 72, 78
Google Books, 谷歌图书 78
Google Street View (GSV), 谷歌街景 62
Google Trends, 谷歌趋势 72, 125-129
Graham, Mark, 马克·格雷厄姆 82
Grainge, Paul, 保罗·格兰吉 65-66, 71
 Memory and Popular Film, 格兰吉的《记忆与大众电影》27
 Monochrome Memories, 格兰吉的《单色记忆》27, 133
Gramsci, Antonio, 安东尼奥·葛兰西 19-20
Grand Theft Audio games, 游戏《侠盗猎车手》62
Green, Nicola, 尼古拉·格林 140
Grusin, Richard, 理查德·格鲁辛 46, 47
 CNN, 美国有线电视新闻网 109
 remediation, 再度媒介呈现（矫正）67, 113, 131
 Remediation: Understanding New Media, 《再度媒介呈现：理解新媒体》106
 television news footage, 电视新闻片段 115
Guantánamo Bay, 关塔那摩湾拘押中心 111

媒介与记忆

Guerra, Joey, 乔伊·格拉 127
Gulf War, 海湾战争 59, 106, 108, 109-110, 117-118
Gypsies, Roma and Travellers, 吉卜赛人、罗姆人、游居者 6-7, 24, 51, 67-68n（本书第76页脚注①）

- H -

Hacking, Ian, 耶恩·哈金 24
Haeberle, Robert, 罗伯特·海伯勒 111, 113
Halbwachs, Maurice 莫里斯·哈布瓦赫
 collective memory, 集体记忆 19, 37-40
 On Collective Memory,《论集体记忆》18-19
 The Collective Memory,《集体记忆》18-19
 creativity, 创造性 21
 individual/social, 个人的/社会的 99
 national archives, 国家档案 102
Hall, Stuart, 斯图亚特·霍尔 43
Hansen, Mark B., 马克·汉森 21, 74
Hansen, Miriam Bratu, 米里阿姆·布拉图·汉森 57
Hartley, John, 约翰·哈特利 66
Haug, Frigga, 夫里佳·豪格 35-36
Hepp, Andreas, 安德烈·赫普 140-141
heritage, 遗产 6, 15, 22, 26, 38, 43, 50;
 see also cultural heritage, 也见文化遗产

索 引

heritage film，遗产电影 43，76
heritage industry，遗产行业 14，52，71，73，133
Hessey, Sue，苏·赫西 84
heteronormativity，异性恋正统主义 106
Hewison, Robert，罗伯特·休伊森 73
high culture，高雅文化 39
High Fidelity，电影《失恋排行榜》63
Higson, Andrew，安德鲁·西格森 43
Hill, Laurie，劳里·希尔 75
Hills, Matt，马特·希尔斯 123，127-128
 Fan Cultures，希尔斯的《粉丝文化》124
The Hindenberg，电影《兴登堡号空难》5
Hindenberg Disaster，兴登堡空难 4-5
Hiroshima Mon Amour，电影《广岛之恋》55
Hirsch, Marianne，玛丽安·赫希 25，26，27，35，43
Hirschbiegel, Oliver，奥利弗·海施贝格 116-117
historical film，历史电影 43
history，历史 1-3，18
 first draft，最初的草稿 3-6，109-110
 live broadcasting，现场直播 32
 to memory，记忆历史 6-8
 remediated，被再度媒介呈现的历史 106，112-115
 rewritten，被重写的历史 108

媒介与记忆

  social media，社交媒体 67

History Channel, 40th Anniversary website，历史频道 40 周年纪念网站 56

Hitler, Adolf，阿道夫·希特勒 116-117

Hodgkin, Katharine，凯瑟琳·霍奇金 13, 19, 20

Holdsworth, Amy，艾米·霍兹沃斯 109

Holland, Patricia，帕特里卡·霍兰德 35

Holocaust，对犹太人的大屠杀 52

  aesthetics of，美学 57, 58-59, 72-73

  Facebook profile of victim，受害者的脸书页面 72

  media institutions，媒体机构 57

  memory，记忆 53

  screen memory，屏幕记忆 57

Holocaust films，犹太人大屠杀电影 55

Holocaust Memorial Museum, US, 58, 77-78 美国犹太人大屠杀纪念馆

Holocaust studies，大屠杀研究 24-25, 27, 37, 43

home movies，家庭电影 73-74

Hopper, Paul，保罗·贺伯 105

Hoskins, Andrew，安德鲁·霍斯金斯

  collective memory，集体记忆 65

  diffused memory，扩散的记忆 47

  dormant memories，休眠的记忆 136

  ethics of viewing，观看的伦理 112

Imperial War Museum，帝国战争博物馆 77

media templates，媒介模板 45，59

military-media，军事媒体 111

new memory，新记忆 28，45，46

social networking，社交网站 84

Televising War from Vietnam to Iraq，《从越南到伊拉克的战争转播》106，110

television/memory，电视/记忆 109

Houston Chronicle，《休斯敦纪事报》127

human-computer interaction，人机交互 44

Huyssen, Andreas，安德烈亚·休森

culture industry，文化产业 37

family history research，私家历史研究 34

forgetting，遗忘 70

history，历史 3，13

mass marketing of memory，记忆的大众营销 39

media/memory，媒介/记忆 28

personal memory，个人记忆 41

trauma and memory，创伤和记忆 56-57

Twilight Memories，《黄昏记忆》23-24

- I -

I © Love 1970 s，BBC，英国广播公司的《我爱70年代》39

identity，身份认同

媒介与记忆

    celebrities，名人 39

    and cinema，身份认同与电影 62

    collective memory，集体记忆 40

    fans，粉丝 126，129

    Madonna，麦当娜 129，133

    and memory，身份认同与记忆 107

    mobile phones，手机 140，141，147

    national，民族国家的 21，29n2（本书第 25 页脚注③），35，37，43，73，136

    reality television，电视真人秀 39

    self，自我 15，33

images，图像 114 – 115，136，137，139；

    see also visual images，也见"视觉图像"

Images for the Future，给未来的图像项目 76

imagination/radio，想象/广播 93，100

Imperial War Museum，帝国战争博物馆 77

impersonators，扮演者 127 – 128

information access，信息访问，107

institutions of memory，记忆制度 52 – 53，54 – 60

Internet，互联网

    archiving，存档 1，71，74

    history，历史 2

    memory templates，记忆模板 58

    mobile phones，手机 141 – 142，143

索 引

open access，开放获取 77，79，86（本书第 121 页脚注①），107

original writers，原始作者 18

search engines，搜索引擎 vii

searches of，互联网的搜索 5，8

self-archiving，自我存档 81

sound archives，声音档案 63

see also Facebook；Google；YouTube 也见"脸书""谷歌网站""视频网站 Youtube"

Internet Archive，互联网档案馆 72，82

Internet Movie Database，互联网电影数据库 27-28

intimacy，亲密性 32，138

iPlayer，iPlayer 软件 103

Iraq War，伊拉克战争 110

Irwin-Zarecka，Iwona，艾沃纳·欧文-扎洛克 23

Ishizuka，Karen L.，凯伦·石塚 74

Italian fascism，意大利法西斯 25

ITN，英国独立电视新闻公司 114-115

ITN Source，英国独立电视新闻公司资源库 118

Ito，Joi，伊藤穰一 79

-J-

Jackson，Michael，迈克尔·杰克逊 22-23，127

媒介与记忆

Jaco, Charles, 查尔斯·雅科 118

Jansen, Bas, 巴斯·詹森 63

Jarman-Ivens, Freya, 弗莱亚·查尔曼-伊文斯 124-125

Jenkins, Henry, 亨利·詹金斯 42, 47n2（本书第 64 页脚注①）, 123-124

    Convergence Culture, 詹金斯的《融合文化》132

    Textual Poachers, 詹金斯的《文本盗猎者》125

JFK - A Presidency Revealed, 电影《约翰·肯尼迪——总统透露》56

Johnes, Martin, 马丁·约翰斯 94

Johnson, Richard, 理查德·约翰逊 54

Joint Information Systems Committee, 英国联合资讯系统委员会 82

Jones, James Earl, 詹姆斯·厄尔·琼斯 116

journalism, 新闻 3, 26

Journalism after September11,《"9·11"事件后的新闻业》58

- K -

Kansteiner, Wulf, 伍尔夫·堪斯坦纳 105, 106, 108, 120

Katz, Elihu, 伊莱休·卡茨 32, 106, 109

Katz, James E., 詹姆斯·卡茨 137, 140

Keightley, Emily, 艾米丽·凯特利 133

Kelly, Kevin, 凯文·凯利 50

Kenderdine, Sarah, 莎拉·肯德丁 73, 78, 85

索 引

Keneally, Thomas, 托马斯·肯尼利 27

Kenerdine, Sarah, 莎拉·肯纳丁 72

Kennedy, John F., 约翰·肯尼迪 32, 45, 48n3（本书第69页脚注①）, 56

Kennedy, Rosanne, 洛桑·肯尼迪 55-56

Kidd, Jenny, 简·基德 66

Kim Phuc, 潘金福 44, 112, 113, 114-115

Kitch, Carolyn, 卡罗琳·凯奇 6, 26, 32, 33, 39

Pages from the Past,《过去的书页》43

Kudrow, Lisa, 丽莎·库卓 34

Kuhn, Annette, 安妮特·库恩 26, 36, 136, 137

   Family Secrets, 库恩的《家庭的秘密》34-35, 84

Kulik, J., 詹姆斯·库里克 44

- L -

Lambert, Joe, 乔·兰伯特 66

Landsberg, Alison, 艾利森·兰兹伯格 27, 28, 62-63, 97, 128

Landy, Marcia, 玛西亚·兰迪 43

Lanzmann, Claude, 克劳德·朗兹曼 27-28, 39-40, 56

Le Goff, Jacques, 雅各·勒高夫 18, 21, 23

Leeson, Lynn Hershman, 林恩·赫舍曼·利森 37

Lessig, Lawrence, 劳伦斯·莱西格 54

媒介与记忆

Library of Congress, US, 美国国会图书馆 77, 78, 80, 83, 86n1（本书第 112 页脚注①）

Life magazine,《生活》杂志 45

Lifton, Robert J., 罗伯特·利夫顿 129

lions/hunter proverb, 关于狮子和狩猎的非洲谚语 50

lived memories, 鲜活记忆 39

Livingstone, Sonia, 索尼亚·利文斯通 42

Livingstone, Steve, 史蒂夫·利文斯通 4

location factors, 地点因素 138

Locke, John, 约翰·洛克 126

London bombings, 伦敦爆炸 44

Loshitzky, Yosefa, 尤瑟法·洛斯茨基 41

Lowenthal, David, 大卫·洛温塔尔 1

 The Past is a Foreign Country,《过往即异邦》23

 Possessed by the Past,《被过去占据》23

Lumb, Rebecca, 黎贝卡·兰布 114

Lundby, Knut, 克努特·伦比 66

Luz, Jesus, 吉瑟斯·鲁兹 129

Lynch, David, 大卫·林奇 72, 108

Lyons, James, 莱昂斯 73

Lyotard, Jean-François, 弗朗索瓦·利奥塔 2, 20

- M -

McCain, John, 麦凯恩 115-116

索　引

McChesney, Robert, 麦克切斯尼 59－60
Macdonald, Myra, 米拉·麦克唐纳 109
McLean, Iain, 伊恩·麦克莱恩 94
McLuhan, Marshall, 马歇尔·麦克卢汉 7, 60－61
　The Medium is the Message,《媒介即信息》59, 61
McWilliam, Kelly, 凯莉·麦克威廉 66
Madonna 麦当娜
　ageing, 衰老 129－132
　"American Life", 音乐专辑《美国生活》125
　Blond Ambition, "金发雄心"巡回演唱会 128
　as brand, 麦当娜作为品牌 132
　Celebration, 歌曲《欢庆会》126, 127, 133－134, 135
　celebrity/memory, 名人记忆 125－129
　Confessions on a Dancefloor,《舞池告白》125
　Dolce & Gabbana adverts, 杜嘉班纳广告 130－131
　"Get Stupid", 视频《变得愚蠢》126
　"Give it 2 Me", 视频《交给我》126, 134, 135
　Hard Candy,《硬糖》134
　as heritage industry, 麦当娜作为遗产行业 133
　"Like a Virgin",《宛如处女》120－121, 128－129, 133, 135
　"Message to YouTube", 视频《给 YouTube 的消息》126
　MTV, MTV 电视台 121

299

媒介与记忆

    Official YouTube Channel，麦当娜的 Youtube 官方频道 126

    online fan memories，在线粉丝记忆 123

    publicity shots，宣传录像 130 - 131

    as queen of pop，流行天后 126，130

    Reinvention Tour，"重生之旅"世界巡回演唱会 125，126

    remediation，再度被媒介呈现 131

    Vogue，《风尚》126，135

    see also fans of Madonna 也见"麦当娜的粉丝"

Madonna Picture Project，麦当娜图片项目 122，123，124，125

MadTV，《疯狂电视秀》130

marketisation of memory，记忆的市场营销 39，56

mass communication，大众传播 26

Mastricht University, Sound Souvenirs Project，马斯特里赫特大学"声音纪念品项目" 63

The Matrix，电影《黑客帝国》21

Mayer-Schönberger, Viktor，维克托·迈尔-舍恩伯格 53，87，131 - 132

Meadows, Daniel，丹尼尔·梅多斯 66

media 媒介（媒体）

    archiving，存档 1，106 - 107

    ceremonial participation，仪式性参与 32 - 33

    collective memory，集体记忆 37 - 40，60

索 引

   critiqued，被批判的 59-60

   forms，形式 53，60-64

   history，历史 1-8

   as memorial，媒体作为纪念 53

   memory，媒体记忆 28-29，58-59

   memory studies，传媒研究领域的记忆研究 14

   message，信息 60-61

   new technologies，新技术 64-65

   personal memory，个人记忆 7，36-37

   public memory，公共记忆 31

   range of，媒介的种类 26

   as recording devices，媒介作为录音设备 60

   witnessing，媒体见证 3，44-45

media delivery systems，媒介传输系统 7，33

media institutions，传媒制度 57，106-107

media literacy，媒介素养 42，105，138，140

media studies，传媒研究 19-20，21，65，91

media templates，媒介模板 45，46，59

media tools，媒介（媒体）工具 54

mediated events，媒介事件 4-5，106，108-112

memobilia，纪念物 139

memorial ceremonies，纪念仪式 36

memorial quilts，作为纪念物的棉被 56

媒介与记忆

memorial websites, 纪念网站 72

memorialisation, 记忆化 33, 41, 53, 58, 127

memorials, 纪念 23, 25, 26, 53, 56

memorisation, 识记 14

memoro-politics, 记忆政治 24

memory, 记忆 29n1（本书第 20 页脚注①）

  as concept, 作为概念的记忆 16

  defined, 定义 14 – 16

  dynamics of, 动力 52 – 53

  as intersection, 记忆作为交叉点 23

  and media, 记忆与媒体 6 – 8, 28 – 29, 39, 58 – 59

  mediated, 被媒介呈现的记忆 7, 41 – 43

  practices, 记忆实践 64 – 67

  as protest, 记忆作为抗议 70

  regimes of, 记忆制度 20

  sanitised, 处理过的记忆（净化的记忆） 45 – 46

  self, 自我记忆 15, 33 – 34

  shared, 共享的记忆 3, 6 – 7

  sites of, 记忆之所 22

  types of: 本书涉及的记忆的各种类型

    artificial, 人造记忆 39, 64; celebrity, 名人记忆 125 – 129; collected, 被收藏的记忆 38; collective, 集体记忆 19, 25, 37 – 40, 53, 60, 64 – 65, 82, 93, 105, 108,

115-116,117;competitive,竞争性记忆107;connected,联结的记忆140;cultural,文化记忆25-26,27,54,63;diffused,扩散的记忆47;digital,数字记忆21,46,71,74;dormant,休眠的记忆136;electronic,电子记忆23;false,虚假的记忆24,27-28;future,未来的记忆145-146;global,全球记忆82,127;habit,习惯记忆20,32-33,47;mediated,被媒介呈现的记忆7,64,105;medieval,中世纪记忆26;modern,现代记忆22;new,新记忆28,45,46;multi-directional,多向记忆53,107;national,民族国家记忆83;personal,个人记忆7,36-37,41;popular,流行记忆2,40,54-55,121-123;prosthetic,假肢记忆27,28,29,62-63,97,128;public/personal,公众/私人记忆31,36-37,50,60,74,93,136-137;working/reference,工作/参考记忆28;world,世界记忆55-56

memory aids,记忆辅助60

Memory in the Real World,《日常生活中的记忆》15-16

Memory Industry,记忆产业43

memory objects,记忆对象74

memory places,记忆之所22

memory studies,记忆研究29n3（本书第25页脚注④）

 foundational ideas,基础观点18-23

 history of,记忆研究的历史13,16-18,23-28,29

媒介与记忆

 Kansteiner, 堪斯坦纳 120
 media, 媒介（传媒）14
 as taught course, 记忆研究作为教学课程 17
Memory Studies journal,《记忆研究》期刊 16, 44, 73, 86
memory tools, 记忆工具 7, 53, 64
memory wars, "记忆战争" 27
memory work, "记忆工作" 36, 129, 136–137
Merrin, William, 威廉·梅林 65
Microsoft Research Lab, MyLifeBits, 微软研究院"我的数码生命" 21, 53
Miller, Alisa, 阿莉莎·米勒 83
Mirren, Helen, 海伦·米伦 130
mis-remembering, 记错了 45
Misztal, Barbara, 芭芭拉·米兹塔尔 32–33, 126
mix tapes, 混音带 63
mnemonic practices, 记忆实践 28
mobile camera phones 带拍照功能的手机
 age factors, 年龄因素 137–144
 connecting/sharing function, 手机的联结/共享功能 141
 constant contact, 持续的联系 137, 140
 creativity, 创造性 138, 139–140
 delayed response, 延迟反应 146
 delete function, 手机的删除功能 141, 144–148

索 引

  and Facebook，手机与脸书 84 -85，136
  Garde-Hansen，加尔德－汉森 138，141 -149
  gender，性别 138，139，142，143
  global uptake，手机的全球普及 105，136
  graphics，图形 91
  memory capacity，记忆能力 144，146 -147
  as memory prosthetic，手机作为记忆假肢 138
  memory transfer，记忆转移 147 -149
  photo albums，手机相册 33，136 -138
  Reading，安娜·雷丁 29，137 -139，143，144
mobile phone apps，手机应用程序 138，142
mobility，可移动性 137
moblogging，发博客 148
Moir, Jan，珍·莫尔 131
Monroe, Marilyn，玛丽莲·梦露 32，133
monuments，纪念碑 25 -26
Mooney, Michael M，迈克尔·慕尼 5
Morrison, Herbert，赫伯特·莫里森 4 -5
Morris-Suzuki, Tessa，泰萨·莫里斯－铃木 26
Mr Brainwash，艺术家"洗脑先生" 133
Mumbai bombings，孟买爆炸案 4
Museum of Modern Art，纽约现代艺术博物馆 75
museums，博物馆 26

305

媒介与记忆

music consumption，音乐消费 63 - 64

music/emotion，音乐/情感 101

musicology，音乐学 91

My Big Fat Greek Wedding，《我盛大的希腊婚礼》51

My Big Fat Gypsy Wedding，《吉卜赛热闹婚礼》50 - 51

My Lai Massacre，美莱村屠杀 111，113

MyLifeBits，"我的数码生命" 21，53

MySpace，社交软件 MySpace 128

- **N** -

Naim, Omar，奥玛尔·内姆 21

napalm attack photograph 汽油弹袭击照片

   see Kim Phuc; Ut, Nick 也见"潘金福""黄功吾"

national archives，国家档案 102

National Coal Board，国家煤炭委员会 95，99

National Digital Information Infrastructure and Preservation Program，国家数字信息基础设施与保存项目 86（本书第 112 页脚注①）

National Endowment for the Arts，美国国家艺术基金会 62

national heritage，文化遗产 43，101 - 102

national memory，国家记忆 83

nationhood，民族国家 108 - 109；*see also* identity, national 也见"国家的身份认同"

Naudet, Jules and Gedeon, 朱尔斯·诺德和格迪恩·诺德 91-92

Naylor, Anna Kaloski, 安娜·卡洛斯基·耐勒 127

Negroponte, Nicholas, 尼古拉斯·尼葛洛庞帝 70

Nelson, Davia, 达维亚·纳尔逊 92

Netherlands: *Images for the Future*, 荷兰："给未来的图像" 76

Netherlands Organisation for Scientific Research (NOW), 荷兰科学研究组织 63-64

new communication ecologies, 新的传播生态 46

new memory concept, "新记忆"概念 28, 45, 46

New York, 纽约 62, 75

New York Times,《纽约时报》48n3（本书第 69 页脚注①）

News Map, Public Radio International, 国际公共广播的世界地图 83

news media, 新闻媒体 44-47, 57; *see also* television news media 也见"电视新闻媒体"

Nichols, John, 约翰·尼科尔斯 59-60

Nietzsche, Friedrich, 弗里德里希·尼采 13

90 Miles, 电影《90 英里》37

90-9-1 per cent rules, 90-9-1 法则 84

9/11, 美国"9·11"恐怖袭击事件 91-92

9/11 Survivor, 电影《"9·11"幸存者》72

Nora, Pierre, 皮埃尔·诺拉 13-14, 21-23

媒介与记忆

    democratisation of history，历史的大众化 70

    France/memory，法国/记忆 29n2（本书第 25 页脚注③）

    Les Lieux de Mêmoire，诺拉的《记忆之场》18

    national memory，民族国家记忆 83

nostalgia 怀旧

    archival footage，档案片段 108

    audience，受众 39，70，71，108，131，133

    culture of，怀旧文化 71

    fans，粉丝 132–134

    fashion，时尚 120

    memory，记忆 24

    memory studies，记忆研究 73

    retro，复古 27

    sound/memory，声音/记忆 122

    television，电视 39

Novick, Peter，彼得·诺维克 40

nuclear bombs，核爆炸 55

Nussbaum, Martha C.，玛莎·努斯鲍姆 33–34

– O –

OK magazine，《OK》杂志 33

Oklahoma City bombing，俄克拉荷马城爆炸案 36

Olick, Jeffrey K.，杰弗瑞·奥利克 24，28，38，39

online digital media，在线数字媒体 51

online memorial webpage，在线纪念网站 94 – 95

Open Archives Initiatives，开放档案计划 78

Open Country（BBC），英国广播公司的《在乡间》93 – 95

Aberfan Disaster，《在乡间》中的艾伯凡灾难 94 – 101，102，104

Operation Iraqi Freedom，伊拉克自由行动 45

oral history，口述历史 40，62，66 – 67，97 – 98

Oral History Association/Society，口述历史协会/学会 53

Oswald，Lee Harvey，李·哈维·奥斯瓦尔德 48n3（本书第 69 页脚注①）

Oxford Internet Institute，牛津互联网学院（也称牛津大学互联网研究所）82

– P –

Packard，Noel，诺尔·帕卡德 149

Papoulias，Constantina，康斯坦提那·帕博里亚斯 31

parody，戏仿 116 – 117

Parry，Ross，罗斯·帕里 73

Pentzold，Christian，克里斯蒂安·佩措尔德 28，81，82

performative modes of memory，记忆的表演模式 31，32 – 33

personal media，私人媒体 7，33 – 37

personal/political，个人的/政治的 24，26

Peters，Isabella，伊莎贝拉·彼得斯 82

309

媒介与记忆

Photograph of Jesus（Hill），《耶稣的照片》75
photography 摄影
 aesthetics，摄影美学 48
 black and white，黑白照片 114
 cultural theories，文化理论 26
 Kuhn，库恩关于摄影美学之论述 34
 loss and death，失去与死亡 35
 memory，记忆 23
 trauma，创伤的摄影美学 57-58
 war，战争的摄影美学 111
 see also family album; mobile camera phones 也见"家庭相册""带拍照功能的手机"
photojournalism，新闻摄影 112
Pickering, Michael，迈克尔·皮克林 133
Pilkington, Doris，多丽斯·皮尔星顿 55
Pinchevski, Amit，平切夫斯基 3, 40
 Media Witnessing，《媒体见证》44-45
Pink，流行音乐人艾蕾莎·摩尔（P! nk）130
The Plain Dealer，《老实人报》113
Plato，柏拉图 13
Platoon，《野战排》52
Plunkett, John，普伦基特 73
politicisation of disaster，灾难的政治化 95
popular culture，大众文化（流行文化）39, 54, 121-123

Popular Memory Group,流行记忆小组 54

post-Apartheid,后种族隔离 25

Postman, Neil,尼尔·波兹曼 6

postmemory,后记忆 27, 43

postmodernism,后现代主义 2, 19 – 20, 71

poststructuralism,后结构主义 19 – 20

Prelinger, Rick,里克·普林格 80

Prelinger Archives,普林格档案 86（本书第 121 页脚注①）

Preservation Week,美国的"保护周" 86n1（本书第 121 页脚注①）

Presley, Elvis,埃尔维斯·普雷斯利（猫王）32, 127 – 128

PrestoPRIME,"普莱斯托" 76

psychology/memory,心理学/记忆 24

public broadcasting,公共广播 50, 51 – 52

Public Radio International, News Map,国际公共广播的新闻地图 83

Puttnam, David,大卫·普特南 60

– **R** –

Rabbit Proof Fence,电影《漫漫回家路》55

radio,广播 92 – 93, 96, 97, 100 – 101;

see also Open Country 也见《在乡间》

Radstone, Susannah,苏珊娜·拉德斯通 13, 19, 20

媒介与记忆

Raphael, Frederic, 弗雷德里克·拉斐尔 93

Reading, Anna 安娜·雷丁

    family album, 家庭相册（影集）137–138

    globital memory, 全球数字化记忆 46

    Holocaust Museum exhibition, 大屠杀博物馆展览 77–78

    mass communications, 大众传播 26

    memobilia, 纪念物 139

    mobile phone study, 手机研究 29, 137–139, 143, 144

    right to memory, "记忆权" 51

read-only memory, 只读的记忆 54

read-write memory, 读写的记忆 54

reality history television, 电视历史真人秀 39

real-time television, 电视直播 4, 44, 13

recall shows, 回忆秀 39

remediation, 再度媒介呈现

    collective memory, 集体记忆 117

    events, 事件 112–115, 120

    family album, 家庭相册 29

    habit–memory, 习惯记忆 47

    Madonna, 麦当娜 130, 131, 133

    media/memory, 媒体/记忆 67, 108

remembering, 回忆 15, 25, 53, 92–93, 126, 147

Rescue the Hitchcock9, "拯救希区柯克9" 76

retro-style，回溯方式 27，133

Reynolds, Gillian，吉利安·雷诺兹 93

Richardson, Ingrid，英格里德·理查森 139，147，148

Richardson, Kathleen，凯瑟琳·理查森 84

Ricœur, Paul，保罗·利科 18，21，25，30

Rockefeller Foundation，洛克菲勒基金会 62

Roediger, H. L.，罗伊迪格 15

Rolling Stone magazine，《滚石》杂志 125

Rosenfeld, Gavriel D.，加弗雷尔·罗森菲德 59

Rosenstone, Robert，罗伯特·罗森斯通 43

Rosenzweig, Roy，罗伊·罗森茨威格 65，77，78，82，84

Rothberg, Michael，迈克尔·罗思伯格 53，57，107

Rubinstein, Daniel，丹尼尔·卢宾斯坦 138，139，144，146

Ruddock, Andy，安迪·鲁道克 123

Russo, T. C.，罗索 148

Rwanda，卢旺达 59，67

- S -

Saatchi & Saatchi，萨奇广告公司 132

Saddam Hussain，萨达姆·侯赛因 45

Samuel, Raphael，拉斐尔·塞缪尔 73

San Markos PR Company，圣马科斯公关公司 85

sanitisation of memory，记忆的处理（记忆的净化）45-46

Sarandon, Susan，苏珊·萨兰登 34

媒介与记忆

satellite broadcasting technologies, 卫星广播技术 44, 47

Schama, Simon, 西蒙·沙玛 2-3, 6

Schindler, Oskar, 奥斯卡·辛德勒 27

Schindler's Ark, 《辛德勒的方舟》27

Schindler's List, 《辛德勒的名单》27-28, 41, 56

Schröter, Jens, 延斯·施勒特尔 80

Schwichtenberg, Cathy, 凯茜·施威滕伯格 124

Scott, George C., 乔治·斯考特 5

screen media, 屏幕媒体 57, 105-106;

 see also cinema 也见"电影"

Second Life, 第二人生 86

Seeing Is Believing, 《眼见为实》37

self 自我

 archive of, 自我的档案 72, 74, 80-83

 identity, 身份认同 15, 33

 memory, 记忆 15, 33-44

 remembering, 记住 126

self-reflexivity, 自我反思 105-106

Shandler, Jeffrey, 杰弗里·尚德勒 1

 While America Watches, 《美国人在观看：大屠杀的电视直播》58

Shields, Brooke, 波姬·小丝 34

Shingler, Martin, 马丁·盛乐 92-93

索　引

Shirky, Clay, 克莱·舍基 50, 51, 67

Shoah, 电影《浩劫》27 – 28, 39 – 40, 56

Shoah Foundation, 南加州大学纳粹浩劫视觉历史和教育基金会 56, 72

Silence Speaks Project, "静默之声" 67

Silva, Nikki, 尼基·席尔瓦 92

Sluis, Katrina, 卡特里娜·露莎 138, 139, 144, 146

smart mobs, "智能暴民" 84

Smith, Valerie, 弗莱丽·史密斯 25

Smither, Roger, 罗杰·史密瑟 52

snapshot memories, 快照记忆 44

Snickars, Pelle, 佩勒·斯尼卡斯 80, 81

social constructivism, 社会建构主义 108 – 109

social networking sites, 社交媒体网站 36, 74, 83, 84

social tagging, 社会标签 82

sociological theory of memory, 记忆的社会学理论 37 – 38

Sontag, Susan, 苏珊·桑塔格 112, 115

　Regarding the Pain of Others, 桑塔格的《关于他人的痛苦》110 – 111

sound, 声音 63 – 64, 91, 92, 122

Sound Souvenirs Project, "声音纪念品项目" 63

South Africa, 南非 25, 55, 67

Spears, Britney, 布兰妮·斯皮尔斯（小甜甜布兰妮）129 – 130

媒介与记忆

Spielberg, Steven, 史蒂文·斯皮尔伯格 27, 41, 52, 56, 72

Spigel, Lynn, 林恩·斯皮吉尔 75, 108

Srivastava, L., 斯里瓦斯塔瓦 137, 138

Star Trek, 电影《星际迷航》64, 128

Star Wars Episode IV, 电影《星球大战》64 116

Starkey, Guy, 盖伊·斯塔基 92

Strange Days, 电影《末世纪暴潮》21

Sturken, Marita 马里塔·斯特肯

    kitsch objects, 俗世之物 73

    media/history, 媒介/历史 1

    memorial ceremonies, 纪念典礼 36

    in *Memory Studies*, 斯特肯在《记忆研究》中的观点 44

    memory/history, 记忆/历史 3, 5

    politics, 政治 26

    renarrativisation, 再度叙述化 115

    Tangled Memories,《纠结的记忆：越南战争、艾滋病传播和记忆政治》56

    television/memory, 电视/记忆 109

    tourists of history, 历史游客 41, 99–100

    veteran's words, 老兵的话 52

subversion, 颠覆 36, 42, 105

Sugiyama, Satomi, 杉山里美 140

Sussex Technology Group, 苏塞克斯技术小组 140

Sutton, John, 约翰·萨顿 28

- T -

Technorati, 博客搜索引擎 Technorati 81 – 82

TEDTalk, TED 演讲 83

Telegraph,《电讯报》131

television 电视

  history, 电视历史 2 – 3, 109 – 110

  memory, 记忆 61, 109, 110

  nostalgia, 怀旧 39

  real – time, 直播 4, 44

  reenactment, 重演 115

  war, 战争 52

television news media, 电视新闻媒体 109 – 110, 115, 117 – 118; *see also* real – time television 也见电视直播

terrorist attack 恐怖袭击 *see* 11 September 2001 attack 也见"9·11"恐怖袭击

testimony, "9·11"恐怖袭击 27, 57 – 58

texting, 短信 142

Thelen, David, 大卫·西伦 65

Thelwall, Mike, 麦克·赛尔沃 82

3G technologies, 3G 技术 139, 141 – 142

Top of the Pops,《流行音乐之巅》120

媒介与记忆

trauma, 创伤 4, 24, 35, 37, 41, 56 – 59, 92

tribute acts, 致敬 128

Truth and Reconciliation Committee, 真相与积解委员会 25, 55

Tulving, E., 图尔文 29n1（本书第 20 页脚注①）

Twitter users, 推特用户 4

– U –

UCLA Film and Television Archives, 75

UNESCO Charter of the Preservation of Digital Heritage, 联合国教科文组织《保护数字遗产宪章》82

Declaration Concerning the Intentional Destruction of Cultural Heritage,《关于蓄意破坏文化遗产问题的宣言》51

Uricchio, William, 威廉·尤里奇奥 79

Uridge, Richard, 理查德·乌里奇 94, 95 – 96, 97 – 98, 100

US National Archives, 美国国家档案馆 76

user-generated practices, 用户生产内容的实践 47, 81, 82, 83

Ut, Nick, 黄功吾 111, 112, 113 – 114, 115

– V –

Vader Sessions,"维达系列" 116

Vaizey, Ed, 埃德·维泽 79

索 引

Valley ofthe Shadow, American Civil War, "峡谷的阴影处"美国内战 84
van Dijck, José, 何塞·范·迪克 7, 28, 42, 63, 64, 74
 Mediated Memories, 《被媒介呈现的记忆》145
 Sound Souvenirs, 声音纪念品 122
van House, Nancy, 南希·范豪斯 44, 74, 84, 102
Vaughan, Liwen, 李文·沃恩 82
The Velveteen Rabbit story, 天鹅绒兔子的故事 125
veteran memorials, 老兵的纪念 56
Vietnam War 越南战争
 Adams, 亚当斯 52, 53, 61
 aftermath, 之后 67
 cinema versions, 电影版本 52, 53
 collective memory, 集体记忆 115-116
 films, 电影 53, 111-112
 images, 照片（影像）114
 ITN, 独立广播公司 114-115
 media templates, 媒介模板 59
 television, 电视 110, 111-112
 veteran memorials, 老兵纪念 56, 61
 YouTube, 视频网站 Youtube 115-116, 115-118
 see also Kim Phuc 也见 "潘金福"
Vigilant, Lee Garth, 李·嘉斯·维吉伦特 129
Vincendeau, Ginette, 吉内特·文森迪欧 43

319

媒介与记忆

Vintage at Goodwood Festival,古德伍德复古风潮艺术节 71
Vintage TV digital channel,英国复古电视数字频道 61
visual images,视觉图像 5,36,57-58,91-92
Volkmer, Ingrid,英格丽德·沃尔克默 31,102
Vonderau, Patrick,帕特里克·冯德劳 80

– W –

W magazine,《W》杂志 129,130-131
Wachowski Brothers,沃卓斯基兄弟 21
Wain, Christopher,克里斯托弗·怀恩 114-115
Waldman, Diane,迪亚安·瓦尔德曼 37
Walker, Janet,詹妮特·沃克 37
war
    mediatisation,战争的媒体呈现 107,110-111
    memories,记忆 24,25
    photography,摄影 111,115
    television,电视 52
Warhol, Andy,安迪·沃霍尔 133
Warsaw City Council,华沙市议会 85
Wasserlein, Frances,弗朗西斯·瓦瑟林 124
Wayback Machine,"网站时光倒流机" 82
W.E.,电影《W.E.》130
Wertsch, James V.,詹姆斯·沃茨 25,38

索　引

Wesch, Mike, 麦克·韦施 83-84

Who Are You Angry At?,《你在生谁的气?》117

Who Destroyed the Hindenberg,《谁摧毁了兴登堡号》5

Who Do You Think You Are?, 《你认为你是谁?》34, 47n1（本书第 52 页脚注①）

Wieringa, Cindy, 辛迪·维林加 92-93

Wikipedia, 维基百科 18, 72, 79-80, 81, 82-83

Williams, Helen, 海伦·威廉斯 60

Williams, Raymond, 雷蒙·威廉斯 110

Williamson, John B., 约翰·威廉姆森 129

Wilson, Harold, 哈罗德·威尔逊 99

Wilson, Shaun, 肖恩·威尔森 116, 117

Wise, Robert, 罗伯特·怀斯 5

witness-bearing 作证

　audience, 受众 3, 27

　documentary, 纪录片 40

　individual/social, 个人的/社会的 99

　journalism, 新闻 3

　media, 媒体 40, 43, 44, 111

　media institutions, 媒体机构 51

　mediated event, 被媒介呈现的事件 32, 45, 91

　memorialisation, 记忆化 53, 58

　photography, 摄影 111, 115

　radio, 电台 4

媒介与记忆

and testimony, 作证与证言 53, 57

trauma, 创伤 57-58

war photography, 战争摄影 115

Women's Movement, 妇女运动 24

women's studies, 女性研究 36

working class, 工薪阶层（工人阶级）64

World Trade Center,《世贸中心》55

World Trade Center attacks 世贸中心恐怖袭击

　see 11 September 2001 attack 也见"9·11"恐怖袭击

World War II archives, 第二次世界大战档案 72

Wright, Patrick, 帕特里克·赖特 54, 73

- Y -

Yahoo, 雅虎网站 82

YodadogProductions, 网友"YodadogProductions" 117-118

Young, James E., 詹姆斯·E. 扬 25

YouTube 视频网站 Youtube

　archival media, Youtube 档案媒体 79-81, 107-108, 112

　11 September 2001 attack, "9·11"恐怖袭击 112-113

　First Wedding Dances, "第一支婚礼舞蹈" 105-106

　Google, 谷歌 79-80

　and Library of Congress, 与国会图书馆 76

　Madonna, 麦当娜 120-121, 124, 126, 130, 134

索 引

mashups，混剪 47，80，115 – 118，130
parody，戏仿 116 – 117
self-archiving，自我存档 81
user-generated content，用户生产内容 83
Vietnam War，越南战争 114，115 – 116
The YouTube Reader，《YouTube 读者》80

- Z -

Zaldívar, Juan Carlos，胡安·卡洛斯·萨尔迪瓦 37
Zapruder, Abraham，亚伯拉罕·扎普鲁德 45
Zelizer, Barbie，芭比·泽利泽
 collective memory，集体记忆 40
 Holocaust，对犹太人的大屠杀 38，57 – 59
 journalism，新闻 26
 media templates，媒介模板 45
 media/history，媒体/历史 1
 photography，摄影 57
 transformation of memory，记忆的转化 41
 trauma，创伤 35，57
Zimmermann, Patricia R.，帕特丽夏·齐默曼 74
Žižek, Slavoj，斯拉沃热·杰泽克 91，92
Zuckerman, Ethan，伊桑·朱克曼 83
Zytomirski, Henio，海尼奥·兹托米尔斯基 72

323

译者后记

翻译国外学术著作最大的难题在于中外语言文化和叙事结构的迥异，翻译境界中所谓"信、达、雅"实属知易行难矣。本书在翻之前与译之中已尽最大努力对读者负责。学术翻译大抵体现译者的学术品位和翻译风格，故在此需向诸位读者朋友们说明本书翻译过程中的几点情况。

其一，译作经常出现读者最怕看到的"越翻译越无语"的现象。所谓"无语"是指译者在自己的"词库"中找不到一个合适的词来对译英文原文中的话。本书翻译中大抵不会出现这种情况，但以防万一，我还是保留了关键的专有名词或概念之英文，以便读者弄清原书作者想说的到底是什么。

其二，原文中"mediated"在不少中文译著中被翻译为"中介的"或"媒介化的"。这种翻译可能过于生硬，无法准确还原作者之意图。本书在大多数情况下译为"被媒体呈现的"，这更符合原文的意思。原文中"mediatised"与"mediated"意思不同，我比照"digitised"（数字化的）译为"媒介化的",应更符合语法和作者意图。原文中多处出现"democratised"或"democratisation",我在一些译著中看到这些词常被误译为"民主的""民主化""民主化的"。但在本书中,这些英文词与民主没有关系。在英文中,它实际上是指广泛的公众参与,或者人人都可以接触、使用。本书中将之翻译为"大众化",更为符合原文意思。

其三,原文中凡原作者之征引,若已有中译本的,则基本沿用,以不致使读者产生"违和感"。若有多个中译本的,我均进行了对比,并从中择取最符合"信达雅"之标准的翻译。当然也有例外,或征引之文献无中译本,或中译本错译明显,这种情况一般由我推敲翻译。

其四,原书中有一些必要的背景信息和关键概念作者并未论述清楚。大部分时候,这都不是原书作者自身的问题,而是中西学术语境差异所致——他之已知未必是我之已知。但站在国内读者的立场上,如果译文不加解释,读起来就容易有跳脱感。因此,凡是涉及此类情况之处,我均以脚注形式补充了"译者注"。原书前半部分每章也有三至五个不等的尾注,为原书作者所加。为方便读者阅读,我把这些尾注也整合到了脚注之中,如此读起来应更流畅。所有脚注之中,凡注明"译者注"的,为我所注,其余则是原书作者所注。至于参考文献,原书使用了"文内文献引用"(reference citation in text)的形式,翻译过程中均予以保留。

其五,原书正文中有一些术语被原作者用斜体字加以强调,在译文中我统一做了字体加粗处理以呈现原书作者对这些术语的强调。

最后感谢四川大学黄顺铭教授和四川大学出版社将这本书引入国内，感谢责任编辑吴近宇老师编辑此书，愿本书对国内媒介与记忆研究领域之拓展有所裨益。我在多伦多大学的研究生李若琰参与翻译了本书第一至四章的初稿，我在重庆大学的研究生周非凡、牛平、薛淳月、董鸣柯分别参与翻译了本书第五至八章的初稿，一并致谢。

郭　毅

二〇二二年十月

重庆